跟着胡雪岩学经商

胡雪岩——中国晚清时期的一位传奇人物，著名商人。他出身贫寒，凭着机智和胆识，白手起家，在短短数十年间，成为一代巨商富贾！在中国商业史中，占有举足轻重的地位，其经商绝学、处世韬略，给人们留下了许许多多的思考，值得后人学习和借鉴！

◎ 最有希望的成功者,并不是才干出众的人,而是那些最善利用每一时机去发掘开拓的人。

—— 苏格拉底

◎ 我们应当努力奋斗,有所作为。这样,我们就可以说,我们没有虚度年华,并有可能在时间的沙滩上留下我们的足迹。

—— 拿破伦一世

胡雪岩的经商之道

张广明 ◎ 主编

陕西新华出版 三秦出版社

图书在版编目（CIP）数据

胡雪岩的经商之道 / 张广明主编． -- 西安：三秦出版社，2012.4（2023.7重印）
（影响一生的成功励志经典）
ISBN 978-7-5518-0106-5

Ⅰ．①胡… Ⅱ．①张… Ⅲ．①胡雪岩（1823～1885）－商业经营－谋略 Ⅳ．①F715

中国版本图书馆CIP数据核字（2012）第038680号

胡雪岩的经商之道

张广明　主编

出版发行　三秦出版社
社　　址　西安市雁塔区曲江新区登高路1388号
电　　话　（029）81205236
邮政编码　710061
印　　刷　三河市南阳印刷有限公司
开　　本　787×1092　1/16
印　　张　30
字　　数　240千字
版　　次　2012年6月第1版
印　　次　2023年7月第3次印刷
标准书号　ISBN 978-7-5518-0106-5

定　　价　59.80元

网　　址　http://www.sqcbs.cn

前　言

清朝末期，中国遭遇数千年未有之大变局，各种矛盾错综复杂地交织在了一起，使这个时期的中国历史呈现出了前所未有的变化。常言道："时势造英雄！"在这个乱象纷呈的时代，中国大地涌现了一批批心怀各种理念的人物，上演了一幕幕令人眼花缭乱而又叹为观止的历史大剧，这些人物以其历史功绩和个人成就为后人所敬仰，留下了许多耳熟能详的故事。而红顶商人胡雪岩，就是这些人物中最能引起人们兴趣的一位传奇人物。

胡雪岩，名光墉，字雪岩。出身贫寒，起初在一个钱庄里面当学徒，后来自己创业，在杭州设立银号，机缘巧合加本人的努力，进入浙江巡抚的幕府效力，亦官亦商，为清军筹运饷械，并协助左宗棠创办了对后世深具影响的福州船政局，后来在左宗棠调任陕甘总督时，全面主持上海采运局局务，替左宗棠举借外债，为左宗棠筹措西征军饷以及订购军火事物，为左宗棠镇压陕甘民族运动和收复新疆立下了汗马功劳。胡雪岩以杭州经营的钱庄为本业，又依仗湘军权势，在各省设立阜康银号20余处，并经营中药、典当、丝茶业务，操纵江浙商业，资金最高达二千万两以上。胡雪岩虽出身贫寒，却成为当时中国最大的巨商富贾，慈禧太后赐其黄袍马褂，被称为红顶商人。但是，因为历史的原因，声名赫赫、红极一时、富可敌国的胡雪岩，最终却落了个倾家荡产的下场，以至于62岁就在郁愤中去世了。他所创建的胡庆余堂和他的传奇生涯，却给人们留下了许许多多的思考和借鉴。

　　本书集结了清朝红顶商人胡雪岩一生的坎坷经历及奋斗历程，揭示了他从一介寒门后生，走向万人景仰的"红顶商人"的秘密。本书分析了胡雪岩聚财无数、长袖善舞的从商生涯，总结了他在官商两道游刃自如的商道智慧，阐释了他取得辉煌成就的缘由，是研究、学习胡雪岩经商之道的一部好书。

目　录

第一章　想要从商，先学做人

以诚待人，赢得人脉 ·················· 2
信誉无价，树立商誉 ·················· 12
低调做人，学会韬晦 ·················· 25
重义轻利，博取名誉 ·················· 34

第二章　慧眼识珠，掌握人才

全面观察，挖掘人才潜力 ·············· 48
海纳百川，要有容人之量 ·············· 57
知人善任，借助人才成功 ·············· 68
用人不疑，放手任其发展 ·············· 78
宽严有度，严用人宽待人 ·············· 86

第三章　志气高迈，敢想敢为

志向高远，才能商场辉煌 …… 98
专心致志，收获无尽厚礼 …… 107
选定目标，就要义无反顾 …… 114
气魄雄大，开拓商业疆土 …… 126
独立自主，创立自我事业 …… 136

第四章　把握机遇，"钱"途坦荡

处处留心，处处商机 …… 144
眼光宜远，先人一步 …… 152
统观大局，挖掘财源 …… 159
缜密分析，赢得成功 …… 167

第五章　经营靠山，借势而起

结交权贵，获得官场保护 …… 176
投其所好，获取双赢局面 …… 183
交人交心，获得真心相助 …… 194
慷慨解囊，做好人情投资 …… 203

第六章　要想成功，学会变通

灵活经营，不可板滞 …… 212
精益求精，商机通畅 …… 219
善于借力，乘势而起 …… 224

转换思路，柳暗花明 …… 232
人情练达，长袖善舞 …… 240

第七章 明智睿达，审时度势

明哲保身，进退有道 …… 252
洞察时事，乘机生财 …… 260
戒贪戒满，和气生财 …… 268
察言观色，八面玲珑 …… 276
思路灵活，左右逢源 …… 288

第一章

想要从商，先学做人

"仁义"是做人的根本，"为富不仁""为财不义"成了一种常规。但是，胡雪岩做到了"为富而仁""为财而义"。胡雪岩虽是个商人，既非饱读诗书之士，也非驰骋疆场的将帅，可在他的身上却处处体现出"仁义"二字。拥有巨大财富的胡雪岩屡行仁义之举，千方百计地为普通百姓着想，从而为他的商业王朝赢得了广阔的发展空间和良好的社会声誉。

以诚待人，赢得人脉

以诚待人，收服嵇鹤龄

王有龄做官以来诸事顺遂，正当他官场得意的时候，却被派了一项未曾预料到的任务：新城有人闹事，抚台黄宗汉命令王有龄带兵剿办。可是新城民风异常强悍，并且是吃软不吃硬，倘若带兵前去，很可能会激起民变。候补州县里有位名叫嵇鹤龄的，提出了"先抚后剿"的主张，主意是个好主意，不过此人向来恃才傲物，绝不肯替别人去干这送命的差使。而且虽然嵇鹤龄穷困潦倒，但是他就是一不谈财货钱、二不哭穷装可怜。

王有龄毫无办法，于是胡雪岩毛遂自荐，表示自己一定可以说动嵇鹤龄。恰巧嵇鹤龄新近悼亡妻，因此胡雪岩就穿上袍褂，戴上了水晶顶子大官帽，乘着轿子，带上随从，直接前去嵇鹤龄家中拜访。

胡雪岩来到嵇鹤龄家中，说自己是来拜祭亡人的，恳请嵇鹤龄出见。结果嵇鹤龄借口素昧平生，坚决不肯出来相见。

身处庭院之中的胡雪岩早就想到嵇鹤龄会采取拒人于千里之外的态度，不过他还预备好了另一步棋。胡雪岩款步来到灵堂前，举着家人刚才点燃的香，毕恭毕敬地对着灵位行起礼来。这一招实在太厉害了，因为按照礼仪的规矩，只要客人行了礼，主人就必须亲自还礼。嵇鹤龄没办法，不得不出来见礼，并邀请胡雪岩进入室内相坐。

胡雪岩入室坐定之后，就展开了他那练就得炉火纯青的口才，先是一通恭维、仰慕之类的话。这些话入耳之后，嵇鹤龄自高的傲气也就消减了一半。

随即，胡雪岩又说："嵇兄，这里有点小东西，是王大人托我面交给你的，请笑纳。"一边说，一边取出一个信封，递给了嵇鹤龄。

嵇鹤龄将信封接过，打开一看，里面是一叠借据和当票底根——都是自己以前借当的票据，每张上面盖着"注销"的印戳或写着"作废"的字样，不是废纸，又是什么呢？

原来这些票据全是胡雪岩通过自己在钱庄、当铺的熟人暗中操作，帮嵇鹤龄取出来的。

胡雪岩的言谈举止打动了嵇鹤龄，于是说话的语气也就缓和下来了。

嵇鹤龄很清楚胡雪岩是王有龄倚重的人，起初看到他时心中还很戒备，不过在胡雪岩做出这一番举动后，他的戒备防范之心不但完全解除，同时还对胡雪岩不由得生出一种由衷的佩服。

看看时间已经到了中午，胡雪岩于是邀请嵇鹤龄外出去摆一碗。嵇鹤龄的家中没有内助，屋中杂乱无章、凌乱不堪，也只好主随客便。于是进屋换上了布衫，同胡雪岩携手出门了。

胡雪岩的功夫很有效果，几天后，嵇鹤龄由王有龄安排，亲身前往新城，最终不负众望，圆满完成了任务。嵇鹤龄与地方绅士协同，定下计谋将首要人犯擒获，随后又解送到杭州审讯法办。抚台黄宗汉就此出奏保案，替本案中的有功人员请奖。但是，身为首功之士的嵇鹤龄却只得到了一个明保。胡雪岩很清楚这里面有鬼，于是回去后就封了两万银票汇给了黄宗汉的老家。接着王有龄得到了通知，说可以前去面见抚台了。抚台当面允诺在王有龄调任之后，由嵇鹤龄接任浙江海运局的差使。事情到此算是有了个了结，一个原本难解决的难题最终成了皆大欢喜的局面。

从这件事可以看出，胡雪岩用十分高明的手段将嵇鹤龄收服。胡雪岩的做法有两个作用不可忽视：第一，帮人帮在实处。嵇鹤龄此前始终未曾得到过实缺，以至于落魄到了要靠着典当过日子的地步。一旦帮在了实处，就可以看出真情实意，这让嵇鹤龄没有理由不为此感动。同时，最高明的一点是，胡雪岩很清楚嵇鹤龄身为一名读书人的清高，非常要面子，决不肯毫无理由地接受自己的馈赠的，所以，他帮嵇鹤龄将典当的物品赎回，用的就是嵇鹤龄本人的名号，同时讲清楚：赎款只是暂借，等将来嵇鹤龄有钱归还的时候，他绝不会推辞不接受。如此一来，不但帮助嵇鹤龄解决了实际的困难，同时还为他争回、保住了面子。第二，最重要的是，胡雪岩从感情上将嵇鹤龄给打动了。嵇鹤龄的妻子刚刚去世。除了少数几个性格相合的知己以外，还没有什么人前来吊唁，胡雪岩真诚地祭奠了他的亡妻，并由此流露出了对他中年丧妻不幸的同情，瞬间打动了他。有以上两端，也就难怪嵇鹤龄这样一个秉性异常傲气的读书人，会对胡雪岩这一介商贾为人处世之道刮目相看了。

其实，胡雪岩的一举一动，和如今人们常说的做人的工作要以情感人的原则相符。动之以情，想要别人相信你的确是出自真情，当然就要做到示之以诚了。事实上，实事求是地说，胡雪岩这样对待嵇鹤龄，尽管也是为了说服他而"耍"出的手腕，然而在胡雪岩的心里，也的确是由于衷心佩服他才与他诚心相交的。尽管胡雪岩只是一介商贾，可是他也确实时常因为自己读书少而真心遗憾。所以也非常敬重有真知灼见的读书人。通过这个角度来看，胡雪岩对于嵇鹤龄的真诚是无可置疑的。之后为了解决嵇鹤龄的困境，他还亲自做媒，把王有龄夫人的贴身丫环许配给了嵇鹤龄为妻。如此一来，二人就结下了金兰之好。

连嵇鹤龄这种清高耿介的读书人，胡雪岩都能使其心甘情愿地帮自己办事，这已经很能说明他在人际关系方面有着高明的手段。其高明之处就在于胡雪岩绝非那种重利轻义的奸商，他在为人做事时非常看重"情义"两个字。这让每一位在他手下办事的人，都觉得胡雪岩不但是老板，而且还是朋友。

示人以诚，令其甘愿效力

嵇鹤龄尽管读书很出色，然而在遇到胡雪岩之前却始终仕途不畅，走"大比"之途也不过得了个"候补"知县的职衔，颇有些怀才不遇的落寞，再加上他性格耿直，跟浙江官场那些大权在握的官儿们格格不入，所以一直也就毫无希望地候补着。

如前文所述，王有龄获得湖州知府实缺的同时，督抚黄宗汉交办他平息新城县饥民造反这件事儿。王有龄从实际情况出发，定下了以抚代剿的策略，并要找一个能够实施安抚策略的人前往新城。当时，最合适的人选就是此时正怀才不遇、心高气傲、穷困潦倒且恰逢丧妻之痛的嵇鹤龄。然而，嵇鹤龄不去。

嵇鹤龄不愿去的原因前文已经略有提及，此处再详加分析。首先，因为妻子新丧，在面对着妻子身后所遗的一双没娘的儿女，嵇鹤龄心情非常抑郁；其次，更重要的一点是，他多年候补，没有收入，异常落魄，就连妻子的丧事所需都是靠着典当衣物家具才筹集来的，他一肚子的怨愤无处发泄。好事儿轮不到他，这种有可能送命的难事儿却想到了他！于是，他打定了主意：就算自己办得好这件事儿，也坚决不去办。

为帮王有龄渡过难关，胡雪岩就亲自出马劝说嵇鹤龄。

胡雪岩的劝说方法前面已经提及，此处就不再详述具体过程，而是分析其中的含义。胡雪岩劝服嵇鹤龄的方式颇为独特，他既不采取通常晓之以理、诱之以利的法子，一开始甚至连必需的客套都省去了，原因无他，双方对此行的目的都心知肚明：嵇鹤龄在暗中较劲，胡雪岩就要打消他的对抗心理。因为正值嵇鹤龄妻子新丧之期，并且尚在"七七"之中，于是胡雪岩取出备好的香烛纸钱等一应祭品，也不通报就直接"闯"进嵇家，摆出香案，态度异常真诚地拜祭嵇鹤龄的亡妻。这一意外之招逼得嵇鹤龄不得不出面应招，只要见了面，就能进行下一步劝说，胡雪岩用拜祭亡妻这一招敲开了嵇鹤龄的门。

随后，胡雪岩的招数接连使出，没有多余的废话，直接用赎出嵇鹤龄典当出的衣物家具的法子击破了其防线。最终，嵇鹤龄心悦诚服地领命平乱去了。

成大事者要想笼络住人才，让人才为自己所用，就一定要在关键时刻示人以诚，让人才感受到自己的关注、重视与真诚。大而言之，示人以诚是为了自己的事业；小而言之，示人以诚是为了让诸多人才心甘情愿地为自己效劳。而在示人以诚这一点之上，胡雪岩的做法就非常到位，不管是刘不才，还是朱福年，乃至嵇鹤龄，个个都是心悦诚服地拜在胡雪岩的"诚心"之下。当然，我们都很清楚胡雪岩身为商场中人，他对嵇鹤龄示之以诚是有着明确的目的性的，那么这就有了一个疑问：胡雪岩究竟出于什么目的而对嵇鹤龄示之以诚的呢？仔细推敲，不超过下面这几个原因：

一、嵇鹤龄是个优秀的智囊

胡雪岩把刘不才、黄仪等人的岗位安排得特别合理，这得益于嵇鹤龄帮他出的主意。从中可以看出，嵇鹤龄绝非一个只懂得死读书、写八股的书呆子，最不济在他的头脑中，还有不少胡雪岩可以用得上的智谋；更不用说，嵇鹤龄这帮熟读"四书五经"的文人，只要脑子够机灵，肯定会对胡雪岩有所帮助，这也正是胡雪岩看上、帮助嵇鹤龄的重要原因之一。

多数企业主在选择员工的时候，看重的既不是员工的当前能力，也不是员工的未来潜力，而是一时的感觉、兴趣，以至于员工应聘时的好口才。而当员工上岗工作之后，企业主才会发现，自己招聘的员工其实压根儿就不能给自己的企业有所助益，甚至还会给自己带来负担。从某种程度上来看，这样的招聘其实就是一种失败。所以，这些企业主应当在胡雪岩这里学到一点：在商言商，只去笼络对自己有用的人，不必在没用的或用处不大的人身上浪费时间。

二、劝服了嵇鹤龄就等于帮了王有龄，而帮了王有龄等于给自己办事

胡雪岩想要劝服嵇鹤龄的目的，在于他想让嵇鹤龄愿意去帮王有龄平定饥民叛乱。这件事情对于王有龄来说很重要，因为这是王有龄上任获得实缺之后第一次展示自己能力的机会，对于以后的官场仕途是否顺利有着至关重要的参考作用，是一件必须要圆满完成的工作。然而要是嵇鹤龄不肯帮助王有龄出面平定叛乱的话，王有龄的第一份工作很有可能就要办砸，随后的仕途官场之路就会受到严重影响。假如发生了这种情况的话，利益受损的就不单是王有龄一个人了，还有隐身于王有龄背后的胡雪岩。换句话说，劝服嵇鹤龄就等于相助王有龄，更是在自己帮助自己。正由于有着这种利害关系，胡雪岩才会竭尽全力说服嵇鹤龄。

大多数企业主在对待有关员工工作之外问题的时候就没有胡雪岩这样的远见，在他们看来这不过是员工自个儿的家事、私事，对企业而言并无影响。事实并非如此，首先员工是作为一个家庭中的一份子，其次才是一个企业中的一份子，这种双重性的身份必然有着情感方面的双重性，在家中所受到的情绪影响会直接或间接在工作中表现出来，假如心情、心态不佳，又怎么能指望工作上有好的表现呢？事实上，企业主对员工的帮助其实也是在帮助自己。

三、相助嵇鹤龄获得实缺，自己的靠山又多一座

尽管嵇鹤龄只不过是个候补知县，可没人敢说他将来获不到实缺。只要获得实缺，那他可就是执掌一个县生杀大权的知县。这在胡雪岩看来，可以说又是一个可烧的冷灶，有很大几率会成为又一个"王有龄"呢！在当时那个年代，"王有龄"式的人物自然是越多越好，这一点是没有任何疑问的。但是嵇鹤龄怎样才能成为又一个"王有龄"呢？其实也不难，帮他得到实缺

就可以了，不过要想获得实缺，那第一步就得先说服嵇鹤龄帮助王有龄平定难民的暴动。

从这一点来说，胡雪岩确实是一个标准的、踏实稳重的商人，因为他的一切作为无不围绕着自己的利益出发，这一点很值得当今的商场中人学习。

为什么值得学习呢？理由是不少现代企业主对自己的身份定位并不是很明确，甚至不少决断的进行都没有从自己、企业的利益出发。如此一来，其结果往往就是商人不像商人，慈善家不像慈善家。这不但对企业毫无好处，同时还对自己造成不好的影响，甚至会导致失败。

> 胡雪岩经常说：只要你对人才诚心相待，他们同样也会对你诚心相待。道理其实很简单，然而需要清楚的一点就是怎样的举动在别人看来才是一种诚心的举动呢？示人以诚并不是一件很难的事情，难的是怎样让别人明白你的"诚"，这才是收服人才时的关键所在。

将心比心，以诚换诚

对于权势煊赫的人，应该倾心接纳。对于穷困潦倒的人，则应该积极帮助、扶持他，想到他的难处，给予他好处，这样一来他一定会感激涕零，尽管看不到眼前的实际好处，但或许将来就能对你的事业发展大有助益。

想要积聚财富，先要积聚人气。财富聚积的根本在于人气，人气聚积的结果即是财富，只要是商场中人就需要谨记一个根本原则：待人要热忱、对他人利益要切实关心，将心比心，点滴关怀，如此一来只要愿意经商，那么都能获得成功。

胡雪岩的阜康钱庄刚开业没多长时间，就碰上了这么一件事：浙江藩司麟桂托人来说，打算从阜康钱庄暂借二万两银子。胡雪岩对麟桂这个人也不过是有所耳闻，以往也并无交际，再加上胡雪岩打听到一个消息，说麟桂即将调离浙江，前往江宁（南京）上任，这次借钱恐怕就是用来填补他在任时财政上的亏空了。但是现在的阜康刚刚开业，所有的家底儿加上同行庆贺送来的"堆花"也仅仅只是四万两现银。

这件事儿令胡雪岩十分为难，假如借了，人家却走了，这可就是拿钱打水漂了，连个响声也听不到；假如人家并不赖账，作为胡雪岩这样的人，总不至于每天跑到人家官府去逼债吧。二万两银子，对现在的阜康而言，也是一笔很大的损失呢。

常言道，"人在人情在，人走茶就凉"，通常钱庄老板要是遇到这种事儿多会打个马虎眼，空口白牙说几句话对付过去就算了。不是"小号本小利薄，无力担此大任"，就是"创业未久，根基浮动，委实调度不开"。要不然，就算愿意出钱救急，也会重利盘剥，借这机会狠宰一把，把那麟桂活生生剥掉几层皮。

不过胡雪岩的考虑却是，如果在别人遇到困难的时候，慷慨解围，别人自然会对自己念念不忘，等别人方便时利用手中的权势，略略行个方便，还怕这几万两银子无法收回吗？而且据他打听来的消息，这个麟桂也并非那种欠债不还、死皮赖账的人，如今他要调任他处，不想把财政亏空的把柄叫人拿住，免得对自己的仕途发展有不利影响，因此急需一笔款子来救急。想通了事情原委后，胡雪岩当即决定"与人方便"。因此，他特别爽快地答应了这件事，并声明只收一厘利息。

来人非常激动地对胡雪岩说："胡老板，像你这样够朋友的，说心里话，我还是首次遇见。咱们互相以心换心，我也就不说客气话了。麟藩台的印把子，现在还在手里，可以放两个起身炮。有哪里可以帮上你的，惠而不费，你也不需要客气，请尽管直说。"

话已经说得这样明白了，胡雪岩要再拿捏就显得太过见外了。因此，他稍稍考虑了片刻就答道："现在倒还想不出，不过以后麟大人到了新任，江宁那方面跟浙江的公款往来，敢请麟大人格外照顾，指定由阜康汇兑，让我的生意可以做开来，那就感激不尽了。"

"这是小事一桩，我都可以拍胸脯答应你。"

等到来人离开，胡雪岩立刻找来刘庆生，让他凑上二万两银子送给麟桂。

刘庆生表示为难："银子倒是有，可是太长的期限恐怕不行。咱们如今手头现银不多，只能是动用同业的'堆花'了，但是时间最多不能超过一个月。"

"既然有一个月的时间还怕什么？萝卜吃一截剥一截，'上忙'还未了，湖州现在正在征收钱粮地丁，现款十天半个月就可以拿到。"胡雪岩接着说道，"做生意我们必须要做得活络，东挪西借不穿帮，这就是本事。你要清楚，所谓'调度'，调，就是调动，度，就是预算，预算什么时候有款子进来，预先拿它调动一下，只有这样做生意，才能比人家走在前头。"

"既然这样，我们索性做得漂亮些，尽快把银子送了去。可是借据呢？"

"由他去写，就算是麟藩台写个收条也成。"

这种做法，根本就是违反钱庄规矩的，要冒很大的风险。但是，刘庆生清楚胡雪岩的与众不同，因此也不多说，就依着胡雪岩的吩咐去办理。

胡雪岩这一把赌对了，立即就收到了成效。那麟桂没料到胡雪岩办事这么痛快，尽管他们两人以前从未有过交往，胡雪岩居然这么放心地把钱就借给了他，这不由得让麟桂打心眼儿里佩服胡雪岩的爽快。因此，他立刻就报之以"李"，在调职赴任前，特意送了三件"大礼"给胡雪岩。

第一件"大礼"：钱业公所承销户部官票这件事，已经禀复藩台衙门，里面对阜康踊跃认销，特别给予了表扬。麟藩台由于公事圆满，非常高兴，再加上和阜康的关系很不错，决定报请户部明令褒扬阜康，这就意味着是浙江省财政厅请中央财政部颁发正字标记给阜康，这一下不仅将"阜康"在浙江的名声给大大提高了，而且以后京里户部和浙江省之间的公款往来，也统统委托给了阜康来办理汇兑。

第二件"大礼"：浙江省额外增收，用来支援江苏省勘剿太平天国的"协饷"，也全部委托阜康办理汇兑。

第三件"大礼"：由于麟桂很快就要调任江苏赴任，在江苏他将主要负责江南、江北大营的军饷筹集，阜康可以在上海开设一个分店，将来各个省份的饷银都经过阜康钱庄汇兑到江苏。

这样，胡雪岩就仅仅凭借着二万两银子，不但让阜康做成了一笔不小的买卖，同时还把生意做到了上海和江苏，这正是胡雪岩求之不得的事情。而且，有了各省的饷银，以后到上海做生意，就不再愁资金短缺的事了。胡雪岩为自己的得意之作而拍案叫绝。

胡雪岩说："铜钱银子用得完，得罪一个人要想补救却不大容易。"所以对于江湖朋友以及生意场上打交道的人，胡雪岩是非常讲究仁义和信用的，而且与人合作总是在大家都有钱赚的条件下进行。他还能主动体谅别人的难处,尽力帮人解决困难,从而获得别人的信任。这种"将心比心、以诚换诚"的交友态度,相比今天一些商人的坑蒙拐骗、过河拆桥、急功近利,是非常难能可贵的。

所以,在一个公司内部,现代管理者必须懂得:人是世界上最富感情的群体,"情感投资"是管理者调动人的积极性的一项重要手段。

因此,经商者在实施"情感投资"时,必须抓住一个"心"字,与他人互相交心、互相关心、以心换心。以达到心心相印、同心同德、共同干事业的和谐局面。这样,你的商战效益才会蒸蒸日上。

古语云:"天下熙熙,皆为利来;天下攘攘,皆为利往。"众多商家经营生意,除了解决自家生计、改善自家生活外,争取比较大的财富积累也是天经地义的事。但是,经商者首先要"以诚待人""诚字第一",即所谓"诚招天下客"。经商者要将心比心、以心换心。生意的交往,不仅仅是商品和金钱的交换,实际也是人心与人心的交往、人心与人心的碰撞。

交友之道,情义为重

胡雪岩做生丝生意,一上手便谋划着开"洋庄",也就是和洋人做生意,用今天的话说是从事外贸经营。

为了能垄断"洋庄",他在收买人、拉拢同业、控制市场、垄断价格上可谓绞尽脑汁、精心策划。他费尽心思周旋于官场势力、漕帮首领和外商买办之间,而且还必须和自己在同一战壕中却心术不正者如朱福年之流斗智斗勇,实在是冒了极大的风险,终于做成了他的第一桩销洋庄的生丝生意,赚了十八万两银子。然而,这也不过是说来好听,因为合伙太多,开支也太大,与合伙人分了红利,付出各种利息,做了必要的打点之外,不仅分文不剩,原先的债务没能还清,还拉下一万多两银子的亏空,实际连账面上的"虚好看"都没有,等于是白忙活一场。尽管如此,胡雪岩除了算账时有过短暂的不快之后,很快也就释然了。而且他断然决定即便一两银子不赚,也该分的分,该付的付,绝不能亏了朋友。

这分付之间胡雪岩获得的效益实在是太大了,它不仅使合作伙伴、朋友们看到了在这生意的运作中胡雪岩显示出来的足以服众的才能,更让朋友们看到他注重朋友情分,可以同甘苦、共患难的义气。说到底,处理好钱财账与人情账的关系,也是商场"关系学"中必有之义。胡雪岩不在乎银钱的赚赔出入,分付之间获得如此效益,让人不能不佩服他的大气和远见。假如他只盯着自己银钱上的进出而一毛不拔或为自己多一点,或一毛分成几段拔,是否最终会获得成功呢?恐怕会得不偿失吧。

俗话说:商场如战场。确实,商场上的竞争,许多时候真就是如战场上的搏杀,虽不见刀光剑影,虽不闻血雨腥风,却常常外显为一种优胜劣汰的你死我活。从本意上看,商业竞争应该突出体现为敢于打破陈规,谨慎谋划商事运作各个环节,通过科学管理提高自身企业的经营效率。换句话说,竞争的胜负不应该是以是否有效地打击竞争对手使其遭致失败,甚至将其逐出同行同业而最终垮掉为标志。从商业运作的角度看,即使自己已经拥有了十分强大的实力,仅仅采取一种与对手拼死搏杀的态度,也是不明智的。相反,为了获得一定的市场和价格占有率,许多时候更需要的是一种与竞争对手在竞争中的联合,以求在涉及商业运作的许多重要方面达成某种必要的默契,并形成一种有效的合作,共享其利最终共存共荣。因此,即使在激烈的商事竞争中也不能只顾自己而不顾别人,更不能总想着去踹别人一脚,为了自己的利益安圈下套以求整垮对手。实际上,竞争对手被整垮也并不能带来真正经济上的收益,一个简单事实是,无论你的实力多么强大,你都无法占有整个市场。

从这一角度看,胡雪岩对于商场关系学的运用,也正是其能在生意上广交朋友,且在商务动作中取得成功的必要技巧之一。

曾有这样一种说法:商场"关系学"。所谓商场的关系学,主要是指调适商界同行或者合作伙伴关系的技巧。只有精通商场关系学的门道,才能做到在生意场上广交朋友。

信誉无价,树立商誉

君子一诺,重于千钧

胡雪岩有这样一个特性,要么就不做承诺,承诺一旦做出,必须实行和兑现。他曾经做出过一个承诺,但因为机缘巧合,二十多年后才得以兑现。

那时候胡雪岩为了资助王有龄去京中捐官,私自挪用信和钱庄的外债,这种行为犯了钱庄行业的大忌,他被赶出了钱庄。

为了生计,胡雪岩只好背井离乡,辗转到上海。在那里,他有一位从小一起长大的朋友,想先投靠他,在上海谋条路子,同时也兼学生意。

刚到上海,胡雪岩就听说这位朋友由于家乡有紧急事情,已经回到浙江绍兴去了。别人告诉他不会等很久,这位朋友就会回来的。于是胡雪岩找了一家叫作"老同和"的客栈住了下来。

谁知胡雪岩这一等就等了十天,人没等来,盘缠用光了,只好在小客栈里苦熬日子,囊中无钱,一筹莫展,只好闭门不出。

但客栈钱好欠,饭却不能不吃。最初,他在"老同和"吃饭,先是一盘白肉,一大碗血汤,再要一样素菜。后来减掉白肉,一汤一素菜,再后来大血汤变成黄豆汤,最后连个黄豆汤也吃不起了,买两个饼,弄碗白开水就算一顿。

这种日子维持了七八天,胡雪岩实在熬不下去了,饿得头昏眼花倒还是其次,关键是心中有些发慌,那种滋味真不是人受的,好像马上就要大祸临头。于是这天他狠了狠心,把一件夹线长袍子典当掉。换得银两后头一件事就是到"老同和"去"打牙祭",但仍旧是白肉、大血汤和一样素菜。

吃饱后付账,回到卧房,胡雪岩忽然发现当票弄丢了,这样以后即使有钱也赎不回来了。胡雪岩当时倒并未在意,丢了就丢了,等以后有钱做件新的也一样。但第二天，却有人将当掉的那件长袍子送到了胡雪岩的住处。

胡雪岩很纳闷儿，是谁这么好心帮助自己？多方打听，他才弄清了原委。原来当时老板的女儿阿彩，由于在前堂招待客人，天天见胡雪岩来吃饭，是大血汤和白肉，后来只有大血汤，再后来变成黄豆汤。直到有一天，阿彩忽然发现胡雪岩身上的袍子没了，变成了"短打"，而他在吃完饭付账时，将长袍当票掉在地上，晚上打烊时被店里伙计阿利发现，送交账台阿彩。阿彩于是悄悄将长袍赎了出来，打发阿利给胡雪岩送回。

胡雪岩了解了事情经过，便托阿利给阿彩带了句话："代我谢谢你们阿彩，她替我垫的钱，以后会加倍奉还。"但从此以后胡雪岩因为各种各样的事情没有再光临"老同和"，也就没有再见过阿彩的面。

在以后的20多年中，胡雪岩也曾想起要还款，但其中缘由不方便对人谈起，一直找不到合适的机会兑现诺言。此后生意越做越大，即使想起来，不是地点不对就是辰光不对，这件事情就这样一搁就是20多年。直到胡雪岩的生意濒临危机，胡雪岩到上海与古应春商量对策，谈完正事，闲庭信步到夜市逛逛。偶然中的偶然，胡雪岩踏进了"老同和"的门。

胡雪岩顿生几多感慨，"年年岁岁花相似，岁岁年年人不同"。果真是物换星移转头空，阿彩，这位当初站账台招待客人的姑娘家，如今已成为"老同和"的老板娘，平时再也不会出来侍奉客人了。当年的伙计阿利是现在"老同和"的老板，他入了赘，成了阿彩的丈夫，膝下一子一女，当时阿利、阿彩正准备将"老同和"翻造，因为要修马路，"老同和"房子前面要削掉一半，平房改建成楼房。

但是，两人遇到了难处，若要将店面造得好一点，就需要把"老同和"后面的一块地皮买下来，方方正正成格局，这样一来需要花费1500两银子。盖成之后，老店新开，重起炉灶，还要拿出1500两银子，两项加起来，就是3000两银子。

夫妻俩正为此发愁，胡雪岩问明了情况，决定一定要好好在这事上帮一把。按他的性格，原想帮阿利"老店新开"，要轰动一下，但一想到自己现在的处境，只能徒留一声叹息，自嘲地摇摇头。最后叫古应春带3000两银子的汇票给阿利，再叫古应春去跟阿彩说一下。告诉她事情的前因后果。正因为有当时的许诺，胡雪岩始终未敢忘记这件事。终于碰上一次实现许诺的机会，胡雪岩大报特报，将一桩陈年小事引起的承诺实现得漂漂亮亮。事情一解决，胡雪岩和古应春二人都觉得舒畅，胸怀不禁一宽。

胡雪岩深知许诺对别人的重要性。这种重要性在于别人对他产生的期望。如果承诺不能兑现，他人就会对自己失望，自己也就自然失去了影响力。

诚信是商道的根本

诚信，是每个人必须要具备的基本素质，也是商场经营的根本。真正成功的人士都是以诚信作为人生信条、生意原则的。

诚，就是诚实。所谓诚实，指的是态度。一个人在这个社会上生活，必然会遇见很多的人，碰见很多的事，如果忘却了诚实待人，那么长此以往，别人对你只会嗤之以鼻。在商场上，要想赢得顾客的信任，唯有商家自己拿出足够诚实的态度来。诚实是最能打动人心的。

信，就是信誉，就是说到，就要做到，就是做了，就要做好。信誉是一个人的经营之本，犹如脸面一样重要。如果信誉好，无论走到哪里别人都会对你刮目相看，并且信任有加，如果信誉不好，则几乎没有立足之地。因此商人具备了这一点，今后的道路才会越走越宽。

胡雪岩之所以能够把生意做到覆盖多个方面、多个地区，并且每项事业都做得很出色，原因就在于他始终本着诚信经营的理念在做生意，从而为自己赢得名声，获得了一大帮真心实意与他结交的朋友、同行和客户，拓宽了他的发展道路。

胡雪岩讲求诚信，并不是长大以后做生意时才学会的，而是在他很小的时候就懂得。这说明他是一个完完全全将诚信融入骨子里的人，他做生意成功在很大程度上也取决于他良好的做人品质。由于诚信做人做事，他遇见了一个又一个的贵人，获得了一个接一个的好机会，一步一个台阶地走上了他最终的辉煌之路。

"名气是做出来的"，很多人都会这么说，当然，胡雪岩也不否定这种说法,但是他还强调信誉。他说:"做名气不是光去做花架子。仅靠花架子做出来的名气,是不可能长久的,反而会失去信任和尊重,会把自己逼入死胡同,以至于很难重新再来。要做名气,商家的信誉就应该放在第一位。"在他看来,名气虽然很多是沾满了人为因素的"炒作",但是如果是本质的诚信获得了好的信誉,无形之间就会形成良好的公关效应,获得的利益也是空前的。

所以,胡雪岩做事、做名气都非常注重信誉,而不只是做一些虚的花架子。他从做人上将这些品质融入做生意当中,不光他的名气大到被后人尊为学习的楷模,就连他的事业——胡庆余堂药店的名气,至今也还是响当当的。

第一,胡雪岩将信誉放在第一位,应用在生意上最重要的一点就是"戒欺"。

在胡庆余堂药店的大厅里,挂着一块牌匾,黄底绿字,非常醒目。它不像其他普通药店挂的那些楹联匾额,朝向是面对着顾客,目的是供他们欣赏的。这块牌匾正对着坐堂经理的桌子,采用朝里方式悬挂,目的当然就是警示药店员工的。这块牌匾被称为"戒欺"匾,上面的文字是曾经由胡雪岩亲自拟定的:

凡是贸易均着不得欺字,药业关系性命,尤为万不可欺。余存心济世,誓不以劣品巧取厚利,惟愿诸君心余之心,采办务真,修制务精,不致欺余以欺世人。是则造福冥冥,谓诸君之善为余谋也可,谓诸君之善自为谋亦可。

很显然,胡雪岩设置这块"戒欺"匾的目的就是告诉胡庆余堂药店所有员工,药店最重要的一个信条就是"严禁欺骗顾客"。这也是他创办胡庆余堂的宗旨。

胡雪岩提出的第一个原则"采办务真,修制务精",也就是说药方一定要可靠,选用的材料一定得实在,炮制也一定要精细,这样卖出的药才会有非常好的功效。

这对现代很多商人来说,是不可能做到的一点。他们觉得这样做,不仅费时、费力、费投资,而且顾客又不仔细查看制药的流程,这不是费力不讨好吗?其实,这种想法大错特错。消费者不是傻子,他们经常是货比三家之后再买商品,如果生产者在制作上更细心注意一些,做出的产品肯定更受消费者的关注与喜爱。

第二，胡雪岩规定：药店里上至总管，下到采办员、店员，除了要勤奋、谨慎、能干之外，更要具备诚实、心善这些品质。他认为，只有这样的人，才能时时刻刻为病人着想，时时刻刻注意药材的品质。而对于药店来说，只有这样，药店才能真正达到济世救人的目的，也不会坏了名声，倒了牌子。

今天，我们在电视上也可以看到这种情况。古时的药店大堂里，常常会挂着一副对联："修合虽无人见，存心自有天知。"说的大致意思就是卖药的虽然没有人监督，但药店自我监督赚取良心钱。这里的"修"，指的是中药制作过程中，对于未经加工的植物、矿物、动物等"生药材"的炮制。俗语说"是药三分毒"，事实上很多生药材都含有对人体有害的成分，必须经过水火炮制才能入药。这里的"合"，则是指配制中药过程中药材的取舍、搭配、组合等方面，这个步骤涉及药材的产地、种类、质量、数量等很多因素，直接影响着药物的疗效。由于中药成分复杂、成品质量良莠不齐，不是行家是很难分辨优劣的，所以如果药店居心不正，以次充好，或者偷减贵重药材的分量，是非常容易得手的。但是，胡雪岩却始终秉持着中医药店的这种"自我监督""制造良心药"的原则，所以他的药店信誉高。

虽然胡雪岩自身并不懂得医术，但对于"药是济世救人"这个道理，他心里跟明镜似的，这也才有了那块他亲题的"戒欺"匾中"药业关系性命，尤为万不可欺"的警戒。不仅如此，在《胡庆余堂雪记丸散全集》的序言中，也有类似的戒语："大凡药之真伪难辨，至丸散膏丹更不易辨！要之，药之真，视心之真伪而已……莫谓人不见，须知天理昭彰，近报己身，远报儿孙，可不敬乎！可不慎乎！"从这里，我们不难看出胡雪岩在"戒欺"立业上的良苦用心，也能看出胡雪岩做人的高贵品质。

所以在胡雪岩看来，"'说真方，卖假药'最要不得"。他要求胡庆余堂卖出的药，必须是真方真料且精心修合。比如，当归、黄芪、党参这些名贵药物必须来自甘肃、陕西；而麝香、贝母、川芎必须来自云南、贵州、四川；虎骨、人参，则必须到关外去购买，即使陈皮、冰糖之类最常见的材料，他也绝不马虎，规定必须是分别来自广东、福建的。

光规定这些材料的产地还不够，胡雪岩还要求，为了顾客着想，应该要让顾客看清楚自家药店卖出的药的配方来证明货真价实。为此，他甚至提议每当炮制一种特殊的成药之前，都贴出告示让人们来参观。同时，为了让顾客知道药店选料的实在、诚实，不欺骗顾客，他还会在药店摆出各个取料的来源，甚至摆出样品。比如，如果药店正在卖鹿茸，他会在药店的后院养几头来自产地的鹿，这样，胡庆余堂药店就有了被顾客信任的名声了。

有了信誉，才会有好的名声，有了好的名声，生意才会越做越红火。胡雪岩正是明白了这个道理，才会将他的药店在那个兵荒马乱的年代，将"戒欺"这一关乎信誉的大优势发挥到了极致，也收到了济世救人的社会效益。也正是因为这样，它才一直都做得红红火火，甚至到今天，还保持着很好的名声。

胡雪岩关于名声的关注，并没有让他步入现代流行的只重形式忽视内容的地步。他依然秉持着自己做人的原则：踏踏实实、诚诚恳恳、善待他人。这正如胡雪岩自己所说："我们做生意赚了钱，要做好事。我们做好事，就是求市面平静。当然好事也不会白做，我们也要借此扬名。"以后的事实证明，胡雪岩的确依靠"做好事"扬名内外。

当然胡雪岩做名气、讲信誉，并不只是在他的生意达到辉煌的时候才想到的，他做人是这样，所以从做生意一开始就特别注意这一点。

阜康钱庄刚开业不久，胡雪岩就接到了一笔"大单子"，这个客户是绿营军官罗尚德。

因为要上战场打仗，罗尚德当然不可能带着那么多钱去，于是就想把钱存在钱庄。但他心里又担心：如果钱庄不讲信用，万一他不幸阵亡，钱不就取不出来了吗？所以，他想以不要利息来赢得钱庄的重视。

胡雪岩名声在外，罗尚德当然早就听说过，所以他最终决定将自己辛辛苦苦挣来的血汗钱存到阜康钱庄。然而，鬼使神差的是：胡雪岩不仅如"传说"中的那样讲信誉，还要照付给罗尚德那部分他不要的利息，甚至还帮他做了一个很好的策划——大部分钱存定期，小部分钱存活期，并让钱庄总管刘庆生帮他保管存折，承诺等他打仗回来取款时再还给他。

众所周知，打仗就会有生命危险，身为军官的罗尚德，不幸战死在了沙场。在阵亡前，他委托自己的两位同乡将存在阜康钱庄的存款取出来，转给他在老家的亲戚。因为他的存折在刘庆生那里，所以他的两位同乡没有任何取款的凭据。他们原本想着自己两手空空地来到阜康钱庄，要办理存款的转移手续肯定会遇到很大的麻烦和刁难，甚至做好了钱庄赖账的准备。但是，令他们没有想到的是，阜康钱庄并没有刁难他们。

为了证实他们确实是罗尚德的同乡，阜康钱庄让他们请来双方的熟人做了个证明。在确认身份之后直接给他们办理了手续，还按之前胡雪岩给罗尚德的承诺照付了利息。这一下，胡雪岩"诚实守信"的名声得到了更加确凿的证实，他因此更被人们称颂了。

胡雪岩作为一个具有高尚品质的人，他知道诚实是做人必备的品质；身为商人，他深深懂得信誉的重要性。所以在做生意的过程中，他将做人的这个品质融入了做生意中，并且延伸为：只有懂信誉，才会有好名声，有了好名声财源才会滚滚而来。这也是他做生意为何始终秉持"诚信"原则的一个重要原因。

西方管理学家帕金森曾经说过："关系到一个人未来前途的许诺是一件极为严肃的事，它将在长时间里被一字一句地记住。"所以，想做大事业的人，必须时刻注重自己的信誉，用诚信把自己的名气做大。只有这样，才能获得更多的认可和支持。

要做名气，商家的信誉应该放在第一位。

尽管"无奸不商"是人们历来对商人的评价，尽管在商界隐藏着许多欺诈行为，尽管靠歪门邪道"发家致富"的不乏其人，但这终归不是长久之计。泥塑的信用早晚会露出马脚，假意的欺诈虽然暂时能获利，但导致的结果只能是最后在商场上毫无生意可做。因为，支撑商场中人走向卓越、成功的不是各种伎俩，而是"诚信"。

在危难中坚守诚信

胡雪岩有一句话，叫作"做人总要讲宗旨、讲信用"。胡雪岩如此说，也的确是如此做的，而且做得很彻底。在他身陷危机之时。还要硬着头皮与洋商斗法，宁可自己倾家荡产也绝不失信于蚕农。

或许有人嘲笑胡雪岩狂妄自大，不知天高地厚，螳臂当车，不自量力，把他的失败归咎于其奢侈，但是有多少人知道，胡雪岩与洋商斗狠的真正目的？

胡雪岩涉足生丝买卖是有原因的。在当时，湖州是中国的生丝基地。而最上好的生丝，时价每担不过二两银子。洋商把生丝出口到英伦三岛，生丝价格竟达十一两白银，利润惊人。生丝在国外的工厂加工成绸缎，销往世界各地，利润更成倍增加。蚕丝成为洋商绸缎生产必不可少的原料。他们通过买办、掮客直接到产地收购原料，就是为了获取最大利润。

但是，本地丝商却遭到冷落、挤兑，上海的洋商、买办资金雄厚，可以一手交钱，一手交货，湖州的生丝市场几乎被洋人垄断，几年下来，当地的丝行纷纷倒闭。连"丝业大王""湖州四象"之一的庞二爷，也陷入了困境。这样一来，无数蚕农倾家荡产。

胡雪岩决心要在湖州开办一家丝行，联合当地丝商碰一碰洋商。他以官府名义，号召蚕农卖爱国丝，抵制洋商；立即发帖子，把湖州的丝商全请来，集合到胡某人的旗帜下……

胡雪岩效法洋商，让丝业公会在湖州阜康钱庄存入大宗银钿。所有蚕农年前都可以去阜康钱庄预支一定数量的银两，这叫定金，待明年春天养出蚕茧，再以生丝偿还。而且保证：湖州丝业公会的丝价，绝不会低于洋商，收购生丝的时间，也不会卡得那么紧。

这个效法洋商的处方，大有玄机，蚕农有钱过年，丝商明春得丝，双方得利，两全其美！而以丝业公会相号召，既可以把丝商团结起来，又可以把大小丝商的资金吸纳到阜康，大放定金，吸引更多蚕农。这样，明年春天就能更多地把生丝的主动权抓在手里，以便应对洋商的反攻……

胡雪岩的做法收到了明显的效果，生意达到巅峰状态时，他的生丝生意专营出口。几乎垄断了国际市场，广大蚕农也从中得到了实惠。

1882年，胡雪岩垫付资本2000多万两，套购生丝14000包，使洋人"欲买一斤一两而莫得"。洋商与洋行联合起来报复胡雪岩的招数很凶狠。他们已经看出在上海市面开始萧条的情况下，胡雪岩垫付资本太多，必将周转不灵。而他此时要应付的方面又太多，如要按约定偿还外国银行的贷款、要为左宗棠购置军火等。因此洋人们冲着胡雪岩共誓"今年不贩生丝出口"，接着又紧缩银两，使胡雪岩一下子陷入危机之中。

　　此时直接伤及胡雪岩生意运作的危机原因是：古应春投资房地产出了意外。他投下去的资本达50万两银子，其中35万是从上海阜康借贷的。这一情况胡雪岩事先并不知道。由于上海市面趋于萧条，阜康银两随之紧缩。胡雪岩在上海阜康钱庄的大伙宓本常也不顾胡雪岩与古应春的情分，落井下石，逼古应春还回借款，胡雪岩得知这一情况，以他的性格和为人，必然要尽力帮助古应春。但阜康也确实到了极困窘的地步，第一期50万两本银的还款日期就在月底。还款来源是各省外交上海道台衙门代收的协饷，数目不够由阜康代垫。但银根如此紧张，代垫几乎没有可能，而上海道台邵小春又借故将各省协饷拖延不给，胡雪岩的危机也就显得更加严重了。

　　不过胡雪岩此时还有一条路可走，他可以向上海地区已有的三家新式机器丝厂出售蚕茧。当时外国新式机器缫丝已经传入中国，浙江、江苏一带出现了好几家机器缫丝厂。机器缫丝对于用传统手工缫丝的养蚕做丝人家冲击很大，一经推广，必将有大量以做丝为生的人家破产。

　　经过数十年的苦心经营，此时的胡雪岩实际上已经是丝业的老大，为了抵制机器缫丝。这几年他大量收购蚕茧，以切断机器缫丝的原料来源。由于他囤积蚕茧，已经使上海地区三家机器缫丝厂由于没有原料，面临停产倒闭。胡雪岩的蚕茧囤积居奇，这个时候如果答应给缫丝厂，自然可以卖出一个不错的价钱，可以在一定程度上缓解眼前的危机。而且，机器缫丝厂出丝快、质量好，向洋商找买主也容易。如此看来，出售蚕茧给缫丝厂，还可以带动生丝生意。

　　事实上，此时的古应春和宓本常劝胡雪岩考虑出售蚕茧。但胡雪岩就是不愿意出售蚕茧，他这样做当然并不是不知道此时出现的危机对于他意味着什么，也并不是不知道机器缫丝质量、产量确实比土法缫丝好得多。

　　胡雪岩这样做最根本的原因，在于他作为丝业领头人物，曾与那些丝户达成过协议，由他到蚕农手中收购蚕茧，交由丝户缫丝，丝户则必须将生丝交由他来经营。由此既抵制了丝厂来抢做丝户的饭碗，他自己也有了稳定的货源可以挟制洋庄市场。既然自己说了话，就要说一句算一句，即使在自己陷入困境之时，也不能做这种背信弃义之事。否则，那些丝户将倒大霉，饭碗就要被砸。胡雪岩当时讲的那段话就是："做人总要讲宗旨，要讲信用，说一句算一句，我答应过的，不准新式缫丝厂来抢乡下养蚕做丝人家的饭碗，我不能卖茧子给他们。"

归根结底，胡雪岩是不想在任何情况下失去信用，即使身陷危难，也要诚实守信。

今天，用我们的尺度来看待这件事情，胡雪岩抵制机器缫丝自然有违背历史发展趋向之嫌，但胡雪岩出于一种朴素的感情支配，用中国传统的义士风格来与洋人做生意。而且洋人背后还有政府的大力支持，因此难免落败。但胡雪岩在难以为继的情况下仍不肯背信弃义，说句实话，他是一个血性汉子、真爷们！

维护信用，讲究诚信

胡雪岩一生中收过两个徒弟。第一个是陈世龙，这个人后来成为胡雪岩湖州丝业收购行当中的总代理。对于陈世龙，胡雪岩花了很大的心思去培养和教导。因此对陈世龙而言，胡雪岩既是长辈、师傅，又是恩人、依靠。第二个徒弟是阿巧姐的弟弟福山。她和胡雪岩好上之后，向胡雪岩提出的要求，就是请他将这个弟弟带出来学做生意。初次见面，胡雪岩考察了他一番，发现福山算盘打得溜溜直响，又快又准，人也很机灵，就决定把他收下来。在收福山为徒时，胡雪岩说了一通教导的话，告诉他光会打算盘是不够用的，若想要把生意做大，还有很多东西要学。其中说了这样一段话："要想吃得开，一定要说话算数，所以答应人家之前，先要想一想自己能否做得到，做得到的事情，不但要答应，而且要答应得爽快，答应之后就一定要去做到。做不到的事情，千万不可答应人家。"

这番话仍然是讲为人的"信义"，为商的信用问题，从这里可以看出胡雪岩对此是如何的重视。胡雪岩的这段话，既是教他做人，又是教他做生意，而且还是他要福山首先知道并且必须牢记于心的一段话。

胡雪岩对此也是深有感悟。王有龄解决漕米解运的难题时，松江帮老大尤五申述困状，手中银粮紧，原想把这十几万石大米脱货易现。胡雪岩了解到这一点，便要求张胖子从他的钱庄暂时划一笔款子给尤五，帮助尤五渡过眼下难关。当时张胖子已被胡雪岩收服，心甘情愿给他打"下手"。在胡雪岩与尤五谈话过程中，察言观色，立即明白胡雪岩的意思，因此当胡雪岩将眼光向他投来时，说："张兄，这下要你帮个忙了。"张胖子不假思索，满口答应："理当效劳，只请吩咐。"并进一步解释只要是十万两银子左右的贷款，一定可以办妥。由于答应得太快，尤五与其手下顾老板对望一眼，似乎有点不相信，连胡雪岩都有点意外。张胖子的话说得太容易、太意外，让人感觉似乎缺乏诚意。于是胡雪岩提醒张胖子，并用杭州方言相当认真地对张胖子说："张老板，说话就是'银子'，你不要'玩儿不正经'！"

张胖子会意到此，急忙解释："我之所以放心借款给尤五哥，第一是漕帮的信用、面子，第二是浙江海运局这块招牌，第三是还有米在那里，有这三样担保，我难道还有什么不放心的？"

从这里也可以看出张胖子其实也是暗中转得很快的人，他想得很清楚，这是可以答应的事情，于是可以脱口而应。商场上讲究的说法是干脆漂亮，一句话算定局。所谓"说话就是'银子'"，因此，做不到的事情可以不答应，做得到的事情，就讲究答应得漂漂亮亮，做得踏踏实实。

古代子贡曾向孔子请教为国政治的目标，孔子答道："确保粮食的充廪、军备的扩充，以及对人民的信义。""三者如果要舍其一，应该放弃哪一条呢？""军备。""不得已再舍其一，又该如何？""粮食。人难免一死，但如果信用全失，不讲信义，根本与禽兽无异。这时活着又有什么意思呢？"孔子的这句话令人深思。守信对于做人和治国都具有非常重要的意义和作用。作为个人若能守信，人亦信之，其信用越高，声誉越大，越得到人们的敬佩与支持，就可以有所成就。如果是一国之主，只得到全国人民的爱戴与拥护，得不到人们的信任和支持，个人就难以成之，甚至招致祸患；就会使上下离心，有亡国亡身之危险。

"得人心者昌"，而得人心，坚守信用是重要因素之一。历史事实都反复证明，凡得人信任就可以成事，春秋战国时的齐桓公能成霸业，守信起了很大作用。

桓公成为天下霸主之后，不以武力威吓他国，而是扶弱救弱。山戎攻打燕国，燕国向齐国告急，齐桓公立即起兵救燕，率兵将山戎驱逐到孤竹而还。燕庄公感激齐国救援，热情地送桓公直到齐国境界。桓公说："非天子，诸侯相送不出境，吾不可以无礼于燕。"于是把燕君所到之地——本属于齐国的那块地割让给了燕国。诸侯闻之，都赞扬桓公能救人又遵礼守信，对齐桓公更加敬佩，这样进一步巩固了齐国的霸主地位。

若能弃小求大，放弃一些小利益，做出一番仁义守信的形象，一样可以得到自己原本的利益，甚至更大的利益。信用可以成就一个人，可以成就一个国家！作为个人必须将信用树起来，成为一座不倒的丰碑，最终才能成就自己的事业。

顾客至上，服务优质

胡雪岩曾定过免费施茶送药的规矩。那是他在湖州大兴丝行开张后，七月里他到了湖州。一到湖州，他就吩咐他的丝行"档手"黄仪做一件能给人实惠的好事；时令在七月中旬，正是"秋老虎"肆虐的时节，丝行要在自己店前施茶施药，而且说做就做，当天就办。黄仪知道胡雪岩的脾气，做事又快又好，钱上面很是舍得，于是当天就在大兴丝行门前摆出了一座木架子，木架子上放了两只可装一担水的茶缸，放在茶缸里的茶水还特意放上了菊花、麦冬等清火败毒的药料。茶缸旁边放上了一个装了手柄的竹筒当茶杯，路人可以随意饮用。另外，丝行门前还贴了一张广告，上写"本行敬送避瘟丹、诸葛行军散，请内洽索取"。如此一来，丝行门前一下子热闹起来。

后来，施茶送药成了胡雪岩丝行收丝时节必有的节目，而且还扩大到药店，实际上成了一条不成文的规矩。

在此，胡雪岩用的正是一种优质服务之法；也正因此法，胡雪岩的丝行药店招揽了许多顾客。服务是整体产品的一部分，也是重要组成部分。因此没有服务的产品不是真正意义上的商品，在今天科学技术相当普及和信息快速传播的条件下，不同企业生产的同类产品，虽品牌不同，但因其设计及其制造水平已不相上下，所以其产品性能及属性都大致相同。如果这种产品投入市场时，仅仅依靠本身的性能、功用、特性来占领一席之地，势必感到困难。因此服务成了竞争的焦点，谁能提供完美的服务，谁就有可能成为竞争的优胜者。

1971年，美国麦当劳汉堡包远涉重洋"登陆"日本，一举打败日本传统饮食而称霸于餐饮界，日本麦当劳的成功，很大程度上要归功于其社长藤田田的优秀经营艺术。其中给顾客提供细致周到的服务就是其成功经验之一。在江之岛汉堡包店开张之前，藤田田就对附近的汽车、行人做过调查，这家店铺离车站大约有一公里，几乎没有行人通过，但每天却有1400辆汽车由此通过。为了方便顾客，藤田田发明了一种"开车通过购货"的方法，即事先通过电话预定，当汽车驶过时，顾客不用下车就可把所需的食品取走，这样大大节省了顾客的时间，麦当劳的信条是：不要让顾客等32秒钟以上。因为科学分析显示，32秒钟是人与人对话时产生焦虑的界限点，甚至为方便顾客掏钱付账，麦当劳柜台的高度一律92厘米。麦当劳一流的服务，给顾客留下了良好的印象。

德国戴姆勒——奔驰公司十分重视通过完善的服务在顾客中建立信誉，以保证业务的不断发展和扩大。公司的销售服务系统由遍布于德国大中城市的推销点组成。顾客在正式订购汽车时可以向推销员提出五花八门的要求。例如，汽车的颜色、车内音响和空调装置、车门、车锁以及其意愿等。这些要求均会随订货单存入电子计算机，而公司在生产时总是尽力解决，使顾客满意。在公司的汽车装配线上，常有一些装配中的汽车挂着一块牌子，写着顾客的姓名以及他对车型、式样、颜色和其他方面的特殊要求。公司还给每个取车的顾客免费送一个精致的奔驰汽车玩具，以便顾客的子女自小对奔驰汽车产生深刻而良好的印象，成为公司未来的潜在顾客。而维修服务系统由分布在德国和世界各地的5000多个维修站组成，从业人员超过5万人，维修服务的内容很全面，几乎无所不包。整个公司在维修服务系统中的工作人员与在工厂中从事生产制造的人员，在数量上总是保持着1∶1的比例。由于奔驰公司有良好的服务，在能源出现危机、世界汽车激烈竞争之时，尽管奔驰汽车的价格比日本汽车的价格高出一倍，但仍然是吉星高照，产品畅销不衰。

无数的事例证明，如今市场上颇为走俏的那些商品，并非全是品质最好的商品，而往往是那些品质符合顾客要求而服务高出一筹的商品，难怪世界著名电脑公司IBM的总裁说："IBM并不是卖电脑，而是卖服务！"

可以断言,在未来的商战中,服务竞争将占有越来越重要的地位!

优质服务是企业长青的生命力。谁能赢得顾客,谁便占有市场。给顾客最大的便利,才能赢得竞争。

优质服务,用户至上,就是企业通过给消费者细致入微、仁至义尽的良好服务,给消费者最大的便利,以此取得竞争的胜利。胡雪岩免费施茶送药的规矩就是这种优质服务、用户至上理念的具体表现,也正是这种让利为顾客的行为,为他赢得了好口碑。

低调做人,学会韬晦

低调做人,精明经商

这里所谓的低调做人和人们经常说的"枪打出头鸟"不是同一个意思。低调做人是指做事的时候把握住表现的度,既要彰显出自己的能力,又不能太过于压低别人凸显自己。而"枪打出头鸟"强调的是不要过于张扬、出头。低调是一种智慧,勿出头却是一种告诫。

正如胡雪岩所说:"不招人妒是庸才。但可以不招妒而自己做得招妒,那就太傻了。"意思就是说:不招人妒忌的低调是高智慧的象征,它并不是简单的不受人关注,那是庸才所为。而如果一件事情本来可以用很低调不被人注意的方式做,但是却采用了招人妒忌的方式,那做这件事情的人就太傻了。因为自招嫉妒就是自找麻烦,不管麻烦是大是小,总归是不好的,或者惹来非议,或者为自己树敌。

人在商海中搏击,最怕的就是惹上非议,最怕的就是树立敌人。每一个精明的商人、每一个成功的商人,几乎都明白这个道理。所以即使遭人嫉妒是难免的事情,他们也尽量低调行事,尽量避免。就算是在春风得意之时,他们也会处处言行谨慎,时时做事低调。

胡雪岩是一个精明的成功商人，更是一个深谙世事的奇人，他当然也深知这个道理。所以，无论是在扶摇直上之时，还是在穷途末路之际，胡雪岩都非常注意自己的言行举止，极力避免过于张扬，招致别人的嫉妒而使自己腹背受敌。

胡雪岩说的不自招嫉妒，还有一层深刻的意思。人，是情感动物，有七情六欲、有思想、有私心。不自招嫉妒并不只是在表面上做做文章，让人觉得你看起来言语谨慎，步步为营，而是应该做到实处，让同行的人、同事的人、合作的人都觉得你做的事情只有他们信服的份儿，没有压低他们让他们嫉妒的份儿。

自从给患难朋友王有龄打工，帮他从上海购买商米代垫漕米圆满完成任务之后，胡雪岩就准备自立门户，开一家属于自己的钱庄。但当时的胡雪岩并没有开钱庄的资本。他除了有一身的好想法外身无分文。这个时候他筹划的资金来源，只能是以王有龄为官场靠山，凭借他们的交情承办代理打点道库、县库的过往银两。

当然，这不是上下嘴唇一碰就能轻易实现的事情，实际上要筹划就需要让王有龄得到一个州县的实缺（实缺制是清朝的一种制度，有额定官职的人经过正式任命之后就叫实缺）。而当时作为浙江海运局坐办的王有龄仕途刚刚起步，根本不具备给胡雪岩提供代理公款业务的条件。再说他要得到州县的实缺，也不知道是哪年哪月的事情。但是，就王有龄当时的情况来看，他确实需要胡雪岩的全力相助。

所以，当胡雪岩把开钱庄的决定告诉王有龄之后，王有龄沉思了半天，才表明了他的看法：你开钱庄我其实是非常不愿意的，因为我目前非常需要你的帮助。但是以咱们两个的交情，我帮你也等于是在帮自己，所以你如果有机会就捐个功名吧，那样到哪里我们都在一起。

胡雪岩是个诚恳仗义的人，听朋友这么一说，他豪爽地说："这我早就想到了。开钱庄归开钱庄，帮你归帮你，我两样都照顾得来，你请放心好了。"但是王有龄不这么认为，他觉得以他们的交情，他即将腾飞的仕途，他们应该过的是一种轰轰烈烈、人人羡慕的"官商勾结"生活。

可是胡雪岩刚好不是在这个问题上和他一拍即合的人。胡雪岩从小家境贫寒，深知穷人的辛苦、富人的奢靡，也学会了低调做事的风格。所以，他诚恳地对王有龄说了这番话："雪公（王有龄字雪轩，胡雪岩称他为雪公），你现在刚刚得意，外面还不大晓得，所以此刻我来开钱庄，才是机会。等到浙江官商两方，人人都晓得有个王大老爷，人人都晓得你我的关系，那时我出面开钱庄，外面会怎么说？"

王有龄是个曾经落难的官人，加上做官的人喜欢讲究派头，他才不管外面人怎么说呢？他要的无非就是别人的羡慕眼光，别人的口头奉承，自己"名声"在外。胡雪岩是商人，一个睿智的商人，他重视的名声和做官之人不一样，他扬名声的目的是为了"盈利"。

因此，他接着说："虽然不招人妒是庸才，但是自己招妒，那就太傻了。到时候人家会说你动用公款，营商自肥，如果有人再告你一状，叫我于心何安？我们做事要做得不落痕迹。钱庄有一项好处，可以代理州县公库，公家的银子没有利息，等于白借本钱。你迟早要外放州县的，等你外放出去再来开一家钱庄，代理你那个州县的公库，这就太明显了。所以，我要抢在这个时候开。"

王有龄突然之间恍然大悟，明白了胡雪岩所谓"低调做人"的实处。其实，如果纵览王有龄的一生仕途，我们可以毫不夸张地说："他的成功除了自身的努力外，很大程度上受益于好友胡雪岩的做人之道影响。"

由此可见，胡雪岩精通不自招嫉妒的道理，是个善用"做事要做得不落痕迹"方法的高手。他并不像那些其他的普通商人，因为自己有了一个官场上的靠山就得意忘形，只等着在他的庇护下，托他的福来让自己也飞黄腾达。相反，他有自己独立的想法，有一套自己的做人之道。因为睿智的胡雪岩考虑到了自己的行为可能招致的影响，明白招摇而招人嫉妒的可怕性，所以，他随时随地都注意着不让自己锋芒太露，保持低调。

胡雪岩不光在自己事业的上升期奉行"不自招嫉妒"，就是在他于商场中处于逆境时，也格外注意奉行这一点。

清朝末年，洋务运动逐渐发展成熟，朝廷特设"总理各国事务衙门"，处理涉外事务。但是，实际上真正与外国官商打交道的第一线衙门却不是总理衙门，而另有其人。其中一个是设在天津的直隶总督兼北洋大臣，另一个则是设在南京的两江总督兼南洋大臣。

当时的两江总督兼南洋大臣是大名鼎鼎的左宗棠，直隶总督兼北洋大臣是朝廷红人李鸿章。他们两个人因为人生观、价值观等的不同而向来不和。正直的左宗棠看不惯李鸿章的所作所为，李鸿章对左宗棠也鄙夷至极，毫不客气。因此，两个人都使尽浑身解数，想方设法削弱对方的势力。

大家都知道，两雄相争第一步骤一般是先斩除对方羽翼。也就是说，如果两个实力相当、后备力量都很大的人斗争，一定要先从斩断对方的"左膀右臂"下手，进而铲除他的后备力量。而当时，胡雪岩因为兼具智慧与能干，已经是左宗棠最得力的干将，加上已经被赐红顶，成了朝廷命官，因此他也就毫无悬念地成了北洋系最明显的攻击目标。而恰在这个关键时刻，胡雪岩的三女儿要出嫁。

嫁女儿是件大喜事，而以胡家的名声和实力，嫁妆当然不能草率。于是，胡雪岩派他得力的罗四太太，带着大笔现银去上海采购钻石珠宝。罗四太太不愧精明能干，很快就在上海租界的一家德国洋行，买到了一批非常珍贵的钻石首饰。

巧得很的是，这家德国洋行的经理早就仰慕胡雪岩的"财神"大名，在给罗四太太办完手续之后，提出一个不情之请。他说希望罗四太太能将这批首饰在自家店里展览一个星期，给他们做做宣传，也就是想借胡雪岩的名气招揽更多的顾客。

在这个节骨眼儿上，展览，还是不展览，这是一个关系大局的问题。

照理说，这个经理的请求并不难做到，但是因为当时处于非常时期，整个李鸿章领导的北洋系都在伺机抓胡雪岩的"小辫子"。胡雪岩虽是商人，怎么说也是朝廷的红顶大员，若在上海滩展览自家女儿出嫁的首饰显得有些肆无忌惮，而且很容易给人留下话柄。

但是，如果拒绝，不仅伤了德国洋行经理的面子，而且自然也会被传扬出去。传扬出去之后的话说不定更难听。甚至会扫大名鼎鼎的红顶商人胡雪岩、胡氏店面、胡氏家族的颜面，落下小家子气的名声。胡雪岩那么重视名誉，这对他来讲将是一个大打击。

于是，在胡雪岩做人做事风格影响下的罗四太太，秉承了胡雪岩做事低调、不爱张扬的性格特点，想到了一个折中的好办法。那就是：展览可以，但是，既然是在德国洋行里举行，那么，首饰旁边的说明，只用英文和德文写，不写中文。

毫无疑问，这件事情取得了圆满结局。在胡雪岩影响下的罗四太太也深知招摇会招人嫉妒，更知道招人嫉妒的利害。这不禁让人对胡雪岩的人格魅力又加了几分赞赏。

人性中,嫉妒心几乎每个凡人都有。所以人一旦招摇,就特别容易引人嫉妒,而招人嫉妒无疑就是在自己周围画了一个圆圈,把自己圈在里面,不光不安全,反而会孤立自己,给别人攻击自己行了方便。

虽然是富甲一方的豪商,有"财神"之誉,但是,胡雪岩仍然能够始终保持着低调谦逊的作风。他收敛锋芒,不自招嫉妒,甚至这种作风也深深影响了身边人。

低调做人的思想是中国传统文化的一部分。历史上很多著名而取得成功的人物都秉承这项做人的原则。说得通俗一点就是,只有懂得了低调做人,才不至于让自己成为别人的箭靶子,处于腹背受敌的境地。只有这样,从商的人才能在商场中行走自如。

吃亏是福

陶朱公是先秦著名的大商人。凡"富者皆称陶朱公",表明他是被作为大商人的典范看待的。陶朱公在商业经营活动中运用了一套理论知识作为指导,这就是所谓的"计然之策",也就是胡雪岩所用的"手面""手法",它包括两部分内容。一部分被称为"治国之道",讲的是封建国家管理粮食市场的办法;另一部分被称为"积蓄之理",讲的是私人经商致富的学问。

陶朱公积蓄之理的精髓是:"论其有余不足,则知贵贱。贵上极则反贱,贱下极则反贵。贵出如粪土,贱取如珠玉。"

这一段讲的是货物价格与市场供需之间的关系。在需求稳定的情况下,货物价格与供给量成反比,供给过多,价格就会下跌,反之就会上升。价格的涨落有一定限度,上涨到一定程度,必然因需求的饱和而下跌;相反,下跌到一定程度,也必然会出现反弹。所以,"贵上极则反贱,贱下极则反贵"。这是商品交换中最基本的规律。

胡雪岩对这个规律运用得极为纯熟,而且对陶朱公积蓄之理做了进一步的发展,他说:"世上随便什么事,都有两面,这一面占了便宜,那一面吃亏。做生意更是如此,买卖双方,一进一出,天生是敌对的,有时候买进便宜,有时候卖出便宜。涨到差不多了,卖出;跌到差不多了,买进。这就是两面占便宜。"

另外,胡雪岩把生意的两面推及世事,认为世上无论什么事,都有两面。在现实生活中,免不了在这一面占便宜,在另一面吃亏。在胡雪岩看来,这个"亏"要看你怎么吃。如果是胡雪岩,他会认为现实中吃的亏都是便宜,因为你顺便放给了别人一个人情,而人情总是有机会可以回报的。所以胡雪岩每临到需要"放血"之事,绝不会事情到半路而沮丧罢手。

在现实生活中,人们对落水狗一般是不痛打的,占别人的便宜需要同时准备着答应别人的要求,这就是事情两面性的表现。前提是狗以丢脸(丧失荣辱)换取退路,这时候最好的办法是懂得做顺水人情,先彻底满足了对方的要求,才能化已经吃亏的情势为有可能带来回报的情势。这就是胡雪岩所说的,做人一定要漂亮,一定要彻底,不能做不上不下的"半吊子"。

最能体现胡雪岩这一做人原则的事就是把阿巧送给何桂清。

阿巧是个风尘女子,她生长在苏州乡下,江南水骨,且"徐娘风韵,别有动人之处",在胡雪岩心目中,无疑是个天生尤物。胡雪岩对她百般奉承、万分体贴,又是许愿七月七日为她做生日,又是要接她到杭州逛西湖、赏荷花,甚至生意百忙之中也"偷得浮生半日闲",带她去珠宝商店挑首饰。

而阿巧对胡雪岩更是山盟海誓、赠信物、诉身世。为了给阿巧姐赎身,胡雪岩大动干戈,费钱费神,还牵涉许多亲朋好友。可是当胡雪岩发现何桂清流露出对阿巧姐的兴趣时,心里很不是滋味。

阿巧可以说是和胡雪岩在生活上最知心的一个女人。但现在遇到了何桂清,何桂清有意,阿巧心思也有所动。这时的胡雪岩,只得抛开情感,单就利害来反复考虑,无论如何,能搂上何桂清这个"粗腰",对自己的事业是大大有利的。因此最后他想开了,想通了,只当没遇到过阿巧,只当她香消玉殒了,只当她自己彻底变心了,总而言之一句话:"君子成人之美!"

虽说如此，阿巧还是新情不定，旧情不忘，胡雪岩亦免不了仍有夜半惊梦，做幡然变计之想。如果胡雪岩这时真的这么做了，在情感上没有什么站不住脚的，只是在做人上恐怕就马上要大大地打上一个折扣。吃亏也要吃到底，这种抉择，真是要强人所难了。可是，吃亏只吃到一半儿，完整的便宜肯定是已经拣不回来了，至多是挽回一些损失。只是，挽回的若是不伤和气的损失，另当别论。假定是别人已经见情，正在占去的那一部分，那简直成了损害别人的利益。这时候如果还要强去挖，别人见情的事变成了扫兴事，自己只会得不偿失。

胡雪岩当然不会做傻事，既送佛，就送到西天，吃亏有时候可不见得是坏事，很可能会占到很大的便宜。生意人的心思犹如光棍的心眼、麻布的筋，把吃亏看作投资，就什么事都解决了。

世界上的事，不可能只有便宜而不吃亏那样的好事。因此，聪明人都是那些善于吃小亏的人，因为他们知道，不吃小亏是很难占到大便宜的，吃了小亏，付出很少，但收益和回报却很大，这样的事何乐而不为。

要赚钱而不要结怨

妒忌的性格，人皆有之。但怎样才能克服呢？胡雪岩认为自古以来"同行相妒"，而妒忌的力量是很可怕的，人行走商场，最怕非议，最怕树敌，因此还是谨小慎微比较可靠。胡雪岩对这一点深有感触，他说："不招人妒是庸才，可以不招妒而自己做得招妒，那就太傻了。"无论在他的中兴盛期还是末路时期，他都非常注意自身的举动，避免锋芒太露，因别人的忌妒而受敌。

胡雪岩的不自招妒忌，是为了不在同行中处于孤立的地位，是一种深刻的眼光。在创业之初，这种眼光就表现出来了。

胡雪岩因资助王有龄而被钱庄扫地出门，王有龄当官后，自然要感恩图报，给胡雪岩创业的机会。

不为赚钱而结怨，不抢别人的好处，这是调适人际关系要优先考虑的问题。同时，为了不在同行中处于孤立地位，还有一条重要原则，即不自招妒忌。

胡雪岩要筹办自己的钱庄，其实他身无分文。不过他已经筹划好了资金的来源，即以王有龄为官场靠山，凭他们的交情承办代理打点道库、县库的过往银两。代理道库、县库，可以用公库的银子来做钱庄的流动资本，而且公家银子不需付利息，这等于是白借本钱。

当然，这样做有一项条件，那就是王有龄必须得一个署理州、县的实缺。当时王有龄刚刚仕途起步，还只是浙江海运局"坐办"，一来他还不具备真正给胡雪岩提供代理公款的条件，二来他自己也确实需要胡雪岩的全力相助，因此，他不同意胡雪岩立即着手开办钱庄。依王有龄的想法，等他真正官场立足之后再着手胡雪岩的钱庄也不迟，反正他们的交情本来就不必瞒人，由当时官场通例，他把官库银子给胡雪岩钱庄代理，也是极普通的事情，不怕别人说什么。

不过，胡雪岩不这样看。胡雪岩认为正因为已经有了代理道库、县库的筹划，所以更应该先立起一个门户来。王有龄此时刚刚得意，外面还不大有人知道，因而也正是一个机会。这时把钱庄办起来，即使内里只是一个空架子，外面也要弄得热热闹闹的，这样一旦王有龄放了州县，由自己的钱庄代理公库，公款源源而来，空的自然变成实的。倘若一定等到王有龄放了州县得了实缺再来搭架子，那时浙江官、商两界都知道有个王有龄，也都知道王、胡之间的交情，虽然自己的钱庄能够得到的代理官库的好处是一样的，或许钱庄生意的运作还会方便些，但外人的看法和说法却会大不相同。人们会说胡雪岩办钱庄是借了王有龄的官场靠山，也会说王有龄是动用公款交胡雪岩办钱庄，营商自肥，如果有人开个"玩笑"，告上一状，那也就真的要"吃不了，兜着走"了。

胡雪岩的意思很明白，就是做事要不落痕迹、不自招妒忌。商场上确实应该注意尽量不要招嫉。被人忌妒，会在自己与同行之间造成一种无形的隔阂，生意上携手合作的可能性就会大打折扣。特别是自我招摇、自招妒忌，还容易使自己在同行同业中处于孤立地位，甚至还有可能使同行联起手来与你作对，这样，你也就会感到处处掣肘，四面支绌，要想获得成功，也就难上加难了。

从这一角度看，自招妒忌其实也就是在为自己树敌。而且，应该知道，由自招妒忌而树敌，这"敌"比通常意义上的"敌"还可怕，因为他常常隐在暗处，难以对付，嫉妒你的人表面上和你一团和气，暗地里却给你下"绊子"，让你知道有对手却不知道对手在哪里，等你找到对手之后，也许你精心筹划开创的事业已经付之东流了。

所以，一个精明的商人，虽然知道遭人妒忌常常是免不了的，但绝不自招妒忌。而他们不自招妒忌的方法，也不外乎与胡雪岩一样，第一，不在同行中锋芒太露；第二，不能总想着自己好事占全；第三，时刻注意得维人时且维人以化解可能产生的敌意。总之一句话，做事得不落痕迹。

清朝末叶，西化运动逐渐生根，朝廷特设"总理各国事务衙门"，处理涉外事务。"总理各国事务衙门"，简称"总理衙门"，等于是现在的外交部。不过，总理衙门不管拿主意，算是第二线事务机构，真正与外国官商打交道的第一线衙门有两个，一个是设于天津的直隶总督兼北洋大臣，另一个则是设于南京的两江总督兼南洋大臣。

朝廷派左宗棠到南京，当起南洋大臣。左宗棠目空一切，到了南京就和李鸿章干上了，极力铲除李鸿章在江南地区的势力。李鸿章也不好惹，当然也出计谋倒打左宗棠。两雄相争，先斩对方羽翼。毫无疑问，胡雪岩是左宗棠最大的羽翼，也成了整个北洋系最显著的靶子。各种麻烦不打一处来，胡雪岩十分机警，见招拆招，一一应付。就在这个节骨眼儿上，胡家正赶上办喜事，他家三小姐要出嫁了。

胡雪岩派他亲信的姨太太，带着大笔现银赶到上海，采购钻石珠宝，作为女儿嫁妆。这姨太太很能干，在租界里一家德国洋行，买到极为珍贵的一批钻石首饰。

这德国洋行的经理久仰胡雪岩"财神"之名，成交之后，提出不情之请，希望姨太太能同意，把这批钻石首饰在店里陈列一个星期，在店里大做广告，说是本店做成财神胡雪岩女儿出阁嫁妆的生意，以收广告之效。

德国经理这份请求，却让胡雪岩姨太太颇伤脑筋，她和胡雪岩在上海的死党兄弟古应春商量此事。一方面，现在外面整个北洋系人马都在等机会，等着找胡雪岩麻烦，胡雪岩好歹是朝廷红顶子官，在上海滩这样招摇，很容易落人话柄，说胡雪岩铺张招摇、有碍官箴。所以公开展览首饰并不妥当。可是，另一方面，要是拒绝要求，自然有话传出去，说是胡雪岩现在不比从前了，财力大为缩水了，连嫁女儿都拿不出像样的首饰，否则为什么不敢拿出来展示？要是真有这种传言，对胡雪岩的信用是一大打击，以后做起生意来，场面就要打折扣。

经过几方面思考，最后姨太太与古应春决定，展览还是展览，不过，既是在德国洋行里，那么，首饰旁的说明，就以英文、德文表示，不准写中文。这种做法，其实是蛮驼鸟的，但也不失为折中之道。

胡雪岩虽然是富敌王室的东南巨富，有财神之誉，但是，毕竟还是知道忧谗畏讥，尽管有些实力，但还知道收敛。所以，作为一个中国商人，一定要懂得不自招妒的道理，像胡雪岩一样，反躬自省、收敛锋芒。

重义轻利，博取名誉

济世善举，赢得赞誉

胡雪岩一向认为：不管为官为商，都要有一种社会责任感，既要为自己的利益考虑，也要为天下黎民着想，不然，为官便是贪官，为商便是奸商，这两种人，都是没什么好下场的。

自古以来，商人总是为利而奔劳，为利者当然难免使手段、耍聪明。因为"利"之为物，往往不在己，而在他人，或隐藏于物中，尚需发掘。

商人们就是要运用自己敏锐的眼光，综观万事万物，从中发现有可乘之机，然后运筹帷幄，从中渔利。因为有利迷了眼，免不了在别的事情上就分不清，于是成天恓恓惶惶，极尽投机专营之能事。中国传统看不起商人，也是许多商人不知自重、只知钻营的后果。

时代发展到了胡雪岩这儿，商业有了较大的发展，但商人的地位却仍然没有多大的提高,但胡雪岩尽管是个商人,时人却对他赞不绝口,后人也对其景仰不已,其理由何在?

当然,不管时人还是后人都绝不是看重胡雪岩能以钱庄小伙计的身份一跃而成富可敌国的商业家,且数十年雄风不减。真正让人们折服的是胡氏虽身在商界,却能心忧天下。

浙江气候适宜、自然生态环境优越,是我国主要的药材产地之一,浙贝、元胡、白术、白芍、麦冬、玄参、郁金和菊花号称"浙八味",在杭州城乡都种植广泛,并以品质优良而为历代皇家御医所采用。因为得天独厚,早在南宋时期,杭州的中医药就已经很发达,当地出产的中药材达70余种,官方设置"惠民和剂药局",收集医家和民间验方制成丸、散等成药出售,并把药方编成《太平惠民和剂局方》,详细罗列主治病症、制剂改革方法。在中国人文传统中,"穷则独善其身,达则兼济天下"被奉为处世为人的良箴,因而从医制药以救死扶伤能赢得社会的普遍尊敬。胡雪岩身处医药业发达的杭州,多多少少地会受到中医文化的影响。另外,咸丰、同治、光绪三朝,全国范围的农民起义、中外交战此起彼伏,每打完一仗,常常尸积如山,加上自然灾害也十分频繁,各地瘟疫盛行。1851年(咸丰元年)清代人口超过4亿,比1811年(嘉庆十六年)增长15.3%,年平均增长率为4.7%,然而在1875年(光绪元年),人口降低到3.2亿,处于负增长,这与当时的战乱、疫病有关,胡雪岩看在眼里,心中拿定救死扶伤的主意,早在清军镇压太平军和出关西征时,他就已邀请江浙名医研究出"胡氏辟瘟丹""诸葛行军散""八宝红灵丹"等药品,寄给曾国藩、左宗棠军营及灾区陕甘豫晋各省藩署。战乱结束后,"讨取填门,即远省寄书之药者目不暇接"为"广救于人",胡雪岩决定开办药号。

胡雪岩乱世之中开药店不过是善举,想靠此赚钱,却是万万不能的,为什么呢?

乱世之中,经常有瘟疫蔓延、兵匪交结,伤残无数,百姓流离失所,或水土不服,导致有病,或风餐露宿,大病缠身,这些都需吃药。但是乱世流离,有几个人身上有银两呢?所以造成医者不愿开门行医,因为开门必赔。

这些道理胡雪岩岂能不知?只是顾念天下黎民的艰辛,即使赔本,他也乐意,于是下令各地钱庄,另设医铺,有钱少收钱,无钱白看病、白送药。

并且胡雪岩还同湘军、绿营军达成协议，军队只要出本钱，然后由他带人去购买原材料，召集名医，配成金疮药之类，送到营中。曾国藩知悉后，感叹道："胡氏为国之忠，不下于我。"

镇压了太平天国以后，天下士子云集天府，进行科举考试，胡氏又派人送各种药品、补品给这些士子。由于每年考试期间，许多士子因连夜奔赴，或临阵磨枪，身心都极度疲惫，往往一下子就病倒了。胡氏此举，乃是有因而为，自然，也受到考官、士子们交口称赞，并纷纷托人向胡雪岩致谢。

胡雪岩派人答谢道："不必言谢，诸位乃国之栋梁，胡某岂能不为国着想，此尽绵薄之力。"

也有人说，胡雪岩的这些举动只是自塑形象，为他自己打广告，实际上，胡氏的这些举动也的确收到这种效果。

比如，他开药店进行义诊，使得天下人都知道，浙江有个"胡善人"；他为军营送药，曾国藩忍不住夸他，而使他成为忠义之士；他为应考的士子送补品，天下士子都感谢他，朝廷也因他的种种行为而赏他二品官衔。

这些看起来好像都是出于一种功利的目的，胡雪岩当时是出于功利的目的才这样行动，还是因为有了这种举动才带来这种功利的结果呢？这一切并不是我们所讨论的核心。事实上，世界上许多东西都是义利分不清的。作为一个有眼光的商人，应该把这两者很好地统一起来，而不是取其一端，因为不管取哪一端，作为商人，他都不是成功的。

1875年（光绪元年）开始，胡雪岩便雇人身穿印有"胡庆余堂药号"字样的号衣，在水陆码头向下车、登岸的客商、香客免费赠送辟瘟丹、痧药等民家必备的"太平药"，宣传药效，使外地人一到杭州，就知道杭州有家胡庆余堂药号。听说，从1875年到1878年（光绪四年）的3年多时间里，光赠送药品一项，就花去胡雪岩10多万两银子。同时，胡庆余堂在《申报》等报纸上刊登广告，并印刷了大量《浙杭胡庆余堂雪记丸散全集》分送社会各界。人们的嘴巴是流动的广告，胡雪岩免费所做的举动通过受其惠、见其事的人一传二、二传三而闻名于世，终于使胡庆余堂尚未开始营业就已名扬四海，这是胡雪岩"长线远鹞"的经营策略。1878年（光绪四年）春，大井巷店堂开张以后，上述耗费就以成倍的利润收回了。

到1880年（光绪六年），胡庆余堂的资金已达280万两，与北京的百年老店同仁堂分峙南北，有"北有同仁堂，南有庆余堂"之称。一个不熟悉药业的人最终在中国药业史上写下了光彩夺目的一笔。行医施药、救死扶伤，符合儒家社会一向倡导的"仁道"，胡雪岩筹办胡庆余堂之时已有出将入相的左宗棠做靠山，与清廷各级官吏过从密切，拥资两三千万两以上，被人恭为"活财神"。可见，他创办药号并不完全是为了经济效益，更多的是把它作为一件慈善事业来办。因为善名远播，无形之中转变为难以计数的实利。这个道理在现代应该是被许多商人看清了，所以许多大商人常常又是大慈善家，他们到处捐款，救济孤老、兴办学校，受到社会的好评，他们的商业机构或产品也因之受到更多的认同。

在胡雪岩的事业中，钱庄、典铺占重头，药业只是极小一部分，可是后来，他破产身死后，其家人维持生活靠的却是胡庆余堂的招牌。并且在国事动荡的近代，有多少巨商万贯家财毁于一旦而名姓湮没，如果没有胡庆余堂，不知道胡雪岩的声名是否还能流传至今。这些也算是胡雪岩开药店、行"仁术"的善有善报吧。

"上忧国，下忧民"，是胡雪岩秉承了传统商人优秀品格中的一个重要理念。协理洋务、协助西征是报国；济世善举，善度贫困之民则是忧民。这是胡雪岩成功的又一重要原因。

商场中的道德仁义

胡雪岩是个深谙人心事理的大商人，对为人处世的艺术把握得很有分寸。他耿直，却只限于对同样耿直的人；他奸诈，却只运用于商场运作之上；他仗义，却只限于对自认为值得深交的朋友；他投机，却并不对贫苦百姓滥用……

在胡雪岩经商的那个时代，要想依赖于官场的保护必然要经营官人，而要经营官场势力，就离不开银子的作用，因为大多数官员是眼盯钱袋的。胡雪岩从做学徒开始就深谙此道，自然对他们也从不吝惜银子，甚至到了有索必给、有"求"必应的地步,如对麟桂。当时的浙江藩司麟桂调署江宁藩司,临走时需要两万多两银子来填补浙江的亏空,但又一时筹不到这笔款项,便找到胡雪岩请他帮助代垫。胡雪岩分析当时的情形后二话没说就爽快地应承下来,以至于麟桂派去和胡雪岩相商的亲信也"激动"不已,称胡雪岩实在是"有肝胆""够朋友"。当然称赞之后暗示他一定不要客气,趁麟桂此时还没有卸任,有什么要求尽管提出来。本来这对于麟桂来说就是惠而不费的事情,他只需举举手就能帮忙。

但胡雪岩做得也实在"漂亮"。他了解万事有度的原则,因此并没有提出任何索取回报的具体要求,只是说希望麟桂到任之后,如果江宁方面有与浙江方面的公款往来,他就能帮忙指定由阜康钱庄做代理。这一点点要求,对于掌管一方财政的藩司来说,自然是不费吹灰之力。以后的事实证明,胡雪岩的投资是有眼光的,这项小要求最终得到了意想不到的收益。

试想一下,如果当时胡雪岩提出了某项具体的要求,麟桂肯定是帮忙处理掉,但他心里肯定就以此作为了对胡雪岩出资的回报。如果以后还有什么往来,胡雪岩还得再求助于他。但胡雪岩这样做,却变被动为主动。对于麟桂来说,他这样就不需要费心费力就能替胡雪岩办事,因此,他在心理上肯定始终觉得欠胡雪岩一个人情,而不会对以后胡雪岩提出的请求推诿。对于胡雪岩来讲,这等同于给了他源源不断的业务,并且还是官家这个大客户。始终,他都是赚到了。

再以胡雪岩当初为替被困杭州的王有龄筹米为例。在王有龄自杀身亡后胡雪岩才回到杭州。当时他带到杭州去的有一万石大米和10万两银子。本来这一万石大米有一个名目,那就是当初杭州被围时,胡雪岩与王有龄商量,由胡雪岩冒死出城到上海采购大米以救杭州粮绝之急。当时胡雪岩购得的大米数量就是一万石,但是运往杭州却无法进城,只得将米转道宁波。等到杭州收复,胡雪岩将这一万石和好友王有龄共商用来救济杭州的大米又运至杭州,且将当初购米的米款两万两银子面交给左宗棠。这其实有两层意思,一方面表示他回复了公事,以此证明自己并非携款逃命,另一方面相当于又另外无偿捐献给左宗棠一万石大米。

当然,捐出一万石大米和那10万两银子则是胡雪岩为了敦促攻下杭州的官军自我约束,不要扰民而自愿捐赠的犒军饷银。当时腐败的清政府打仗,为鼓励士气,有一个不成文的规矩,攻城部队只要攻下一座城池,三日之内可以不遵守禁止抢劫奸淫的军规。胡雪岩向来是个善人的角色,他献出10万两银子,是要换个秋毫无犯。

从中,我们可以看出:胡雪岩做事非常注意把握度。好友王有龄已经故去,但他仍然履行着他们之前的诺言运回大米;另外,战争需要粮饷,胡雪岩不多不少只给一万石,既表现了支持代表政府的左宗棠,又暗示了不愿过多支持战争;最后,他居然夸张地献出10万两银子,但目的说了"为了防止清军扰民"。这样的度,明眼人一眼就分析出来:首先,胡雪岩最关心的是百姓疾苦;其次,是义气;最后,才是钱财。

如果当时,他不运回粮,不捐献粮,不献出10万两银子,结局应该是另外一个。但,就是这样的度,让他作为商人有的赚,作为百姓对朝廷忠,作为朋友重情重义。由此,才名声在外,以至生意场和官场上都如鱼得水。

俗语常说"是药三分毒",因此中医在给病人开药的时候把握的就是一个度。既不至于毒死病人,又能驱除病患。人与人之间的关系也是这样。每个人都应该有适当的亲疏远近之分,既能保证个人空间不被完全剥夺侵占,又可与亲近的人保持亲密。做事更是这样。如果没有度量的把握,有可能好事成了坏事,坏事成了大坏事。所以,人们常说"做事有度是一门艺术"。

赈灾济世,善名远扬

胡雪岩的家乡钱塘江,古称浙江、罗刹江和之江。

一个多世纪前,钱塘江每逢梅雨季节,水流湍急,疾驰直下,如离弦之箭,同时海潮从鳖子门涌入,二者交汇形成汹涌澎湃、气势磅礴的"钱江潮"。急流与海潮相遇使得钱塘江的水文异常复杂,江中流沙多变,历来为航旅畏途。晚清时,钱江两岸的人们靠渔舟过江,出门必须选个天气晴朗、风平浪静的好日子。有人要渡江,家中亲人常常事先祭祖求神,祈祷平安。不过，即使是这样，也无法保证平安渡江。

当时，由于钱塘江杭州段没有一座桥，浙江绍兴、金华等"上八府"一带的人进入杭州城都要从西兴乘渡船，在望江门码头上岸。当时的叶种德药店设在望江门直街上。由于过往的行人特别多，所以生意非常兴隆。而胡庆余堂则设在河坊街大井巷，顾客主要来自杭嘉湖等"下三府"，很少有"上八府"一带的顾客上门。

为了解决钱塘江两岸旅客渡江的困难，胡雪岩当时捐银十万两，主办钱江义渡，并立下誓言说："此事不做则罢，做则一劳永逸，至少能受益五十至百年。"

为了能够吸引更多的顾客。胡雪岩曾亲自到码头向船工们调查。当时一位船工冲口而出："要让上八府的人改道进杭城，除非你把这个码头搬个地方！"言者无意，听者有心，胡雪岩决定要把码头搬到胡庆余堂的店门口，改变"地利"的劣势。

胡雪岩又沿江实地考察，了解到从西兴上船过江，航程远，并且江上风浪大，容易出危险。胡雪岩选择了三廊庙附近江道较窄之处，决定在这里投资兴建"义渡"，把船码头"搬过来"，让"上八府"的人从此改道由鼓楼进城。

码头很快就修好了。胡雪岩又出资造了几艘大型渡船，不仅可载人，还可以载车和牲畜，全部实行免费渡江，又快、又稳、又省钱，上八府的人闻讯无不拍手称好。这一来，胡庆余堂在上八府顾客中的知名度提高了。由于上八府的旅客改道由鼓楼进城，胡庆余堂的地理劣势就转为优势了。

胡雪岩开设义渡后，江边设有趸船，以便过客待渡，渡船每天航运十余次，一般顾客不取分文，只有能够干苦力的人来过渡时须代船夫服役片刻。由于胡雪岩设义渡是众人受惠之事，干苦力的也乐于奉献自己的一份力量。更令人称赞的是钱塘江义渡还准备有救生船。遇有风高浪急时，渡船停驶，救生船便挂了红旗，巡游江中，若有船只遭遇不测，飞快地驶过去实施救援。

开办钱塘江义渡使胡雪岩的善名在浙江附近几省不胫而走。而且义渡加强了"上八府"与"下三府"的联系，客观上促进了商业贸易的发展，对胡雪岩的事业发展也大有裨益。

事实上，胡雪岩所做的慈善事业还有很多。晚清时期，各地有灾荒发生时，胡雪岩都踊跃向朝廷捐赠赈济。山东大水灾，胡雪岩一次就捐出了二十万两银子。不但捐钱，而且捐粮食、捐棉衣、捐药品。胡雪岩自幼家境贫寒，自身经历坎坷。他深知，天灾人祸的时候，每多捐一分钱就能够多救一条人命。浙江收复后，胡雪岩谒见左宗棠，报告朝廷说自己已经采置粮食万石，运抵杭州。左宗棠当时讲明军饷有困难，战乱刚刚平定，官府财库亏空，恐怕采购粮食的费用一时不能兑现，需要拖欠。胡雪岩听后，随即表示，购粮所垫的十万两银子，全部报效朝廷，不用官府再还。这一行动使左宗棠大为吃惊，作为一介商人能够在关键时刻，舍私利而取大义，慷慨捐赠军粮使左宗棠大为感动和佩服。他在上奏朝廷的折子中称胡雪岩"实属深明大义不可多得之员"，语多褒扬，恳请朝廷对胡雪岩进行"破格优奖"。

胡雪岩虽然捐献了十万两银子，但却赢得了朝廷的嘉奖和封疆大吏左宗棠的信任，拥有了左宗棠这位官场中的靠山和朋友，为他事业的不断壮大奠定了基础。

胡雪岩商道箴言

商人以逐利为职业，因此传统的意识中，商人是狡诈和悭吝的代名词，甚至在感情世界中，商人也被定格为"重利轻别离"的角色，然而这并不能以偏概全。事实上，历代不乏十分重视义利两立的极为明智的商业经营者。他们非常善于用余财热心资助慈善、公益事业，结果往往因此善名远扬，在事业中得到更大、更高的回报。

仁义为根，人我双赢

胡雪岩自己开了一家钱庄，但他之所以急于早早开张是想先支个架子起来，立个门户，省得以后人言纷飞，说他是依靠王有龄才开起钱庄的。胡雪岩的钱庄开始也确实没什么名头，"阜康"完全是个后辈名声，但胡雪岩却一直想把它做到名声最大。胡雪岩初到湖州，顺便去钱庄行业逛了逛，发现湖州的钱庄大多本钱太小，眼光也小得可怜，但当时阜康的名声连这样的小钱庄也比不上，因此这些小钱庄对这家"阜康"并不重视。

胡雪岩闲来没事，逛到一家只有一个小门面的钱庄里，不动声色地问这家钱庄阜康的汇票兑不兑，这家钱庄的老板面露鄙夷之色，讲道："阜康是什么角色，我们怎么会跟这种下三流的钱庄搭边。"胡雪岩逛了这么多家钱庄，胆敢这么肆无忌惮公然鄙薄阜康钱庄的仅此一家，他记住了这个名叫"永兴盛"的钱庄，记住了这家钱庄的老板。

数年后，胡雪岩又路过此地，突然想起这件事，便打算狠狠地报复一下，发泄一下早年的恶气。为此他请了个人仔细地打听了这家钱庄的底细，后台老板是谁，是否可以斗得过他。据打听消息，胡雪岩大为失望，这家钱庄的后台老板小得可怜，其底盘不及当时胡雪岩钱业的一个零头。有人劝胡雪岩这下可以大摆头寸，将这个小钱庄一举拿下，但胡雪岩想到的却是大家都不易，而且从商业利益角度来讲，现在搞垮这样一个钱庄对自己没有半点好处，甚至还会背上恶名。于是，胡雪岩当即打定主意："算了，算了，以后再说吧，说不定可以跟他交个朋友。"

此后，大笔的债务使这家钱庄越来越艰难，老板整天愁眉苦脸。胡雪岩此时正想在此地放一个自己的钱庄，于是想把这家钱庄收到自己手上，自己的钱业正在兴头上呢，蓬勃发展之中急需大量代理。而这家钱庄的店面、地理位置、人手等都是现成的。于是他开始行动了，出了一笔巨资，将债务了断，钱庄老板亦非不识时务者，明白胡雪岩的用意，但也拿不出更好的办法，只有乖乖地按胡雪岩的意思办。胡雪岩用人不喜勉强，给他晓以利害，加上他一贯的手法，钱庄老板同意做胡雪岩的下手。接下来就是改装门面，重新开张了。胡雪岩对此也颇为得意，一举三得：了却早年心事；找到一家理想的代理；帮助了钱庄老板一家。

讲仁义也是分对象、分场合的。胡雪岩正是看什么样的人，打什么样的牌。如果当时"门当户对"，胡雪岩会兴致勃勃地实施他的报复计划。但对方根本就不值得这样兴师动众，再这样做无非与自己性格相悖。放宽一点度量，帮人利己，双方共成就，岂不美哉？

"仁义"的用法是可以调和的。宋襄王迂腐到在战场上摆仁义架子，赔兵失败仍不后悔，真正"孺子不可教"也。另一位战国时的墨家创始人墨子却活用了"仁义"。他一向的主张是"兼爱、非攻"，提倡节俭，反对浪费，时至今日，仍具参考价值。

公元前477年至前413年间，楚王发奋图强，连续吞并了陈国、蔡国、扫国、落国，使楚国在经历了动乱与衰落之后又重新强大起来。楚国想要同晋、秦等北方强国较量，就必须首先征服楚、晋之间的宋国，于是，楚国决定向宋国进攻。楚王用了一位在当时最有本领的工匠，即鲁人公输般。公输般制造了云梯、撞车、飞石、连珠箭等新式攻城武器。这些武器在当时看来确有极强的威力，用来攻城是十分有效的。楚国一面制造这些武器，一面大肆宣扬、制造舆论，实行恫吓战术。这种战术果真有效，宋国遭受楚国的侵略最多，这次吓得宋人惊慌失措，求救无门。这个消息传到了墨家的创始人墨子那里，他就赶紧带了三百弟子跑到宋国去。他先把弟子布置在宋国的城墙上，然后徒步跑向楚国。他走了十天十夜，脚磨破了，用布包上再走，终于来到楚国的都城郢都。

他去楚国的使命就是要劝说楚王不要攻打宋国，但楚王认为公输般的器械很好，一定能攻下宋国，就不肯同意墨子的要求。墨子直率地告诉楚王说："你能攻，我也能守，你是攻不下来的。"

于是，楚王就叫来公输般，要两人比画对阵，看看谁能赢。墨子解下自己身上的皮带，围在桌上当城墙，再拿上一些木块当作攻城的器械，两人演示起来。

公输般攻，墨子守。公输般挖地道，墨子就用烟熏；公输般用撞车，墨子用滚木擂石；公输般用云梯，墨子就用火箭，公输般一连用了九种攻城方法，均遭到墨子有效的抵抗，不能取胜。公输般的攻城办法使完了，墨子的守城方法还有几种未使出来。

楚王很清楚公输般是输了，但公输般却说："我知道战胜你的方法，但我不说。"

墨子也说："我知道你能胜我的方法是什么，我也不说。"

楚王感到迷惑不解，就偷偷地去看了看墨子，问他们到底要用什么方法战胜对方。

墨子直言不讳地告诉楚王说："公输般的意思很清楚，他是想让您杀了我，他以为杀了我就没有人会知道抵御他攻城的方法了。其实不然，我来时就做好了这方面的安排，已经委派我的大弟子禽滑厘率领三百弟子帮助宋人守城，我已把这些方法全部告诉了他们，他们每个人都可以用这些方法来抵抗公输般的进攻,因此,杀了我也是没有用的。"

楚王听信了墨子的这番话,墨子见此,又用坦诚的语调对楚王说:"楚国土地方圆五千里,真是地大物博,你们如果用心治理,一定会富甲天下。而宋国呢,土地不足五百里,物产也不及楚国丰富,我真不明白你为什么要去攻打宋国。这难道不是扔掉自家华丽的马车去偷别人的破车吗?难道不是扔掉自己锦绣的长袍去偷别人家破旧的短袄吗?"

这一席话,说得楚王脸都红了,决定不进攻宋国了。

墨子凭自己满腔仁义,充分运用自己的聪明才智,挽狂澜于危急之中,为宋国免去了一场灾难。

国与国之间如此,商场中也同样会有类似的情况存在,如果将对方竞争下去,对自己却没有丝毫利处,又何必多此一举呢?为何不采取联合、兼并等其他方式做出更为圆满的结果呢?

无论是在商场中还是在生活中,只要我们把眼光放开一点,考虑一下自己的处境,考虑一下对方的境况,也许能找到对双方都有利的方案。这样的方案必定会使双方都受欢迎,说不定还为以后的路拓宽一面。

行仁举义,善名远扬

胡雪岩曾在兵荒马乱时,在杭州城内设善局,施粥救人,一时"胡大善人"声名远播。

待得后来胡雪岩想请刘不才来开一家以济世扬善为生的药店,一来挽救嗜赌成性的刘不才,为他找条好的出路,而这也是刘不才多年的心愿;二来刘不才手上有几方祖传秘药,别人来买是无论如何都买不到的。当时胡雪岩刚娶到刘不才的侄女芙蓉,可以说开这家药店一半也是为了芙蓉。他把从胡庆余堂进药、用人、进货、布置、管理等,都迅速安排了下来,卖药赚的钱并不多,遇到买不起药的就白送。后来还专门规定了几种小巧又有奇效的药为送品,于是每天都有人来药店取药。胡雪岩药店的名声越来越大，虽然药店没有为他赚很多钱，但他做其他事情或生意时，因为口碑良好，非常顺利畅快。

由此看来，只要人做好了，尤其是会做"仁"，成事是多么顺理成章的事啊！

我们再来看看历史上的君子，提到唐太宗李世民的政治功绩，恐怕没人会说唐太宗不是一位明君、不是一位仁人君子吧！但我们想想李世民是如何上台的。李渊有三子，其中数次子李世民功劳最大，当时被封为秦王。但长子李建成功劳也不小，而且即位有望。李世民着了急，他一直是想做皇帝的。于是带兵埋伏在长安城的玄武门，李建成惨遭兄弟之杀手。李渊不得已传位李世民。李世民继位后，又先先后后将各位嫡庶兄弟一一捕入网中，大开杀戒。

但唐太宗又很会做皇帝。虽然以武力起家，但他懂得治国必须以德服人，这就必须学会做"仁"的道理。他很善于招揽贤才，注重任用仁义之臣。早在秦王府中，就有所谓的"十八学士"。房玄龄、杜如晦多谋善断，陆德明、孔颖达精通经学，姚思廉擅长文史，虞世南以书法名世，其余十几人也是当时的人杰才俊。

试想，有这样一批头脑为自己办事，就相当于自己有十几个头脑去做事，如此智力集聚，不办一番大事才怪呢！事实上，这些大臣、智士犹如李世民左肱右股，须臾不能脱离。

房玄龄自幼敏于政治，确定了治国安邦、造福民众的志向。还在隋文帝时，大多数人称颂隋朝的功德，房玄龄却看出了其中潜在的危机。他说："隋朝本是篡夺了人家的权位，对百姓没什么功德，只不过一味欺骗百姓而已。现在兄弟之间相互争夺皇位，贵族们竞相享乐，互相勾心斗角，甚至骨肉相残。这样的王朝，其灭亡是跷足可待的。"后来事实证明，房玄龄的看法是有预见性的。

房玄龄的个人品德也极为人们所称赞。他是一位孝子，对继母也是至孝。对父亲更是不用说了，他的父亲卧病100多天，俗语说，"久病床前无孝子"，房玄龄始终如一服侍父亲，从来都是和衣而卧，其尽心尽意是可以想见的。房玄龄的这种个人品德，对他日后有大的成就起到了重要作用。

后来房玄龄分析时事，认为隋朝灭亡是迟早可见的事。而在诸支义军当中，唯有李唐政权深明大义，极得民心，又能礼贤下士，将来必定能据有天下。于是，他就毅然抛弃了隋朝的官位，投奔了李世民。当时李世民距他有八百里之遥，他"杖策于军门"，拜见了李世民。李世民颇能识人，把他当作重要谋士看待。从此，李世民与房玄龄结下了不解之缘。在此后的30多年中，两人密切合作，使李世民与房玄龄分别成为一代明君和一代名相。

房玄龄一片赤诚，为人胸怀宽广，并极能团结同僚，共图大业。经他推荐的杜如晦，史书上称"时军国多事，剖断如流，深为时辈所服"。房玄龄注意发挥他善于决断的长处，每每和太宗有所谋划，都要等杜如晦前来定断。用房玄龄的话说，就是"非如晦莫能筹之"，而杜如晦的很多看法，往往与房玄龄不谋而合。"房谋杜断"，相得益彰，他们两人密切合作，与勾心斗角的官场习气形成了鲜明的对照，成为留传不绝的佳话。

李世民依靠诸位谋事良臣，成就了"贞观之治"之美名，"仁"者爱人，换来的是被"仁"者所爱，"仁仁"携手，共创灿烂前途美景。

有道是"江山易改，秉性难移"，对于自己行事风格好的一面，一定要坚持下去，发扬光大。而对自己的缺点，不管什么时候，都须有清醒认识，不昏了头脑，抑长扬短。真正要做"仁"人，确实是要费一辈子力的。

第二章
慧眼识珠，掌握人才

　　胡雪岩以其天才般的眼光，认识到人才在商业经营中的重要性，因而不惜代价地挖掘、笼络人才。胡雪岩选取人才的一个重要原则是"看了人再用"。但他的这一个"看"字，内容特别丰富：既有长相、身材、胖瘦的察言观色，又有专业素质、生活习惯、社会关系方面的背景考察。他认为，只有通过这种多视角的考察，才能全面地把握一个人的优劣长短，然后用人所长，容人所短。

全面观察，挖掘人才潜力

人才是商业发展的资本

牡丹花尽管娇艳，但是却还需要绿叶扶持陪衬。一个人即便是拥有三头六臂，可依然还是有忙不过来的时候。要将场面做大、做强，仅仅是有钱用处不大，还需要有人；自己不明白没关系，只要敬重懂行的人就可以；用的人没本事不要紧，只要自己肯用人的名声传扬出去，自然会有本事好的人前来投奔。

这个世上，有一些人本事非常大，有一些人本事非常小，而有一些人就干脆是根本没有本事，因此，用好一个什么样的人，往往与你的利润大小乃至你的生死息息相关。

胡雪岩对人才有着自己独到的见解，在他看来"以钱赚钱算不得真本事，以人赚钱才是真功夫"。所以他始终坚持"以人为本"的原则，在用人上具有与众不同的特点。

那么胡雪岩是如何重视人才的呢？

首先，工资收入、职位晋升是激励手段之一。当时，有个切药工，业务上功夫过硬，人称"石板刨"，但因脾气耿直火暴而得罪了不少人，在原来的药行难以取得立足之地。后来，经人介绍，来到胡庆余堂后，胡雪岩不但没因他有"牛脾气"而看不起他，反而按能定赏，给"石板刨"高工资，还提拔他当了大料房的头儿。人是有感情的社会动物，"精诚所至，金石为开"，"石板刨"见驰名朝野的"红顶商人"胡雪岩竟如此器重自己这个小人物，怎能不感其知遇之恩而加倍效力呢？

其次，胡雪岩对有功者，特设"功劳股"。这是从赢利中抽出的一份特别红利，专门奖给对胡庆余堂有贡献的人。功劳股是永久性的，就相当于现在退休之人按月领取的工资。有一次，胡庆余堂对面一排商店失火，火势很大,眼看无情的火焰扑向胡庆余堂门前的两块金字招牌,孙永康毫不犹豫地用一桶冷水将全身淋湿,冲进火场,抢出招牌,结果头发、眉毛都被烧掉了。胡雪岩闻讯,立即当众宣布给孙永康一份"功劳股"。

再次,胡雪岩建立激励机制并不只限于物质刺激,他还用"仁术为本""造福冥冥"等精神因素来提高员工的责任感和事业心,用信任下级、赞赏先进、融洽关系等管理手段强化员工的能力,巩固他们的积极性。

最后,胡雪岩的另一重要思想是:凡是他的员工被派出去办事,绝无家庭后顾之忧。因此,员工们都为加盟胡氏企业感到兴奋与自豪。

一个人事业的成功离不开人才,识人才便成了一等一的大事,识人才的过程其实如同医生对人体进行解剖的过程,从人才身上发现自己所不具备的能力,因此要学会用心理学知识之刀划开人才内心深处的神经;用语言之利器剥去人才身上华丽的外衣;用数字之兵刃分析人才身上的细胞。总之,能正确得出结论才是成功的第一步。人才好比一条河流的源头,认识错了,将会导致污染整条河流。

英雄志士常起于行伍,故良将要有恤才之心,平日多考察部属中是否有杰出志士,予以提拔,以免为敌所用。经商亦是如此。企业主管或者老板,必须留意下属有没有潜质人才,以免人才流失。

但有些公司主管或者经理从不体恤下属,骂之詈之,常常恶言相向,甚至在薪酬福利方面,克之扣之,刻薄不堪,如此这般,又怎会留住人才呢?人才一去,企业怎能不一蹶不振?

商场如战场,卓越的人才往往成为经济增长的支柱,要打赢现代技术特别是高技术条件下的商业战争,关键是要有一批掌握先进技术和管理经验的高素质人才队伍。为此,许多企业制定了各种政策、措施,加大人才培养的力度,强化企业人才队伍的建设。只要经商之人明白这个道理,对人才寻觅、提拔、抚恤,那么,他的商业活动就不愁没钱可赚。

多面看人，挖掘潜力

任何一个人都有他的多面性，要完整地看待一个人，就不能只看到这个人的一面。这原本只是最普通的交际原则，但是胡雪岩却将这条原则用在了识别人才上面。因为胡雪岩觉得，用一个人，并不是要用他的全部，只要他有某一方面适合自己的需要，那么他就是一个好的人才。也正因为如此，胡雪岩才收服了诸如刘不才之类的人。

经过几次的接触，胡雪岩觉得刘不才其实是个人才，甚至还是个不可多得的人才。为了扩大自己的生意，胡雪岩决定收服刘不才。

刘不才何许人也？刘不才，纯粹一个花花公子，且嗜赌如命，一个规模相当不错的药店被他输得精光。在别人眼里，这绝对是一个不可救药的"败家子"，就连他的亲侄女芙蓉，对他也没有一句好评价。

可是胡雪岩却看到了他的另一面：第一，他赌得再狠、输得再惨，手上几张祖传的秘方绝不当赌注押上，说明他心里还存着振兴家业的念头；第二，嫖赌吃喝样样都来，而且样样在行，样样都能翻出花样，但绝不吸大烟，说明他还没有堕落到自贱自戕的程度。

就凭这别人不注意的两条，胡雪岩就看出他还有药可救，而他会玩却又正是自己用得着他的地方。

胡雪岩收服了刘不才，抑他的毛病，用他的"长处"，为自己做成了几件大事。例如，拉拢庞二联手销洋庄；例如，在太平军占领杭州期间托他为自己照顾老母妻小；例如，由他去收服小张，而为收复杭州后振兴自己的生意打基础，都是靠了刘不才。

对于别人的疑惑，胡雪岩这样说道："一个希望有大作为的生意人，在识别人才时，不要只盯在别人的现状上，你要多方面地看人，看看这个人如果为你所用之后能做出什么事情。比如，刘不才，现在是个败家子，但是为我所用之后，他就是一个打通关系的好手。生活中也确实难得有面面都强的全能人才。有魄力的人，可能粗枝大叶；心细的人，可能手面放不开；老实肯干的人，脑袋瓜子却可能不灵活，算盘珠子似的拨一下动一下；而脑袋瓜子灵活的，又可能偷巧卖乖，办起事来让人不放心，这的确是实情。尽管如此,人总是要用的,不同的人有不同的用途,关键还是在于用人者的眼光,在于看人的角度。"

胡雪岩在苏州收了阿巧姐的弟弟福山跟着自己学做生意。福山已经在一个布店学徒三年,算盘拨拉得挺"溜",人也机灵。但胡雪岩还要考考他。正好刘不才与裘丰言为运军火的事到了苏州,好整以暇到一个当地有名的"堂子"里吃"花酒"去了。胡雪岩叫身无分文的福山去把他们找回来,以此来试试他的"外场"本事。让一个小小年纪的后生到烟花柳巷里去找人,这种考察人的方法实在有些特别。

随胡雪岩到苏州的周一鸣就觉得似乎有些不妥,以为虽是要考察他的"外场"本事,但让一个小后生到那种地方去总不大相宜。他怕福山小小年纪落入那种"迷魂阵"。胡雪岩对周一鸣的担心不以为然。他对周一鸣说:"不要紧的,我看他那个样子,早就在迷魂阵中闯过一阵子了。我倒不只是考他,还要看他那路门径熟不熟。少年入花丛,总比临老入花丛好。我用人跟别人不同,别人要少年老成,我要年纪轻、有才干、有经验。什么事都看过经过,到了紧要关头,才不会着迷上当。"

想了一会儿,胡雪岩接着说道:"年纪轻轻到过那种地方不好,自然不能说没有道理,但那只是一个方面,而对于那时的人来说,稍稍有些身份、有一点积蓄的人又有几个从来没有到过那种地方?何况像福山这样一个年轻机灵又是单身的后生。而且,'食色,性也',那种地方对于像福山那样的后生,诱惑力总是存在的。'闯'过,经历过,也就有了经验,也就不足为奇,到了紧要关头,才不会着迷上当,这当然比完全没有经验而在紧要关头着迷上当好得多。"

考察人才是每个企业主都要遇到的事情,那么考察什么?如何考察?对于这些问题很多人都没有搞明白。企业主所需要的人并不是全人,而是在某一方面符合自己需要的人。这正是胡雪岩所说的"多面看人",要善于看到表面之外的一些特征,挖掘对方的潜力。

不过在此,我们也要思考这样一个问题:胡雪岩为什么能多面看人?他是如何挖掘到对方的潜力的?要回答这几个问题,我们就得从胡雪岩的身世开始说起:

一、胡雪岩在做生意之前是做什么的

在资助王有龄之前，胡雪岩是信和钱庄的一个外场伙计。当然，刚开始进入钱庄的时候，他还是一个学徒，干着提水倒便壶的活。后来学徒期满，胡雪岩分管外场，所接触的都是一些有钱人，而这些有钱人又有几个不是烟花柳巷的常客呢？自然而然，胡雪岩对这些人、这些事非常清楚。当然，胡雪岩之所以能做到这一点，还是他善于观察、总结和思考的结果。如果换作另外一个人，说不定分管外场三年，也学不到这么多的东西。

在生意场上也是如此，当我们在考察一个人才的时候，不仅仅要看到这个人才的表面一些东西，还要调动我们自己的想象力，结合我们自己的经验，对对方的行为作出判断。无论是谁，做出的每个举动都是有原因在里面的，如果不细心观察，很可能会失去发现一个人才的机会。

二、胡雪岩是站在什么立场上去考察人才的

立场不同，考察人的方向也就不同。一个商人考察一个人，立足的是商人的立场，只要这个人对自己的生意有作用，那么他就是一个有用的人才，其他的方面都可以忽略。胡雪岩考察刘不才正是使用了这种方法：刘不才吃喝嫖赌的爱好可以帮助自己打通各种各样的关节，对自己的生意产生益处，就凭这一点，胡雪岩就应该把他收服。

在此我们要记住一点：胡雪岩是个商人，他所做的一切都是从商人的角度出发的。而我们现在的企业主却往往没有从企业的角度出发，而是凭着自己的兴趣喜好来进行，这样自然也就没有好的结果了。

企业主在选择人才的时候也可以和胡雪岩一样站在自己的立场上进行。即，这个人身上是不是有值得我们利用的一个方面，如果有，那么就是人才；如果没有，那就不是。所谓选拔人才，其实就是拿现成的要求去套这个人的能力，能套上就行，不能套上就放弃。

拿他们的才气助我成功

现代社会，人们将公司与公司之间的竞争，归结为简单的五个字"人才的竞争"。这就说明，任何强大的公司，都是因为积聚了丰富人才的结果。而事实也证明，的确是这么回事。但是，这里还面临着一个问题，那就是人才堆积在一起，怎么将他们筛选出来？

公司挑选人才，不像是菜市场里顾客买菜买鱼，随便看一下，新不新鲜、色泽好不好就了事。它需要的是有慧眼的伯乐从各个角度对他们进行考察，只有能发现他们的闪光点，并不遗余力地对他们大加开发、利用，一个公司的人才库才能永远起着举足轻重的作用。

中国有首唐诗云："燕昭高筑黄金台，四方豪杰乘风来。"描述的是战国时期燕昭王不拘一格用人才，从而使弱小的燕国跻身于战国七雄之列的故事。这对于我们今天的经商之人、管理人员和公司，有很好的借鉴作用。

任何一家公司，都是一个组织，是组织那就都有一个架构。虽然说领导人员是处于高端的人群，掌控着公司发展的方向，但是他下面的员工——人才才是公司的基石。领导人员只是站在了这些人的肩上，所以才显出巨人的样子。而因为人才能创造出极大的价值，所以才有了这样的说法："好的人才是助经营者事业成功的重要因素。"

有一句谚语叫作"是金子总会发光的"，讲的就是人才的作用。虽然用到这里不是特别恰当，但我们这里强调借用的是人才发出的光。一个公司如一栋房子，它是靠着一砖一瓦盖起来的，所以要想公司光辉灿烂、光芒万丈，它只能是借助于一个个人才具有的光的堆积。正是因为这样，现代的管理人员才不断地将人才的挖掘、培养和使用搬上工作日程。甚至还专门开设了一个门类，叫管理学。

而一代大商胡雪岩可以说就是用人之道、管理方面的一个榜样。他不仅有一双识别人才的慧眼，还能做到不拘一格使用人才，无论对方是什么身份、什么地位、什么性格的人，只要他觉得符合自己用人的标准，便会想方设法把他吸引过来，成为自己的帮手。而这种大胆将人才为我所用的做法也就成就了他成功的事业，辉煌的一生，这充分地印证了一句话"一个好汉三个帮，一个篱笆三根桩"。

在人才的不拘一格使用上，还要求管理者、提拔者、伯乐有一个博大的胸怀。胡雪岩虽然自己不具备超人的能力，但是他心胸宽广，并不妒才嫉能，因为他知道人才对于自己的重要性。所以，他总是不断地发现人才，并不拘一格地用人，甚至不惜用高薪来肯定人才的价值。正如他自己说的："眼光要好，人要靠得住，薪水不妨多送。一分钱一分用人也是一样。"

从胡雪岩的身上充分说明了一个问题：优良的组织需要一个好的管理者，而一个好的管理者必须要善于发现人才，并根据不同人才的特点对他们不拘一格地使用。大汉朝的建立者刘邦就是这样一个经典的例子，他自身本没有西楚霸王项羽那么有实力。但他们两位之所以能出现"成者为王败者为寇"的局面，很大一部分原因就是由两人用人的标准差异造成的。项羽高傲，恃才傲物，看不惯那些比自己厉害的人，更不要说对他们大加利用。而刘邦不同，他善于使用萧何、韩信、张良等人，从而不仅给自己减少了工作量，减轻了压力和负担，还让那些能力比自己强的人各尽所能，终于取得了大汉朝巍巍天下。

胡雪岩就是像刘邦一样的理智管理者。当初，阜康钱庄开业，胡雪岩急需聘用一个得力的总管。经过各方面的考察，他锁定了大源钱庄的刘庆生，而那个时候的刘庆生，根本不是什么起眼的人物，他只是一名普通的伙计。但是他身上的闪光点已经被胡雪岩这个伯乐相中，所以，胡雪岩开始了对他的考察，经过考察最终录用了他。

胡雪岩的钱庄那个时候只是开业，还没有正式营业，所以周转资金也还没到位，但即使是在这种情况下，胡雪岩仍决定每年给刘庆生200两银子的薪水，而且年终的"花红"还要单算（"花红"就是红利，类似于今天的分红）。让刘庆生感动的是，当时胡雪岩为了彻底解除刘庆生的顾虑，让他实心实意地给自己当总管，曾经约定只要双方达成一致，他就立刻预付给刘庆生一年的薪水。

说到这里，需要提一下当时的情况。当时的杭州，消费水平并不高，也就是说按一个小康之家（衣食无忧）的生活水准，就算是八口之家生活在一起，一个月吃、穿、住的全部花销也不过10两银子，那么一年下来最多不过130两。而胡雪岩却给出了刘庆生200两银子的年薪，而且年终还有"花红"，这样的薪酬对于一个只是小伙计出身的刘庆生来讲，是有点让人不可思议。因为按照现在的标准，没有工作经验，没点学历垫底，从小伙计到大掌柜还疯狂加薪那是不可能的。但后来的事实证明，胡雪岩的这种做法非常地明智。刘庆生这匹胡雪岩自己挖到的千里马后来给他带来的收益，已经远远大于了他给别人开的工资。胡雪岩的厉害之处也正在于此，他不仅给了刘庆生面子，还给以高薪，让刘庆生这匹千里马尽情为自己奔跑。手段实在是高！

因此，关于这点我们可以向胡雪岩前辈学习。一个好的管理人员、一个好的老板，要懂得从不同的方面为自己发现人才，并对自己认准的人才，踏踏实实地委以重任。永远相信：只要是能发光的人才都可以为我所用，都可以为我创造价值。至于用得好不好，那得看自己这个使用者的使用能力、挖掘水平。

其实，纵观历史古今，我们都能发现人才对于公司、对于组织的重要性。对于公司来讲，只有人才各尽所能地发挥自身的优势，公司各个领域才能得到充足的"能量供应"而运转起来。而对老板来讲，一个好的人才，就如同自己的左右手，不仅能给自己带来很得力的帮助，还能带来很多比自己亲自动手获得的实惠。所以，对于人才，管理者必须学会修炼自己的眼光，锻炼自己的掌控能力，让自己能洞察他们的闪光点，并进而加以使用。

胡雪岩说："用人，要以财买'才'，以财揽'才'。"因为他是商人，所以他能说出这样的话来。换句话说，他说这句话的意思也就是将发现人才、使用人才作为一种投资。只不过对于他来讲，平常意义上的投资都是实物投资，在这里却换了方式，成了一种人情加实物的组合投资。不管是哪种投资，总之他胡雪岩明白人才的重要性，也有意识地培养自己识别人的本领，再加上他认定是人才就不惜一切代价争取为我所用的这份慷慨，所以老天让他得到了一个个不仅能力极强，而且忠心耿耿的助手。刘长生就是其中的一个例子。刘庆生以伙计的身份被胡雪岩当作总管使用起来，阜康钱庄的具体营运居然在这个人才手里被照顾得井井有条，胡雪岩因此几乎可以完全放手，有更多的时间和精力去开辟新的赚钱道路。

实质上，生活中的每个人都有自己各自的特点。但是只要是人才，他们就有一个共同点，那就是"他们能创造出比常人更多的价值"。关于这一点，胡雪岩很清楚，所以，他只要观察到人才的闪光点，就能不拘一格地使用他们。当然，究竟是使用什么方法观察到人才的闪光点，又是使用什么方法来让他们为我所用，这又是一门学问。

从胡雪岩的身上，我们知道，胡雪岩识别人的主要方法，归根结底就是一点"用做人的标准来衡量他们"。例如，如果有人是仗义类型的，那么他就具备了"值得信赖"的闪光点，如胡雪岩结交的漕帮那些江湖中人；如果有人是坚持到底，不始乱终弃的，那么他就具备了"踏踏实实，尽忠职守"的闪光点，如打更的老周；如果有人是"不服气的败家子"，那么他就具备了"不服输，敢打敢拼"的闪光点，如刘不才。总之，胡雪岩正是根据从不同的方面入手观察到别人的闪光点，才使自己门下聚集了很多各方面具有非凡能力的"千里马"，并为他创造了一个商业史上的神话。

当然在将那些人才为我所用的过程中，胡雪岩动用了很多的手段。首先，他利用慷慨、不吝惜钱的做法；其次，他采用给人薄面的手段；再次，他还善于利用人情。而从他那些用人才成功的例子中，我们可以知道：他始终秉承着"各尽所能"的用人原则，在使用人才的时候，想方设法地将他们安排到合适的岗位上，让他们充分发挥自己的能力。这样，不仅人才的优势能得到充分发挥，还让各个岗位都有一名得力干将支撑。

经营者要想成就一番事业，要想将公司发展壮大，除了提升自己的能力外，还需要真正找到自己需要的人才，重要的是还要敢于在用人上不拘一格。只有时刻不忘人才给自己带来的好处，记得在恰当的时候回报他们，记得人才是公司发展的基础，一个公司才能得到不同能力的各种人才，也才能使人才得到充分的发挥，公司也从而才能创造出巨大的价值。

海纳百川，要有容人之量

大度容人，发现别人的长处

在很多事情上，胡雪岩是一个具备好心肠的人，他不仅悬壶济世，而且还大度容人。即便是对那些曾经在他背后捣鬼、挖墙脚的人，他也都能做到既往不咎，并且发现别人的长处，为自己所用。很多人对此不理解，而胡雪岩却说："能有将人往好处看的胸怀，才有可能在别人看不到的地方看出对方的长处，才有可能为自己发现意想不到的可用之才。而且更重要的，能将人往好处看，还显示着一种容人的胸怀。有这样一种胸怀，也才能发现人才，并且留住人才。"

胡雪岩似乎生来就是一个大度之人，对任何事情、任何人他都善于撇开不光彩的一面，看到好的、光明的一面。在对待庞二的档手朱福年的事情上，胡雪岩就是这么做的。

朱福年，庞二在上海丝行的档手。此人有些心术不正，并且自私自利。胡雪岩与庞二已经联手销洋庄，他觉得这票生意一旦做成，庞二与胡雪岩的联盟就将牢不可破，自己在庞二生意上所占的分量就要受到影响，而最终将要受制于胡雪岩。

出于保住自己地位的目的，他在这单生意中吃里爬外，暗下绊子要将生意搅"黄"。本来胡雪岩与洋人几番谈判，已经定好了价格，他却自己私自找到洋人，让洋人尽管杀价，他说胡雪岩是一个空架子，做丝生意的本钱都是借来的。需要尽快脱货求现，经不起拖延。他甚至告诉洋人，说新丝已快上市，胡雪岩怕新丝上市之后陈丝跌价。因此，无论洋人开出什么价格，他都会出售，因为他要将自己的陈丝尽快脱手。这样一来，早先谈好的价格，洋人也不认了。

朱福年就是这样一个吃里爬外的小人。除此之外，他还是一个自私自利的小人，这一点表现在他挪用东家的本钱做自己的生意上面。这种做法，行话叫作"做小货"，就更显出他的不地道。他在钱庄开一个私人户头，不时将庞二用于丝行周转的资金，或者收回的货款，先存入自己的账号，周转完自己的生意，再调回公家户头，以此自营牟利。

"做小货"是生意场上做伙计最犯忌的事情，也是所有商家最痛恨的事情。因为"做小货"是拿东家的银子来运作，赚了钱归自己，而亏本却是亏东家。

对于这样一个人，胡雪岩也不愿意砸他的饭碗。当庞二得知朱福年在生意上捣鬼，并且知道他的账目不清，要彻查他的时候，胡雪岩甚至还护着他。在查出朱福年的问题以后，胡雪岩也没有揪住不放，而是开诚布公，告诉朱福年。过去的事情都不必说了，自己做生意一向抱定有饭大家吃，不但吃饱，还要吃好的宗旨。所以，他绝不肯砸别人的饭碗，不过做生意跟打仗一样，须得同心协力，人人肯拼，才会成功。他甚至向朱福年表示："你要看得起我，将来愿意跟我一道打天下，只要你们二爷肯放，我欢迎之至。"

那么胡雪岩对于朱福年这类人见人嫌的小人为什么还要怀大度之心呢？这是因为胡雪岩发现了此人的长处：

长处一：他是一个生意好手。如果他不是生意好手，当初庞二就不会让他在上海全权主事。事实上，在胡雪岩介入庞二的生丝生意之前，庞二在上海的生意，被朱福年打理得井井有条，而且也不断地有所扩展。

长处二：朱福年有廉耻之心，这是最重要的。胡雪岩相信朱福年不会执迷不悟，也还是一个能够"打落牙齿往肚里咽"的有廉耻的人。

正是因为这两点，胡雪岩终于收服了朱福年，让他死心塌地地跟着自己，帮着自己做事。

在商业领域，我们不得不跟各种各样的人打交道，在这些人当中，有传统意义上的好人，也有传统意义上的"小人"，无论是好人还是"小人"，都是企业主所要面对的人力资源，如何整合好这些人力资源为自己所用，这不仅仅关系到企业主的人力资源管理能力，也关系到企业的发展和市场的开拓。

那么该怎么整合这些杂乱不堪的人力资源呢？胡雪岩的方法就是发现

对方的长处,并提取这些部分为自己所用。可是胡雪岩,他也是一个人,也有自己的七情六欲,为什么他就能忍住心中的不满,而能够大度容人,并且看到别人的长处,利用别人的长处呢?

一、胡雪岩时刻记得自己的身份——商人

商人总是以"利于从商"的角度去看问题,这种特殊的身份决定了他们特殊的行为。无论是刘不才还是朱福年,用一般人的眼光去看,这些人肯定是无药可救的,也是被整个社会所不容的。但是从商业、从经商的角度去看,这些人确实是人才。一旦被收服,将会创造出非同一般的业绩。能够看到这一点,就已经说明胡雪岩的厉害之处了。

很多企业主之所以觉得自己身边没有可以使用的人才,很大的一个原因就是以普通人的眼光去看待这些人才,甚至只将目光锁定在了这些人的一些缺点上面,而没有看到这些人缺点之外的一些能力。不能发现员工的能力,就不能做到合理调配这些人力,自然而然企业就不会获得长远的发展。

二、胡雪岩对自己有足够的自信

胡雪岩不仅仅是一个聪明的商人,而且还是一个基本功相当扎实的商人。无论是刘不才的账本还是朱福年的账本,只要放到胡雪岩的手里,不出一个时辰,胡雪岩就能基本上知道有没有问题、问题出在哪里。也正是因为这一点,他才能收服他们,并且让他们安安心心地跟着自己做事。这不仅仅是一种心理上的自信,更是一种能力上的胜任。而恰恰胡雪岩具备了这两点。

企业主要想让别人信服你,你就得拿出能让别人信服你的理由。在古代,尚武者、能武者才能为将,这就是一种能力的展示,也是对自己的一种自信。如果在能力上不能让别人信服,别人凭什么屈尊在你之下呢?了解这一点之后,是不是企业主在领导下属的时候又找到了一个窍门呢?

用人所长，容人所短

用人要不拘一格，要看了人再用。能因时因地制宜，就是用人的诀窍。

诸葛亮辅佐刘禅治理蜀汉时，非常注意发掘和提拔人才。一个叫何祗的人很有才干，他曾当过成都县令，治狱精干，罪犯没有能隐蔽其奸情的。后来他又任汶山太守，也深得当地百姓和少数民族的信服。何祗原来在蜀郡太守杨洪手下任门下书佐，因为有才干，被诸葛亮多次提拔，一直做到了广汉太守。何祗任广汉太守时，杨洪还是蜀郡太守，两个人由原来的上下级变成了现在的平起平坐。杨洪曾与何祗开玩笑说："你的马怎么跑得那样快呀？"何祗也笑着回答："老部下的马不敢跑得快，是您的马未加鞭呀！"当时，大家都佩服诸葛亮用人能尽其才。

诸葛亮在政治上是一位用人高手，而大商人胡雪岩在商场上也是一位用人高手，他用人不计其短，单看其长，若有一技之长，即使有些其他的小毛病，在他看来也有用的必要。因为胡雪岩认为，人不可能十全十美，如果用求全责备的态度来要求，那未免太苛刻，在现实中也不易实现。胡雪岩更看重的一点是，这个人是否有决心、有毅力。人只要有恒心，就没有改不掉的毛病。所以"看人不能拘泥于一点，不能只看一面"，这也是胡雪岩用人的一个很有启发性的经验。

比如，刘不才，他是一个典型的嗜赌如命的花花公子，一个规模相当不错的药店被他输之殆尽。这在别人看来，绝对是一个不可救药的"败家子"，甚至就连他的亲侄女芙蓉，都认为他三叔"除掉一样吃鸦片，没有出息的事都做绝了"。但胡雪岩却不这样认为，他看到了刘不才的另一面：第一，他赌得再狠，手上几张祖传的秘方却绝不当赌注押上，这说明他心里还拥有振兴家业的想法；第二，虽然吃喝嫖赌样样都来，但他从不抽大烟，这说明他还没有堕落到自践自戕、不能自拔的程度。就凭这两个方面，胡雪岩看出刘不才"不但有本事，而且还有志气"，人虽烂污，只要不抽鸦片，就不是无药可救。既然还有药可救，那么他会玩却正是自己可以用的地方。胡雪岩打定主意让他充当一名特殊的"清客"角色，专门培养他来和达官阔少们打交道。

为此，胡雪岩非常自信地对芙蓉说："别人不敢用，我敢用，就怕他没有本事。"当时，刘不才最怕有人算计他的那几张"祖传秘方"，胡雪岩就想出个"以方参股"的方法，具体设想是：刘不才的祖传秘方，当然要用，可是不要求他把方子公开。将来开药店，让他以股东的身份在店里坐镇，这几张方子上的药，请他自己修合。"君臣佐使"是哪几味药，分量多少，如何炮制，只有他自己知道，何虑秘方外泄？

只要不是算计自己的秘方，自然一切事情对他来说都是好商量的。陈世龙趁机说："我再告诉你，人家提出来的条件非常公道。药归你去合，价钱由人家来定，你抽成头。你的药灵，卖得好，你的成头就多。你的药不灵，没人要，那就对不起，请你带着你的宝贝方子卷铺盖走人。"这种方案对刘不才来说，好处多多，真可称得上是"稳赚不赔"的好生意，刘不才自然没有拒绝的道理。就这样，胡雪岩巧妙地收服了刘不才，不仅用他的祖传药方开起了"胡庆余堂"，而且还在许多关键的场合，发挥了刘不才善赌的"手腕"，以此帮助胡雪岩做成了几桩大生意。例如，联合丝业巨头、阔少庞二销洋庄，太平军占领杭州城期间为胡雪岩照顾老母妻小，甚至就连收复小张为杭州城光复后的生意打基础，都是靠刘不才的赌技。

再如，在胡雪岩的事业处于蒸蒸日上的鼎盛时期之时，在杭州、宁波、上海、武汉和北京等地都有他的钱庄，典当行开了二十多家，胡雪岩自身还要兼理丝茧、军火生意，手下分号的用人自然成了头号问题。为了让更多的人"帮"自己，胡雪岩不拘一格地选拔人才，只要有所长，即大胆使用，如小船主老张，老实忠厚，人缘好，其妻对丝茧业较为熟悉，胡雪岩就投资一千两白银聘他做丝行老板。

杜拉克曾说过："倘要所用的人没有短处，其结果至多只是一个平平凡凡的组织。所谓'样样都是'，必然是一无是处，才干越高的人，其缺点往往也越明显，有高峰必有深谷，谁也不可能'十项全能'。与人类现有的博大的知识、经验、能力的汇集总和相比，任何伟大的天才都不能及格。"

他还说："一位管理者如果仅能见人之短而不能见人之长，因而刻意于避其所短而非着眼于展其长，则这位管理者本身就是一位弱者。"

所以，在择人任用上，德才兼备、文武全才者固然最为理想，但现实往往是"金无足赤，人无完人"，鱼和熊掌不可兼得。这个时候，到底用什么样的人，以及怎样用人，就得看用人者的用人艺术了。回顾胡雪岩一生在商界创下的无数业绩，不能不注意到他手中的济济人才，这些人中不少都曾是别人眼中的"败家子"！胡雪岩的高明之处就在于他能"用人之长，容人之短，不求完人，但求能人"。所以他在用人上能够点石成金，化腐朽为神奇。

那么，作为一名优秀的企业家，如何才能在用人上做到科学合理呢？

第一，用长避短。

"金无足赤，人无完人"，"骏马能历险，力田不如牛；坚车能载重，渡河不如舟。舍长以求短，智者难为谋。生材贵适用，慎勿多苛求"。一个人的缺点，往往是他优点在不适当条件下的延伸。既想用其长，又不准备谅解其短处，求全责备，必使其离心离德。应该是"有大略者不问其短，有厚德者不非小疵"。当前，尤其要特别注重起用创造型、开拓型的人才。这些人之长主要体现在三方面，一是善于处理非常规性问题，而不满足于从事常规性、重复性工作；二是乐于作变革性探索而不墨守成规、故步自封；三是长于着眼全局或思考战略性规划与韬略。

第二，取长补短。即善于把各种不同类型的专才或偏才组织成互补结构，去弥补个体素质的不足。

齐国商人刁闲，在用人方面，一反世俗，重视使用那些因社会地位卑微被人们厌弃鄙视的"桀黠奴"，用他们之长替自己去赚"渔盐商贾之利"。他给予"桀黠奴"们以足够的重视和信任，充分调动他们的积极性，最后"终得其力，起富数千万"。由于刁闲重用这些人，这些"能人"非常愿意留在刁闲家逐利效劳。要知道，商战中用人的重要性不亚于治理国家大事中的使用人才。

第三，企业在用人时，除用人长处外，还有化短为长的办法。

人的短处因人而异，各有不同。有的办事粗心、不够谨慎；有的文化知识水平低、工作能力不强；有的弄虚作假、以权谋私等，对于这些缺点要作具体分析，不能一概而论，对性质恶劣的，不得任用，如管仲所说的易牙、开方、竖刁等人就不能担任要职。但对企业没有损害、不拘生活小节的一般短处，要避短而用，充分发挥每一个人的积极性。例如，性格内向的，不要让其做宣传教育工作、群众工作和营销工作，最好让他去做管理物资的工作；对那些贪小便宜的人，不要让他们管钱管物，应做管理数字的统计工作和物价工作。如此以短为长选用人才，充分发挥每个人的一技之长，这是企业领导者的高明之处。人的长处与短处、优势与不足，没有绝对界限，有的只是二重性，如有的性格倔强的人有可能同时具备不随声附和的优点；有的办事利索敏捷的人有可能又显得幼稚不成熟。可见，是优点还是缺点，关键在于用人。如果用人不当，优点就会变成缺点。舍长就短，优者也无能。在现实企业经营中，有的高明企业家拥有善于短处长用的艺术。

第四，要做到人尽其才，还必须对人力资源进行合理配置。

聚集智慧等高的人，不一定能使工作顺利进行，往往只有分工合作，才会有辉煌的成果。如沉默而人格高尚的人，要和喜欢夸口而做事敏捷的人互相配合；性子很急、做事很冲动的人应和遇事皆能三思而行的人互相配合。一般所说的人尽其才，就是把一个人安排在最合适的位置，使他能充分发挥其才能。然而，更进一层地分析，每个人都有长处和短处，所以若要能取长补短，就要在分工合作时，考量双方的优点及缺点，合理配置，使之切磋鼓励，同心协力地谋求事业的发展。人与人之间的合作，经常可以见到彼此有排斥对方的嫉妒心理。例如，三个非常优秀的人共同做一件事，却往往无法顺利完成，原因就是不能协调。此时，如果把其中的一个人调走，结果往往在很短的时间内，就能超过三个人一起做的成果，同时，调至新工作岗位的人，也会有非常出色的表现。不要求每个人都精干，这样容易造成排斥对立，反而会破坏绩效。一加一等于二，这是人所共知的算术。可是用在人与人的组合调配上，如果编组恰当，一加一可能会等于三、等于四，甚至等于五。反之，若调配不当，一加一可能等于零，更可能是个负数。身为一个企业的管理者，都应了解这一点。

古人云，"政以得贤为本""为政之本在于任贤"这是很有道理的。同样，在现代企业的管理活动中，识才善用已成为企业领导者的重要职能，也是有效管理的基本要素。正如前人所说："领导者的责任归结起来主要是出主意、用干部两件事。"是的,在企业管理系统中,若领导者有好的主意,能够作出正确的决策,而且本身也具有较高的业务水平,但不能科学地用人或用人不当,就会出现好主意不能收到好效果,正确的决策不能顺利地贯彻或执行不当等消极的后果,这样的领导应当说是畸形的领导,这样的领导者也就算不上是优秀领导者。只有量才适用、识才善用,把人用在最适合的位置上,才能发挥他的真正潜力,取得积极的效应,为企业创造最大的效益。所以说,高明的企业领导者必须做到科学地用人。

> 商场上的竞争与其他任何行业的竞争一样,说到底都是人才的竞争、智力的竞争。因此,选择帮手便显得异常重要。帮手选得好,事业成功的把握就大,而一旦用人不当,后果常常不堪设想。因为用错一个人,往往会坏了自己辛辛苦苦打下的整个江山。从这个意义上说,一个要想在商界成就一番大事业的人,其最大的本事,应该就是会识人、会用人。

用人之长,容人之短

"世有伯乐,然后有千里马,千里马常有,而伯乐不常有。"在唐代文学家韩愈的这篇名作中,我们能够看到一个社会现象的缩影:世上的千里马其实是很多的,但可惜的是绝大多数都遇不到慧眼识才的伯乐,因而失去了展现自我才华的机会。

组成这个世界的是有限的伯乐和无数千里马,"伯乐"或是为国富民强,或是为企业发展壮大,或是为创造财富,总在不断地睁大了眼睛,恨不能尽量以自己的慧眼发掘出更多的"千里马"来;而"千里马"们也是竭尽全力地展现自己的优秀卓越之处,期待能够被"伯乐"发现,进而全力以赴地驰骋疆场。

但是,在现实生活中情况却恰恰相反:千里马比比皆是,伯乐却百不一见。无数的天才就这样在不被人知的情况下白白浪费掉了。为什么会出现这种情况呢？实际上，原因非常简单。那就是大多数以伯乐自命的人辨识"千里马"的功底太差，并没有全然领会"人无完人，金无足赤"的道理。对于千里马的挑选，他们恨不能使尽浑身解数，手持放大镜百般挑剔，把千里马身上的一切缺陷都放大开来。于是，千里马的命运就理所当然被这种苛刻的选拔条件给卡死了。

在现实社会中，好公司、大公司往往会招聘很多人，因此各个公司均会设立"面试"这一道关卡，这也就等于是在"相马"了。不过，令人不解的是，如今的"面试"与其说是"相马"、选拔人才，反倒不如说是在"选美"，因为很多这种面试主要看的是"马"的长相而不是的"马"才能。比如说：是否身材高大、是否形象威猛、是否曾获奖、是否有某些证书等这些表面文章，而不是对千里马的资质潜能进行考察，或者也考虑了，但是却考虑的很少。

如今的社会，一直就没有一个统一的"相马"标准，这是造成找工作的人往往被卡在初试关的主要原因。原因是：在如今的社会上，没有人是完美无瑕的，某人可能考试分数不高，但实践动手能力却很强；某人学历不高，却有着很强的创新能力；某人工作经验不多，但是工作能力比较强……所以相马的条件由于招聘人本人的素质而差别很大，因此，可能在此人看来他是一匹"驽马"，而在彼人看来则是一匹"千里马"了。

事实上，当伯乐在辨识"千里马"的时候，现实和理论总会有偏差存在。在表面上，我们无法发现能够证明千里马身份的标签，它日行千里的本事是内在的一种潜能。因此现实的偏差就是：原本选择千里马对于伯乐的能力要求非常高，却被现实扭曲成了伯乐对千里马的过分挑剔。可能是马毛不正宗，可能是马身不健壮，可能是马尾巴有点翘，可能是马的腿有点太长等，不过只要它能够有行千里的潜能，就应当认定它是一匹千里马。至于它的外观、它的德行，这些后天的东西可以通过调教予以改变。总而言之，现实中的伯乐不能再按找一匹"无瑕马"的标准去选择千里马了。

那些只看重外在的行为是"准伯乐"的行为，也可以说是所谓的"伯乐"的行为。因为真正明白识人才、选拔人才、使用人才的行家里手，绝不会将"马"的瑕疵无限放大，相反，他只看重马的才华、马的能力以及马能创造的价值。

就好比胡雪岩，他就是一个很会识"千里马"的人。胡光墉在《慎节斋文存》篇中记载："又知人善任，所用号友，皆少年明干精于会计者。每得一人，必询其家食指若干，需用几何，先以一岁度支畀之，俾无内顾忧。以是人莫不为尽力。"胡光墉的记载充分说明了胡雪岩对于人才的重视，他能够做到知人善任，才使得自己的生意在众多人才的帮衬下越做越大。

自然，胡雪岩对于人才使用的不凡之处往往表现在他的"不拘一格"上。这种不拘一格甚至有时候包含了对那些"鸡鸣狗盗"之辈的使用，这些"鸡鸣狗盗"之辈往往为社会所不齿。不过我们不可以把胡雪岩等同于做猥琐生意、投机倒把的商人，因为他和这些人的差别之处是：他利用的是这些"鸡鸣狗盗"之辈人性中的闪光点，而不是他们身上那些被人厌恶的缺点。这是胡雪岩最让人佩服的地方，这证明胡雪岩不但是一个优秀的"伯乐"，而且还是一个善用人才、善发掘人才，且胸襟博大的人。

后来的诸多事实也证明，胡雪岩的用人之道，除了充分发挥人才的优势之外，还祛除了那些人的劣根，或者说在很大程度上减少了其劣根的危害性。当然，他选拔使用人才的法子也非常简单，就是将合适的人使用在可以完全发挥其才能的位置上而已。就像他自己说的那样："用人所长，容人所短，不求完人，但求能人。"古应春是上海怡和洋行在中国从事经营活动的早期代理人。由于他在洋场混的时间比较长，因此对外国的典章制度、工农业等方面都有了比较深刻的了解，自然而然地也就很清楚外国人的经商方式、行为特点。不过，由于古应春有着高傲的"书生"本性，最终还是被胡雪岩用"奇计"收服。然而收服之后，胡雪岩却没有将他踩在脚底进行侮辱，而是充分利用了他精通洋人事务的特长。之后，胡雪岩凭借着古应春这位"外国通"的鼎力相助，才在和洋人交往的过程中游刃有余。如此成就的取得，可以说是胡雪岩善于容人所短、扬人所长的结果。

如果不对这些人的长处予以利用，那么仅仅一个胡雪岩，即便他能力再高，也绝无可能事事精通。在赌场上他绝对不如刘不才擅长交际，在对外交际上他绝对不如"科班出身"的古应春对洋场了如指掌，在生丝生意上他绝对不如老张得心应手,因此如果不是对这些人的正确使用,那么他的生意不会做得那么大。并且在左宗棠率军西征、胡雪岩代表政府跟洋人借款的时候,假如没有古应春的帮助,那么借款利息的高低、还款时间的长短、还款方式的确定等问题,胡雪岩即便能够学得清楚明白却也不知道要费多少劲。

因此,无怪乎美国钢铁大王卡内基有这么一句名言:"拿走我所有的工厂、设备、市场、资金,不过只要我的组织人员都在,那么四年之后,我依然会再次成为一个钢铁大王。"这绝非是说卡内基何等的狂妄,只是表明他清楚一个道理:无论怎样庞大的一个组织,它都需要依靠员工、依靠人才进行点滴聚集和积累,最终才能成就其辉煌。因此,卡内基言外之意,不仅包含了他对自己能力肯定的意思,而且还是他对自己"知人善用"这项技能的自我肯定。

胡雪岩商道箴言

人才是一个企业发展过程中无可替代的重要资源。没有人才,无论怎样的构想、怎样的管理、怎样的蓝图都是一个空想。胡雪岩对此是深谙于心,因此他总是在为自己搜罗着合适的人才,同时想方设法把他们安排在合适的位置上,使得他们的才能能够最大限度被开发,进而为自己所利用。一个聪明的经营者,假如想做大、做好自己的生意,就应当学习胡雪岩的这种用人技巧。

知人善任，借助人才成功

学会栽培良才，培养远见卓识

做大生意仅仅依靠一个人是撑不住的，需要有无数的人才。这就需要在做生意的时候培育人才。

胡雪岩对陈世龙的精心扶植与栽培就很是费了一番苦心。当年，在胡雪岩前去拜访湖州郁四的时候，胡雪岩因为未曾与郁四打过交道，所以在一间酒馆里，询问有什么人可以送他到郁四的住处。陈世龙走了出来，拉着黄包车，直接将胡雪岩送到了郁四的住处。在胡雪岩和陈世龙闲谈时，胡雪岩发现陈世龙既头脑聪明，又干事利索，就想让这个人以后为自己跑跑腿也是一件非常不错的事。后来通过郁四的介绍，胡雪岩对陈世龙认识更加深刻了。

胡雪岩从陈世龙身上发现了三个优点，认为只要肯对他进行培养，就会成为一个生意上的好帮手。

首先，这小伙子为人非常灵活。胡雪岩和陈世龙的相识事实上非常偶然——他在湖州先认识的恒利丝行档手叫陈世龙带他去找郁四的，于是他就和这小伙子有了一面之缘。然而就通过这一面之缘，胡雪岩发现他在和人交际时不露怯，同时又对胡雪岩提出的问题，既对答如流，又合适得体。

其次，这小伙子没有吃里爬外的毛病。这一点是郁四告诉胡雪岩的。尽管郁四认为陈世龙太精，而且又有吃喝嫖赌的毛病，不过对他不吃里爬外却给了非常公正的评价。至于说陈世龙"太精"，正好又印证了胡雪岩对这小伙子的第一印象良好。

再次，最为难得的是这小伙子很有血性，并且言出必践。这一点是胡雪岩亲自试出来的。胡雪岩在正式决定把陈世龙收到自己身边之前，与他进行了一次谈话，在快要分手时送了一张五十两的银票给他，要他拿着去随便花。在此之前，陈世龙已经允诺了胡雪岩自己要戒赌，胡雪岩很清楚好赌的人只要身上有钱手上就会发痒，他打算试试这小伙子是否能心口如一。当晚，陈世龙尽管还是忍不住到赌场转了转，不过最终还是拒绝了别人的蛊惑没有去赌，这一点就更让胡雪岩看重了。

所以胡雪岩对他的表现很是满意。因此胡雪岩就把他带到自己身边，打算把他送到上海去学洋文，虽然事后由于形势发生了变化，陈世龙最终没有做成翻译，但是胡雪岩的心思也并没有白费，他最终造就了一个自己生意上的好帮手。

清朝龚自珍有诗云："谁肯栽培木一章，黄泥亭子白茅堂。新蒲新柳三年大，便与儿孙作屋梁。"说的是：什么人肯费心费力栽培粗大的栋梁之材呢？就是因为人们不栽培木材，因此只能用黄泥巴来垒亭子，用白茅草来盖房子。事实上，新生的杨柳树，只要三年就可以拿来给子孙后代做屋梁用了。

这就如同人才一样，人们都很清楚，企业生存和发展最重要的资本往往取决于人力资本的多寡与优劣。在经济快速发展的同时，人力资源的短缺也随处可见，尤其是高层管理人才缺少，已成为很多商家追求可持续发展的瓶颈。怎样加强人力资源的管理，如何培养充足优秀的人才队伍，将是商业活动中人力资源管理的重要课题。

下面就来看看领导者们高明的栽培方式：

第一，知人、用人要准确。

识别人才，就要对人才进行综合的考察与评价，从政治觉悟、思想品质、知识、工作能力、性格、精力状况等方面予以全面考量。"知人"一方面是人才管理的重要内容，另一方面又是对合理使用人才和科学管理人才的前提条件。也就是说，"知人"是坚持公道正派、任人唯贤的基本保证。不具备识人的"慧眼""近己之好恶而不自知"，就无法坚持公道正派、任人唯贤的原则。知人是实施人才科学管理的重要环节；知人是做到人尽其才，才尽其用的必要的环节；同时，知人也是激励人才奋发进取的有效措施。

第二，善用，把合适的人放在合适的位置。

善用就是通过科学的理论、途径与方法，让用人者做到人尽其才，才尽其用，尽最大可能发挥出人才的最佳效益。

《吴子兵法》是我国古代著名的兵法家吴起的名著，在《吴子兵法·治兵》中有一段关于作战用人的精辟之言："短者持矛戟，长者持弓弩，强者持旌旗，勇者持金鼓，弱者给厮养，智者为主谋。"吴起说的尽管只是军事作战的用人之术，不过在商战中的用人之术又何尝不是这样呢？

第三，选优。

这就好像广告大师奥格威说的那样："如果我们用的人个个都比我们小，那么我们的公司将成为侏儒的公司；不过要是我们用的人都比我们大，那么我们的公司将成为巨人的公司。"

第四，谋划，通过策略取得胜利。

"生意譬如棋局，子子皆有谋术。"商品流通由经营过程中的购销调存，到和其有着密切联系的生产、消费、市场、交通等各个领域，是一个彼此联结、因果相应的整体。所以，整个商品流通的过程就好比一盘棋局，由整体战略布局到每个棋子的布置，都需要有周详严密的筹划。这就要求管理者能够给予员工与职位相对等的权力、财务支持、人力资源和灵活安排时间。给员工一定的权力去使用资源，使员工既明白在整体中布局，又清楚在具体细节中审慎细致的思考。

第五，授权。

授权既是一门科学，同时又是一种艺术，它对管理者的要求很高，需要管理者具备多方面的素质与技巧。当然前提必须要真心实意。能否授权，从根本上由最高管理者的信念和价值取向来决定。

那么，管理者在授予员工权力的时候，需要掌握什么样的要点呢？

第一，明确所要解决的问题，对人员进行有目的的筛选。即公司所采取的行动将要达到一个怎样的目的、解决什么具体的问题，管理者一定要做到心里有数，如此一来就能够有针性地予以选择。这一要求特别针对于一些具体性的工作，像设计、规划、谈判等。

第二，人员筛选必须做到定性定量。即有衡量行动结果的标准，使人员筛选结果能用最简单、最直接的数据表现出来。因为只有这样，才可能使被授权的人对行动价值有准确的认识。

第三，限定完成时间。必须规定明确的时间期限。这样员工会针对每一阶段要完成的任务全力以赴，浪费掉的时间也会想方设法弥补回来。

胡雪岩商道箴言

一个企业的做强做大，首要的是要有得力的领导班子与管理决策人才，不过假如员工整体素质过低还是不行。所以，就需要栽培人才，需要调动所有员工的积极性和创造性，并不断提高所有员工的整体素质，使企业的凝聚力、向心力得到增强。

留得底线，把握人性的根本

胡雪岩在他的胡庆余堂药店开办之初，对于药店的总管人选，就颇费了一番心思。

胡庆余堂挂出"胡庆余堂雪记国药号"的招牌之后，胡雪岩广泛征选药店总管，也有人毛遂自荐。许多衣冠楚楚、一脸精明的人前来应征，他们中有不少人就药店开办之后如何扩大经营、如何提高利润等，谈出了许多切实可行的"生意经"，甚至有人保证药店开业两年之内就为胡雪岩收回几十万的投资，而且还拿出了相当不错的方案。

这几位总管，个个都称得上精明能干，算盘珠拨得噼啪响，方案造了一个又一个，全说开张后，一年能为店里获利多少两云云。胡雪岩只是笑着点点头，不露声色，然后客客气气地给他们一一送了丰厚的用资和酬金，婉言辞谢。

俗话说："事不过三。"胡雪岩连请了三次总管都没有成功，引得人们议论纷纷，不知他葫芦里卖的是什么药。

一天，来了个余姚人，自称姓余，应聘总管。胡雪岩照样在客厅接待了他，还向他详细介绍了以前4位先生的打算。这位余先生一味地"啪哒啪哒"吸旱烟，半天也不吭声。待到烟吸足了，茶喝够了，他站起身来，拱拱手就说告辞。

胡雪岩诧异地问："余先生，我还没有请教你的高见呢？"

余先生冷冷地说:"你想在短期内就赚钱翻本,我办不到,还是另请高明吧。"

胡雪岩从这几句话里,听出点味道来了,连忙挽留。但他还是故意说:"常言道:千做万做,蚀本生意不做。做买卖嘛,能不为了赚钱吗?"

余先生正色道:"急于赚钱和正当赚钱是两码事。急于赚钱的,见钱眼开,只知道拼命地捞;正当赚钱的,就要重视信誉,细水长流。你看,每家药店门口几乎都写有'地道药材'四个字,这容易办到吗?"接着,他滔滔不绝地讲出一番道理来:驴皮非囤三年就不能熬成上好的膏;女贞子要经过五蒸五晒;红花要隔年采撷于西藏;茯苓不来自云南的洱海苍山不能算上品等。

最后,余先生说:"药是治病救人的,所以贵到犀角、羚羊,贱到通草、马勃,都必须精选精挑,不能含糊马虎。不在质量上胜过别家,又怎么能打响牌子?再说开药店总得图百年大计,归根结底一句话,你要我做账房,就要准备先蚀三年本,才能慢慢赢利。这叫周瑜打黄盖——双方自愿,不然,另请高明。"

胡雪岩听了这番话,觉得句句在理,心服口服,一个正直的生意人就该有这种精神。他深深一揖,道:"今天我胡某总算请到了一位目光远大、经营有方的好总管,余先生,今后一切全仗你啦。"

后来,药店就取了个"庆余堂"的店名。一般人的解释,是取"积善人家庆有余"之意。其实,这中间还包含着另一层意思:胡雪岩是庆幸自己请到了一位洞明练达的好总管余先生。

企业在选择人才的时候,不仅仅要考察对方的办事能力,而且还要考察对方的人品修养。能力再好,人品不好,对企业造成的损害会很大。很多企业里面,一些衣冠楚楚的经理、主管能力确实过人,却为了自己的利益,而出卖公司的利益,最终让公司蒙受了巨大的损失。这就是因为这些企业主在选择人才的时候没有留住底线、没有把握人性根本所致。

什么是人性的根本?正所谓人之初,性本善。只有心地善良的人才能把握人性的根本。也正因为如此,胡雪岩才会花大力气来选择胡庆余堂的总管。当然,很多人也会问这样一个问题:胡雪岩为什么要花大力气选择总管先生呢?这里大有玄机:

一、确实为自己的药店找到一个好人

胡雪岩曾经说过：药店是一个治病救人的地方，所开之方、所用之药都必须是地道的、确实能治病救人的。所以给药店找到一个好的总管非常重要，这不仅仅关系到药店的声誉和前途，而且也关系到病人的利益。一旦药店总管心地不善，开假方、卖假药，首先受伤害的是病人，其次就是药店。

任何一个企业主都想为自己企业的重要职位找到一个合适的人选来担任。那么什么样的人选才是合适的？对此，每个企业的标准是不一样的，但是有一点是共通的：人品要好，能为企业利益着想。可是现代很多企业主在选择人才的时候看重的只是能力，而不是人品。从企业长远的利益来看，这种评判人才的标准是不对的。人品第一，能力才是第二。

二、扬名作势，让所有人知道胡庆余堂是一个"戒欺"之堂

胡雪岩在选择主管的时候确实大费了一番周折，连招聘三个都没有成功，这不禁让周围的人觉得纳闷：胡雪岩到底想要一个什么样的人？在街头巷尾人们的猜测中，胡庆余堂还没有开张，全杭州城的人就知道了。这是扬名作势的一种方式，当胡庆余堂最终选定余先生为主管的时候，人们就知道胡庆余堂是一个"戒欺"之堂，这不仅仅传了名声，而且传的还是好名声。

在企业运转之初就大肆地招兵买马是现代很多企业造势的一种方式，以达到吸引别人眼球的目的。这是一种比较独特的广告模式，但是这种模式却屡试不爽，为一个又一个的企业造足了声势，然后"开业大吉"就顺理成章了。

三、趁机拉拢更多的人才

胡雪岩之所以要大张旗鼓地招聘总管先生，也是趁机拉拢更多人才的一种方式。毕竟胡庆余堂公开招聘总管先生，势必会在总管先生这一类人中产生深远的影响。看在"胡大善人"的名声上，大家都跃跃欲试，最终就是越来越多的人才流向了胡庆余堂，流向了胡雪岩的身边。

很多企业为了拉拢更多的人才，不惜豁出面子去其他公司挖别人的墙脚。暂且不说这种做法对还是错，即便墙脚挖成功了，这些人才是不是能够真心地为企业效力，并且谁能保证这些人能不被其他企业主所挖走？那

么该怎么办呢？最好的办法就是树立企业的品牌和形象，让那些人才自动为这个企业而跳槽，这样不仅吸纳了人才，这些人才也能真心诚意地为企业效力。

面对一个人才，胡雪岩总是将他往好的方面看，尽量看他的优点，尽量用他的长处。但是这并不意味着胡雪岩是一个随便的人，在选择人才方面，他还是给自己留有底线，一旦此人超过了这个底线，那么他能力再好、优势再明显，胡雪岩也会将他拒之门外。用他的话说，选择人才也要把握人性之根本。

打破常规，不拘一格选人才

"木秀于林，风必摧之。行出于众，人必非之。"大凡一些有才华的人，总难免引来众人的非议。只有具备独特见解的人才有与众不同的见地，正因为他们对事物有深刻的见解，常人无法体会其深远意义，所以他们的一些想法和行为才会遭到别人的反对和议论。

胡雪岩能够看到一些人的这一点，所以他总是不拘一格地选择人才。司马松就是胡雪岩不拘一格所选的人才。

当时，王有龄在湖州刚上任，统辖的一个县城发生了民变，"乱民"杀了县官，攻占了县城，树起大旗，自称"无敌大王"。消息传到湖州，王有龄大为恼火，召集幕僚，征询办法。讨论的结果是，手下幕僚大都认为应该进行剿杀。

然而有个叫司马松的幕僚却反对这样做。他说："如今官兵久不训练，不知拼杀之事，乱军风头正健，不与之相争才是上策。否则，一旦官兵失败，只怕四处的乱民都会响应，况且民乱事出有因，当以'抚'字为上，既可安抚民心，也可平定民乱。"

这个司马松人缘很不好，平素寡言少语，又好贪小便宜，衣着服饰乱七八糟，同僚很看不起他。王有龄也不太喜欢他，只因他是另外一个朋友介绍来的，才没把他辞掉，今日见他未出兵便先言"败"字，很是气恼，便不予理睬，而派了个营官领了一千人马去镇压乱民。

司马松见王有龄一意孤行，也不多说，只是摇了摇头。

事情果不出司马松所料，一千名官兵在中途便中了埋伏，死伤大半。别处的饥民见官兵如此不堪一击，便也纷纷起来闹事，响应"无敌大王"。

这时，王有龄才知道事情并不是那么容易办的，他赶紧召集幕僚，商议对策。众幕僚说来说去都没想出个好主意，王有龄突然想到提倡"安抚"的司马松，定睛一看，发现司马松没来，一问，才知司马松近来身体有恙而告假休养。王有龄赶紧派了个人去请司马松。不多久，差役回来说，司马松病得太重，不能前来议事。

王有龄无奈之下，只得派衙役带着一封安抚信，去与"无敌大王"谈和，哪知乱民根本不领情，不但杀了那衙役祭旗，还扬言要杀进湖州。

胡雪岩这时从外地赶回来。王有龄犹如见了救星，把近来发生的事原原本本地告诉了胡雪岩。

胡雪岩道："解铃还需系铃人。"于是先派人打听司马松的情况。不一会儿，手下回报："司马松正在江边钓鱼呢！"

王有龄一听，不禁勃然大怒，知道司马松是在戏弄自己。

胡雪岩并没有生气，而是说："王兄，不可意气用事，纳其人而不知善用，你也是有过错的。"王有龄也是个大度之人，回头想想自己确实有错，难怪司马松会有如此举动。只是此时，该如何去说服司马松呢？

胡雪岩向王有龄保证说，只要自己出面，司马松一定会回来帮助你。

胡雪岩先派人了解司马松的情况。原来司马松是个遗腹子，全靠母亲把他养大，后来又替他娶妻。一家人眼看要过上好日子了，谁知老母又一病不起。雪上加霜的是没过几年，妻子厌倦了伺候婆婆的日子，撇下五个儿女，跟人私奔了。司马松既要照顾老母，又得照顾孩子。欠了一屁股的债，债主不时上门催讨，但他哪有钱还？

司马松有位朋友很可怜他，便通过种种关系把他介绍到王有龄的衙门。

这个司马松，人虽然很聪明，却不善交际，也不谙人情世故，加之身受挫折太多。性情难免古怪，所以在王有龄的衙门里一直不受重视，颇有怀才不遇之感，这一次他给王有龄出计献策，见王有龄刚愎自用，根本不把他放在眼里，使他大为恼怒，虽然后来王有龄来请他，但他仍旧不肯回去。

有一天，卧病在床的母亲突然想喝鱼汤。他哪有钱买鱼？于是索性自己操起鱼竿，来江边钓鱼。钓了半晌，也不见有鱼上钩。眼见夕阳西下，司马松长叹一声，收拾渔具，回家。

司马松的家位于城郊破草岗上，一阵大风吹来，几间破屋子都摇摇欲坠。他刚一进门，几个孩子就围过来，个个喊饿，喊得司马松眼中带泪，心酸不已。

正在这时，外面传来一阵嘈杂的脚步声，有人在门外大叫："司马松，你快点给我出来！"

司马松出门一看，不禁连连叫苦，门外赫然站着七八个债主，都是些难对付的狠角色。

为首的彪形大汉叫道："司马松，今日不还钱，我就拆了这屋。"

司马松赶紧应付道："各位，不急不急，容我再想想办法。"

一个脾气暴躁的家伙上来把司马松一推，说："还不急，我都要了五年了，今日也不要你还钱，走！咱们上官府去。"

门外的嘈杂之声把司马松的母亲惊动了，她挣扎着从床上爬起来，连声哀求道："各位老爷，别为难松儿……"话未说完便昏了过去。孩子们都吓得大哭起来。司马松冲进屋里，抱住老母，哽咽不止。

债主们也够狠的，丝毫不为所动，各自在屋中寻觅，看看有无值钱的物品。

就在一片混乱之时，胡雪岩赶到。他厉声喝道："你们这是干什么？"

众人一看是胡雪岩，都停在原地不动了，因为在湖州谁不认识胡雪岩？

胡雪岩道："司马老爷是我的朋友。你们怎敢如此对他？"闻听此言，众人顿时哑口无言。有个债主心有不甘，道："小的听说他近日准备逃到外地，所以结伙前来……"

胡雪岩道："胡说，司马老爷是何等人，会在乎这几个钱？你们把字据都交到我这来。"

众债主把字据交给胡雪岩，胡雪岩掏出一叠银票，逐一偿还，道："为了这一点钱，你们竟如此大动干戈，犹如打家劫舍，你们是不是想造反啊？"

众债主拿到了银子，都唯唯诺诺，各自散去。

司马松只见胡雪岩随手便把字据撕了，大为感动。平素在知府衙门，见胡雪岩的次数也不少，自己却从不搭理，如今胡雪岩的举动却令他羞愧不已。半晌，他说道："承蒙胡先生大恩，不知何以回报？"

胡雪岩道："区区小事，何足挂齿？司马老爷才高识远，想不到竟有今日之灾，真是造化弄人、时运不济啊。"

司马松一听此话，心中一热，不觉潸然泪下：自己学识、才干哪一点不如他人？想不到今天竟如此落魄！

胡雪岩道："先生也不必难过，所谓时来运转终有时。"说完，又留下五百两银票，告辞而去。

胡雪岩没有回家，而是来到王有龄府上，王有龄正焦急等待，见胡雪岩便问道："事情办得怎么样？"

胡雪岩就把所看到的一切说了一遍。王有龄感慨万分，叹道："是我失察，众幕僚平时在我面前，说此人无能，我竟信了。想不到司马松如此困窘！"王有龄也是从苦日子熬过来的，他知道其中的辛酸滋味。

胡雪岩回到家里，越想越觉得司马松是个人才，应该好好加以利用。便向夫人提出要把夫人的贴身丫环秀云嫁给司马松的建议。秀云年轻貌美，又温柔体贴，让她去服侍一个有五个孩子与多病老母的司马松，夫人确实很不乐意。

王有龄道："司马松有胆有识，近日平民变还得靠他，若功成，我定上报朝廷论功行赏，至少也是一个县令，秀云跟他只会享福。我是不会让秀云往火坑里跳的。"夫人知道丈夫的为人，就同意了。

第二天，司马松早早来见王有龄，胡雪岩也在一旁。

王有龄客气地招呼司马松入座。司马松坐定后尚未开口，胡雪岩便把王有龄欲把丫环秀云许配给他的事情告诉他。司马松一听，感激涕零，也不多说，便主动要求去与乱民谈和。

司马松果然有才，舌战乱民，很快就瓦解了乱民的斗志。乱民各自散去。

王有龄闻讯大喜,奏明朝廷。朝廷念司马松平乱有功,就命他在民变的县城出任县令。他在任上治理有方,一时间政通人和。

胡雪岩认为,大凡受人非议的人物,必定有非常之行为,有非常之行为,必定身遇非常之事,只有不拘一格选才,才能选出真正有大用的人才。

用人不疑,放手任其发展

用人不疑,疑人不用

对手下要给予充分信任,放手使用。

胡雪岩作为一名在市场的风险与竞争中谋求发展的商人,他需要人才,也离不开人才的使用。实际上,胡雪岩尤其善于调动自己手下人才的积极性,尽可能让他们发挥自己的才能。用他自己的话说,他在用人上的确有许多奇计,而这"奇计"之一,就是"对下属给予充分信任,放手使用"。

商场如战场,竞争激烈、危机四伏,机遇可遇而不可求。如果不能及时抓住机遇,事后悔之晚矣。要抓住时机,就要运用丰富的知识和经验,敏锐地判断,果断的决策,迅速的行动,以高效率的工作占领生意场上的有利山头。但这种高效率的取得,并非易事,除去才识眼光的原因,还存在心理素质的问题。对伙计来说,必须看老板的脸色、考虑老板的愿望来行事。但如此一来便会放不开手脚,也便容易失去许多很好的机会。因此,作为老板,就要给予下属充分的授权,让他们能独立地发挥自己的能力。

胡雪岩的与众不同之处在于，他敢于开拓、敢于出奇招，做一般人不敢想、不敢做的生意，而且他谋事周密，对生意中的各个环节、各个细节、各种可能出现的问题都要认真考虑推敲一番，因此往往能出奇制胜，大获其利。只要看准了，便大胆果断地行动，这是胡雪岩的作风。但是光有他一个人的高效率是不行的。他还必须带出一批人，这批人的工作要能与他的作风相适应、相一致，能在生意场上摸爬滚打、独当一面，具有独立判断决策的能力，并能快速付诸行动。

一旦有了这样的下属，胡雪岩作为总领导者就不再参与具体的工作细节，他放心地信任下属，将职权完全交给下属，令其独立处理，他绝不进行不必要的干扰。他的用人不疑，既节省了时间，又增加了下属的工作信心与办事效率。

刘庆生接受胡雪岩的聘请，做了阜康钱庄的档手。他上任开始要做的第一件事，就是筹备钱庄开业事宜，这其中一件重要的工作，自然是招聘钱庄伙计。招聘伙计是一件大事，自然不能不请示胡雪岩。按胡雪岩的原则，既然已经聘用了刘庆生，就尽管放手让他自己做主，所以，他在回答刘庆生时，既没有提出任何具体人选，也没有提什么具体要求，只是给了他一个大的原则，即"看了人再用，不要光看面子"。对于具体的操作，他没有进行任何指示，放心地交给刘庆生去办。

胡雪岩在用人上一直遵循的一个重要原则，就是放手使用、用而不疑。一般来说，除非是那些必须他拿主意的关系生意前途的重大决策，他才做主；在一些具体的生意事务的运作上，胡雪岩总是放手让手下去做，绝不随便干预。在阜康钱庄开办之初，当他认定自己延聘的钱庄档手刘庆生可以料理生意事务之后，也差不多是完全放手让他去做。他只是规定了几条大的原则，诸如只要是帮朝廷的忙，就算亏本的生意也可以做；放款要看对象等。其他的事情，则全部由刘庆生自己做主，具体事务放手让他去做，绝不随意干预。刘庆生果断认销二万"官票"就是一例。"官票"是朝廷新发行的纸钞，目的在于购粮征饷镇压太平天国。"官票"的发行也许造成通货膨胀、使自身贬值。但朝廷、衙门强行向杭州各钱庄派销价值二十五万两银子的官票。三十三家小同行、包括阜康在内的九家大同行在一起商讨此事，各钱庄纷纷叫苦、推辞，不满意于先缴六成现款、其余四成两个月后缴清的派销条件，主张用多少、缴多少。而刘庆生此前已与胡雪岩谈过关于官票的事情，胡雪岩没有明确表示态度，但告诉了他自己做生意的一个宗旨，就是只要能帮朝廷的忙，即使赔本买卖也做。有这一个宗旨，刘庆生也就放开了，首先主动为阜康钱庄认销了值二万两的官票。这一行动，使阜康这块招牌，在官厅、在同行中，立刻就很响亮了。胡雪岩得知也十分高兴，觉得自己完全可以将钱庄的生意交给刘庆生了。这就是他用人不疑的结果。

不仅如此，甚至在生丝销洋庄的生意上，他也差不多将找买主、谈价钱、签协约等一揽子事务都交给了古应春，而自己则把精力投入刚刚开始的军火生意上，正是在第一桩生丝生意紧张运作的时候，他好整以暇地到湖州为郁四解决了家事问题，到苏州解决了松江漕帮与其他帮派的矛盾。

从商务运作的角度看，放手让自己的帮手做主办事，其实是相当必要的。一个简单的事实就是，如果那些伙计们光知道事事看老板的脸色、等着老板的指令来运作，而不能放开手脚发挥自己的能量，当老板的不仅会在事事躬亲的繁忙中累坏，而且一定会因为办事者的犹豫延误，错过许多不可再来的机会。

在胡雪岩所处的时代，他便懂得调动人的主观能动性的必要；而在现代社会，现代人更加注重自身价值的实现。对人才的充分信任与尊重，比直接的物质奖励更加有价值。同时，信息的瞬息万变也决定了下属独立决策的必要性。所以，能否对手下员工做到放手使用，用人不疑，是今天的老板们能否得到才智之士的重要原因。

放手去用，用人不疑

老子说："故圣人云：我无为，而民自化；我好静，而民自正；我无事，而民自富；我无欲，而民自朴。"意思是说：我用以民为本的方法领导人民，人民就会自然而然地教化；我严于律己、为人师表，人民就会自然而然地守规矩；我不给人民添麻烦，人民就会自然而然地富足；我不欲壑难填，人民就会自然而然地淳朴起来。引申到企业管理，就是"用人不疑，疑人不用"，就是企业无为而治的具体表现之一。

胡雪岩在治理自己的商业王国时，对待下属所使用的招数就是"用人不疑，疑人不用"。胡雪岩经常对他的手下员工说这样一句话："做错了，不要紧，有我在，错不到哪里去。"从这句话中，我们可以看出胡雪岩大胆使用人才、放手让人才去做事的态度，这也正是胡雪岩用人的智慧。

用而不疑是胡雪岩用人的一个重要原则。除了那些必须由他拿主意的关系生意前途的重大决策外，在一些具体的生意事务的运作上，胡雪岩总是放手让手下人去干，绝不随意干预。有一年，胡庆余堂负责进货的助理（俗称"阿二"）到东北采购药材，可当他回来后，药号经理（俗称"阿大"）见人参质次价高，就埋怨他不会办事。阿二以边境有战事为由据理力争，两人一直吵到胡雪岩处。胡雪岩细察详情后，留他们吃饭，特意向阿二敬酒，感谢他万里奔波，在困难时期采购到大量紧俏药品。饭后，胡雪岩吩咐阿大："古人云，将在外，军令有所不受。商事如同战事，应当用人不疑，以后凡采购的价格、数量和质量，就由阿二负责。"阿大怕这样做有了两个阿大会坏了店规，胡雪岩说："我们就叫阿二为'进货阿大'。"从此两位阿大各司其职，把生意做得红红火火。

孙子说"将能而君不御"，所谓"不御"并不是不管不问，而是要知人善任，用而不疑，适度放权，以此来激励他们发挥自己的才能，而不要去束缚住他们的手脚。

从商务的角度看，放手让自己的下属来做事，其实是很有必要的，因为如果你作为老板不敢放权，而仅仅是让属下看你的脸色行事，等待你下达命令才开始做事，这样不仅限制了下属能力的发挥，同时也会因此而错过许多机会。

胡雪岩作为一名在市场的风险与竞争中谋求发展的商人，他需要人才，也离不开人才。所以，在用人上，他创造了很多奇迹，而这些奇迹离不开他对下属的信任。

从这里，足以引起我们对两个字的重视：一个"信"字，一个"疑"字。"信"有一种辅助力量，"疑"则有一种抑制力量。对老板和雇员的关系而言，若员工在办一件事，老板的"信"可使他更快、更好地办成这件事；老板的"疑"又可使这件事搁浅。"信"是一种精神力量，有时显得玄妙又神秘，难以把握。许多事情，信则有，不信则无；信则成，不信则败。

然而，有些企业领导者对手下人，既想利用他的才能，又对他放不下心，认为人家与你离心离德，这是管理者用人之大忌。

信任人，就可以使被用之人与用人之人把心思和力量共聚于一点，共同创造伟业，取得胜利和成功。松下幸之助说过："用人的关键在于信赖，如果对同僚处处设防、半信半疑，则将会损害事业的发展。"他认为，要得心应手地用人，就必须信任到底，委以全权。

对所用的人要以诚相见。对于人才一旦委以重任，就要推心置腹、肝胆相照。只有相互信任，才能形成上下"协力同心"的大好局面，才能赢得人才，使之忠心不渝地献身事业。切忌对部下怀有戒意、妄自猜疑。

作为领导者要给受挫者成功的机会。世间任何人的经历，大都不会一帆风顺，常胜将军是不多见的。受任者任务完成得不好，或出现失误，总经理一定不要大惊小怪。只要帮助他正确对待，认真总结经验教训，下属必然产生有负总经理重托的自责感和将功补过的决心，势必为今后工作打下良好的基础。

管理者不会被俗议所左右。管理者与属下都生活在尘世中间，世俗之众对人皆免不了七嘴八舌、说长道短。为管理者所任用的人自然也是被议论的对象。有的人出于妒忌心理或出于自身利害，散布流言飞语，甚至无中生有，恶意中伤。这时总经理如果头脑不清醒，就会为俗议和谗言所左右，对所信任的人产生怀疑。

管理者要信任下级，放手让下级大胆地行动，发挥其主观能动性和创造能力。

一定要记住：关键在于信任。

一般来说，人在受到信赖的时候，都会产生快乐和满足的感觉，进而激发出他们全力以赴的积极性。

可以肯定地说，对别人信而不疑的人，如果具备了力量和睿智，那么被信赖的人就很难产生"离心"的念头。他不仅会被上司信赖自己的态度深深打动，而且会被上司的能力和成就深深吸引。

说到底，一个真正信赖别人的人，一定也会受到大多数人诚心诚意的信赖。毕竟，人是感情动物，几乎每个人都有"投桃报李""以心换心"的想法。

相反，那种漠视他人对自己的信任、时刻想利用领导对自己信任的冷血动物和卑鄙之徒，只是成千上万人中的极少数。

作为管理者，当你面对下属的时候，理应树立信赖他们的观念，以自己的诚心和人格魅力影响下级、打动下级，与下级产生心灵上的共鸣。"士为知己者死"，从古至今都是一样的道理。

以诚相待，充分信赖

用人不疑、保护和支持人才，是一种强大的激励手段。因为人被信任，一种强烈的责任感和自信心便油然而生。尤其是老板对下属的充分信赖，就是对下属最好的奖赏，它将形成一股促使下属努力工作的强大动力。胡雪岩早在130多年前就以自己的商业实践证实了这一点。

阿珠的父亲老张在妻子和女儿的鼓动之下，接受胡雪岩的聘请，回到湖州开丝行。老张本来就是一个老实本分、没有见过什么世面的人，回到湖州既不知道怎么打开局面，也不敢拉开架式，就连胡雪岩几番催促，要他赶紧寻找一间气派宽敞而临街的房子搬家的事，也一拖再拖，直到胡雪岩二下湖州，他们一家还住在地处偏僻深巷的狭窄老屋里。老张不肯搬家,一是考虑搬家是一件麻烦事,需要时日;二来更是因为怕搬家之后,架势拉大了,弄得轰轰烈烈,而自己却照应不来,以后难以收场,因而也下不了决心。胡雪岩就此开导老张:"生意上的事,贵在勤、快二字,如今时日已在四月末,离开秤收丝没有几天了,更是要抓紧将该办的事尽快办好,不然就真的要误事了。事情只管去做,不要瞻前顾后、犹疑不定,也不必事事都等着东家来拿主意,想到了就自己做主去做就是了。做错了不要紧!有我在错不到哪里去。"

胡雪岩的这番话虽然主要是在鼓励老张,其实也是他在用人上一直奉行的又一个重要原则,即放手使用,用而不疑。一般来说,除非是那些必须他拿主意的、关系生意前途的重大决策,而在一些具体的生意事务的运作上,胡雪岩总是放手让手下去做,绝不随意干预。比如,即使在阜康钱庄开办之初,当他认定自己聘请的钱庄档手刘庆生可以料理生意事务之后,也几乎是完全放手让他去做。他只是规定了几条大的原则,诸如只要是帮朝廷的忙,即使亏本的生意也可以做;放款要看对象,不能将款子放给到太平军占领的地方去做生意的商人等。其他的事情,则全部由刘庆生自己做主。而生丝销洋庄的生意,他也差不多将找买主、谈价钱、签协约等一揽子事务都交给了古应春,而自己则把精力投入刚刚开始的军火生意上。因此,即使在第一桩生丝生意紧张运作的时候,他还有余暇到湖州为郁四解决家事问题,到苏州解决松江漕帮与其他帮派的冲突等杂事。

从商务运作的角度看,放手让自己的帮手做主办事,其实是十分必要的。商场如战场,竞争激烈且瞬息万变,所有的机遇几乎都是稍纵即逝。因此,搏战于商场之上,就必须牢牢把握一个又一个机遇。不能及时抓住机遇,要想获得成功,几乎是不可能的。不用说,要抓住机遇,既要有敏锐的眼光和准确的判断,更要有果断的决策和迅速的行动。而要做到果断决策、迅速行动也并非易事,它不仅要求决策者具有如此的素质,许多时候更需要那些手下人有敢于任事、创造性地开展具体事务运作的能力。一个简单的事实就是,如果那些伙计只知道事事看老板的脸色,等着老板的指令来运作,而不能放开手脚发挥自己的能力,当老板的不仅会在事必躬亲的繁忙中累死,而且必定会因为办事者的犹豫延误,放过许多不可再来的机会。

而就识人用人而言，放心放手，实际上也是招揽人才、使对方诚心办事，且充分发挥自己的能力将事情办得圆满的一个重要前提。生意场上，老板和雇员的关系，当然是"东家"和"伙计"的关系，伙计的主要职责，就是圆满完成东家交给的任务。但这种雇佣和被雇佣的关系，并不意味着仅仅只是发号施令与遵守服从的关系。只有让伙计具备条件能够充分发挥出自己的才干，才可以真正达到用人的目的。不用说，如果用而不能放手，被用的人总是处于一种被动的地位，他的能量也就没有办法得以发挥，事实上他也不敢让自己的能量充分发挥。更重要的是，人都需要有一种成就感，即使被雇佣时也不例外。而且，越是有能力的人，越是希望能够尽量发挥自己的才干，使自己能够在一种成就感中获得某种心理满足。这样的人，如果不能放心、放手地使用，以至于让他总觉得自己没有一点能够显示自己能力的主动性，使他觉得自己根本就无法真正发挥自己的作用，要想留住他诚心为自己办事，事实上也是不可能的。

"用人不疑，疑人不用"这是一句人人皆知的至理名言，不过，真正将这个简单的道理运用得很好的人却不多。

员工能不能充分发挥出自己的潜能，常常取决于管理者能否对下属充分的信赖，放手让下属去办事，并用心去激发下属的积极性和创造力。

宽严有度，严用人宽待人

管理若要得法，奖惩须有标度

传统观念中奉行"严师出高徒"的说法，仿佛惩罚就能解决所有的问题，将事情引上计划中的道路。其实不然。古今的大量事实证明，光有惩罚并不能得到构想中的结果，而只有惩罚和奖励并用，才能得到意想不到的收获。

纵观中国历史，秦始皇"焚书坑儒"，对内只用严酷的法制残暴统治，终于激起了陈胜、吴广起义。而其他各朝代的圣君因为信奉儒家思想，采取奖惩并用的措施，才造就了"贞观之治""康乾盛世"之类的盛世。这说明一个问题：真正的管理应该是同时使用奖励和惩罚这两个手段。因为光是有奖励，那么坏的行为和风气将受不到遏制，而坏的东西势必带坏原本好的风气和行为；光是有惩罚，那么人们的生活只会小心翼翼、唯唯诺诺，甚至为了避免犯错误受到惩罚，人人都会选择固步不前，只求于能免除惩罚这种方式。这两种方式当然都过于极端，得不到很好的结果。

一个公司、一个企业、一个组织，只有设立了奖惩并行的制度，才能既达到遏制坏行为、坏风气出现的目的，又能促进人们积极向善、勇于贡献，从而给企业、公司和个人带来利益的最大化。

当然，胡雪岩是个经商的好手，这点毋庸置疑。如果用现代的商业眼光来看，那么他不仅仅是个经商的料，还是一个管理的高手。他那套对于人才的挖掘、使用、奖惩的机制让后世人不得不折服。

当初，他做药材生意的时候，手下一名采购员错把豹骨当虎骨进了货，而且数量不少。照理说，这是一次很大的失误，因为采购是公司运营的前期，采购中出现错误，造成的损失是一连串的。于是那个刚提拔起来的副手就直接向胡雪岩打了个"小报告"，胡雪岩自己亲自查实后，我们看看他是怎么处理的。

　　首先，他命令将进的货全部销毁。刚好，那个时候负责进货的正手因为觉得自己犯了很大的错误，准备引咎辞职，然而胡雪岩做了两个决定。他先是拍拍这个正手的肩膀，说忙中出错，在所难免，以后小心就是了；之后毫不留情面地将那个告密的人开除了。因为在胡雪岩看来，他觉得一个公司如果要想正常地运营下去，必须是公司各个员工都尽职尽责地本着为公司着想的目的在做事。那个准备引咎辞职的人，他能意识到自己的错误，说明他的确有悔过之心，只是因为疏忽才出了问题；而那个告密者，却有唯恐天下不乱的嫌疑，所以，一定要开除。按照他自己的话就是"出了问题，就应该直接向老板汇报，而不应该从背后打小算盘，否则很容易把生意搞垮"。

　　从中，我们能看到胡雪岩的奖惩有度，也可以学习他管理上的一些技巧。他对于本该是惩罚的人，给予了改正错误的机会，这一方面起到了收买人心的作用，另一方面也给员工们"只要为公司着想，做实事的员工，公司一定会厚待他"这样的心理暗示。

　　当初，胡雪岩在和洋商磋商生丝价格的时候，出现了一个小插曲。庞氏集团的总经理叫朱福年，外号"猪八戒"。他是一个野心勃勃的家伙，一直想借自己的董事长庞二的势力，让自己在上海丝场上做江浙丝帮的头脑，所以，当他得知胡雪岩和洋人谈判的时候，偷偷地从中作梗。

　　胡雪岩致力于建立上海丝业同盟的目的就是为了统一口径，一致对外，争取到和洋商交易的主动权。当时胡氏集团的谈判长古应春已经不负众望，和洋商谈妥了价格，只差和洋商成交了。可是当时，胡雪岩正好有事不在上海，一时不能签约，而古应春在谈判好价格随后又去了同里。

　　这就给了那个坏心眼儿的"猪八戒"可乘之机。他准备为了自身的利益，出卖胡雪岩，出卖别的生丝同行，出卖自己的东家。于是偷偷跟洋商接头，不仅劝洋商以他为交涉对手放弃上海丝业同盟，还表示愿意以低于胡雪岩的价格将生丝卖给洋商。说白了就是当一名汉奸。

　　更让人生气的是，朱福年的如意算盘打得太过于缺德。他不仅会让以胡雪岩为代表的上海丝业同盟到时候遭受巨大损失，还会让国人同心协力共斗洋人的努力彻底失败。况且，胡雪岩除了自己遭受损失外，他好不容易交上的朋友庞二由于自己掌柜的出卖也将会蒙受更大的损失。原因是朱福年这个丧心病狂的汉奸，已经从庞二的账户里偷支了几万两甚至十几万两的银子用于支撑自己的生意。

所以胡雪岩在得知朱福年私下和洋人交易这个消息之后，虽然很是气愤，但马上就想到了对策。而且，他秉持着自己一贯奖惩有度的原则，并没有过度地为难朱福年这个叛徒。这也彰显了他为人的大度与宽容。

当时，古应春听从了胡雪岩的建议，在拜访洋商无果后，直接赶到二马路一家同兴钱庄，取出了一张5000两的银票，存入"福记"这个户头。其实，"福记"这个户头是朱福年所有。古应春是见过大世面、处理过大事情的人，他当然知道存上钱之后，要求伙计开出一张收据，写明："裕记丝栈交存福记名下银五千两整"。朱福年很快也知道了古应春存钱这件事，贪财忘义的他看见凭空进账5000两银子，当然心里乐得不行。所以，当古应春求他看在"红包"的分上，高抬贵手，胡氏集团会让他利益均沾的时候，他小人得志的表现表露无疑。

胡雪岩当时为了拉拢朱福年，还曾经亲自劝他说："福年兄，你我相交的日子不是很长，你恐怕还不知道我的为人。我胡某人的行事宗旨一向是有饭大家吃，而且不但吃得饱，还要吃得好。所以，我绝不肯轻易敲碎人家的饭碗。不过做生意嘛，跟打仗是一样的，只有齐心协力，人人肯拼命，才会成功。过去的事情咱们都不用说了，以后就看你自己，你只要肯尽心尽力地为我做事，不管心血花在明处还是暗处，我都一定能看得到。当然，我也一定不会抹杀你的功劳，到时候除了给你应有的报酬，在你们二少爷面前也会帮你说话。或者，你若看得起我，将来愿意跟我一起打天下，只要你们二少爷肯放你，我欢迎之至。"

朱福年是个有坏水却没有头脑的人，加上又是个见利忘义的家伙，所以很自然地就被胡雪岩掌控住。但他幸运的是，碰上了胡雪岩这个奖惩有度的贤明之人没有深究他当初的罪过。在后来，他自己也知道理亏，便连忙去和洋人谈丝价，要求恢复原议，而胡雪岩信守承诺对他予以"厚待"。

当然，胡雪岩并不是那种放纵小人的人，他虽然对待朱福年采取了不计前嫌的政策，但留了一手，让"坏人"得到利益的时候不忘给他一个下马威。他把朱福年挪用、贪污公款的罪证透露给了庞二，让朱福年得到了

"被挤对，两头不是人"的教训。

此外，还有很多关于胡雪岩奖惩有度的例子，这里不必一一列举。我们需要的只是学习胡雪岩的那种公司组织、管理、经营模式。

任何一个公司，如果要想运营起来的时候顺顺利利，管理者管理起来得心应手，就必须要定立严格的奖惩制度。这个制度其实就如同给公司的员工画了一个活动的圆圈。圆圈的规则告诉员工：圈内的人士该受到奖励，圈外的人员该受到惩罚，如此，员工才会循着这个道，慢慢地集中到圈内去。集中到圈内的员工才让领导者和管理者能更方便、更有效地集中进行管理、管制。否则，如果没有一个合理的制度进行衡量，那和行走在江面上看不见岸上方向的船有什么区别？这样的公司迟早会迷路，在商场上混不下去的。

所以，一个成功的管理者，应该学会用"奖惩有度"这种最有效的方式来控制员工，既让他们明白什么该做、什么不该做，也充分调动他们的积极性，让他们的能力得到充分的发挥。只有这样，公司一个个的人才才能各尽所能，在激励机制下员工才能将自己的能力毫无保留地发挥出来，从而为公司发展所用。

> 做生意，其实和做人、做事是一样的。一个国家、一个集体，只有在有了明确的奖惩制度之后，才能形成良好的秩序，从而才能发展国家的政治、经济、文化等领域。做生意也是这样，只有公司建立了明确的奖惩有度制度之后，员工才能按照一定的秩序行使他们的职能。而实践证明，秩序对于一个公司发挥着举足轻重的作用。

奖惩福利要有制度

企业内部员工的劳动态度、技术水平、熟练程度各不相同，如果干与不干一个样，干好干坏一个样，必然造成平庸怠惰者安于现状、不思进取，而才高勤奋者不能脱颖而出，企业的发展也必将大受影响。为此，必须建立一种赏罚分明的竞争激励机制。

胡雪岩对于员工的工作激励机制有多种方式：

一是分红。这又有两种情况：第一是对那些没有资本的职员，会根据经营的好坏，在年底分红。第二是入股分红，对那些有钱的职员，就让他们入股合伙。这样，职员的利益和胡雪岩的利益就紧紧连在了一起，他们不光为胡雪岩效力，也是在为自己效力，做到了真正的"祸福同当"。

胡雪岩的另一激励措施是职位晋升，增加工资。凡是贡献大、能力强的员工都可以得到职位和工资的提升。当时，叶种德堂有个切药工，业务上功夫好，人称"石板刨"，因脾气耿直火暴而得罪人，在叶种德堂待不下去了，经人介绍来到了胡庆余堂。胡雪岩没有因他有"牛脾气"而对他另眼相看，反而按他的能力给以高工资，并提拔他当了大料房的头。"石板刨"见闻名天下的"胡财神"如此器重自己这个在叶种德堂受气的小人物，感其知遇之恩而加倍努力。从叶种德堂投到胡庆余堂门下后，"石板刨"从22岁一直做到77岁，整整为胡庆余堂效力了55年！

胡雪岩激励的又一措施是设立了"功劳股"，就是从盈利中抽出一份特别的红利，专门用于奖励有突出贡献的人。功劳股是永久性的，一直可以拿到本人去世为止。有位叫孙永康的年轻药工就曾获得此项奖励。有一次，胡庆余堂对面一排商店失火，火势迅速蔓延，眼看胡庆余堂门前的两块金字招牌就要被火烧毁，孙永康毫不犹豫地用一桶冷水将全身淋湿，迅速冲进火场，抢出招牌，头发、眉毛却让火烧掉了。胡雪岩听到这事后，立即当众宣布给孙永康一份"功劳股"。

胡雪岩还设立了"阳俸"和"阴俸"，作为福利性的奖励措施。所谓"阳俸"，就像现在的退休金，发给老弱多病无法继续工作的人。而"阴俸"，如同现在的遗嘱生活补助费，是职工死后，按工龄长短发给其家属的生活费。当然，不是人人都可得到阳俸，这要以对胡庆余堂有过贡献为前提，含有论功受益的意义。胡雪岩的这一措施，是针对当时普遍存在的当雇员年老体弱后便被企业主扫地出门，任其冻饿不肯援手的晚景凄凉状况而设立的。虽然阳俸和阴俸成了胡庆余堂一笔不小的开支，但它解决了员工的后顾之忧，促使人们争强好胜，由此激发出来的生产积极性和创造力产生的经济效益，远远超过了所支出的费用。

此外，胡雪岩每次招聘职员时，总会先询问他们家里的情况，家用需要多少，然后先支一年的薪水给他们，帮他们解除后顾之忧。这一举措很得人心，使员工们干起活来特别卖力。

有一句古话说："天下熙熙，皆为利来；天下攘攘，皆为利往。"这话虽然忽略了人们的精神需要而显得有点偏激，但有一点却是千真万确的，那就是：人们奋斗是为了活得更好。

任何经营者要想使自己的事业获得更大的发展，必须关注员工的物质利益，以欲从人，提高他们的物质待遇。而完善的奖惩制度，又会进一步增进员工的工作积极性，凝聚起事业发展的巨大力量。通用电气公司老总韦尔奇在这方面也有一套绝技。

他把企业的全体员工划分为三类：A 类，这是最好的员工，如果一个管理者没有发现他们应该感到羞愧，要好好使用他们，给他们以回报，提升他们，给予好的报酬，给他们更好的机会。B 类，这是中等的员工，管理者要让他们保持价值并继续进步。C 类，是那些没有融入通用电气的价值观中的，没有什么正事干的职员，这一类早点把他们剔除，不要花太多时间把 C 级转变为 B 级。

韦尔奇依赖一张组织活力表，把管理级雇员的能力和潜质分为五类：最好的 10%，下面的 15%，中间的 50%，关注的 15%，最差的 10%。正常的人员分布呈现为一个手表状的曲线。这是 1999 年的管理表，其目的就是保证最好的通用电气管理者被恰当地回报，保证这些回报不要给较差的员工。

而在 1998 年，他们以 25% 最好，50% 中间，15% 关注，10% 较差开局。韦尔奇在总结这一年的管理时发现，他们没有能做得那么好。因为其中最差的 10% 中有 8% 得到了股权，在 25% 的关注中有 23% 得到了股权。现在有了 10%、15%、50%、15%、10% 这个结构，这种状况将不再发生。

在这个更细的结构中，确保每个事业部中最好的 10% 被回报、被培养，推掉其中的任何一个都是罪过。没有任何理由可以失去一个 A 类员工。企业的竞争全靠 A 类员工，管理者每次都要谈论这些最好的员工，发展他们、激励他们、回报他们，他们是企业的未来，是员工福祉的关键。

另外，C 类员工在任何团队、任何层次都将成为障碍。假如支持一个 C 类员工，他将成不了 A 类员工。当你裁掉 C 类员工，市盈率达 38 倍的障碍被清除了，你的某些 B 类员工将成为新的 C 类，你必须无情地重复这一过程。

1999 年，韦尔奇按照上述的管理制度和方法来要求每一个管理者，取得了更加辉煌的成绩。

在现代管理中，要建立一套奖惩福利的管理制度，以留下最优秀的人才，去掉最差的员工，使比较优秀的人才能不断进步。韦尔奇的这个方法也值得借鉴。

胡雪岩"以财揽才"的手段并不仅限于高薪请才，在物质激励方面，他主张要有制度：赏，不忘记普通员工；罚，不回避管理阶层。

用人也需疑人

对小人的失察和放纵，就会毁了自己辛辛苦苦打下的家业。

胡雪岩在与人交往、笼络人心方面，确实有值得人称道的地方。这也是他能够纵横商场、把自己的生意越做越大的重要原因，也是他做生意的大本钱。但从某种意义上来说，他也有看人、御人过于宽厚的毛病，所以用人有时也需疑人。

胡雪岩在看人、用人的问题上，也并不是那么完美无缺。他一向坚持看人多看优点，用人用其长处，不以恶意度人，尽量将人往好处看，这是对的，但这个优点，同时也是一个带有极大隐患的缺点，那就是容易放纵小人。而对小人的失察和放纵，必然会给自己带来极严重的后果。

事实上，胡雪岩倾颓的导火索正是他白手起家的阜康钱庄。

胡雪岩阜康钱庄的总经理叫宓本常，是个很有头脑的经营好手。胡雪岩用人坚持"用人不疑，疑人不用"，所以将阜康钱庄全国的分号大权都交到了他的手里。宓本常无疑是聪明人,但正因为他是聪明人,所以也就难免有聪明人常有的想法:不甘久居人下。

在一个极其偶然的情形下,胡雪岩发现自己钱庄在经营上出现了问题。这个问题正是出在钱庄经理宓本常身上。

这天上午,胡雪岩心血来潮,突然一个人找了一座空茶楼喝茶,或许他想追忆当年在杭州信和钱庄当伙计的岁月,或许他想一个人清静一下,因为这个时候,他似乎已经感觉到有一张无形的大网向自己扑来。总之,他一改往日前呼后拥的排场,只身去茶楼喝茶。

在茶楼,他选了一个雅间,这样他可以一边品着茶香,一边想着心事,不会再有什么人来打扰他。但他没想到,这里也不是世外桃源,旁边雅座里面几个人的说话声吸引了他的注意力。

"哎,你们听说没有,最近吴淞口又出事了?"

"是不是和外面的外国人又打起来了?"

"是呀!听说那些外国人的大炮可比八旗军的红衣大炮还厉害呢!"

这是几个闲客接着话茬儿在发问。先前说话的那位清了清嗓子继续说道:"外国人倒是没打起来,不过这件事可也挺有意思的。"

在官府里当差当久了的人都这样,说话慢条斯理,故意吊人胃口。以显示他的重要。显然他的目的达到了,不单是他的茶友纷纷让他说出来是什么事,就是胡雪岩对他的话也产生了兴趣:什么事会比外国人打起来还有意思?

因为人声嘈杂,胡雪岩只能隐约听到"南北货"之类的话,这就点燃了他的兴趣。所谓"南北货",就是把南方的货运往北方,再把北方的货运到南方。这样南北穿梭,赚取中间的差价。在商场中,"南北货"向来以高风险、高利润著称。可这种买卖容易积压太多资金,如果没有雄厚的资金做后盾根本做不成。另外,由于路途遥远,容易发生不可测的情况,风险也随之增加。因此这种生意没有人敢轻易涉足。胡雪岩感兴趣的是想知道谁有这个胆识、有这个财力敢冒这种风险。

隔壁讲了半天,胡雪岩才从中听出一点端倪来,原来有3艘做南北货的船昨天下午在吴淞口外遇到风暴沉没了。

胡雪岩不由心里一惊:3艘!这足以证明这个做南北货生意的人实力

不容小觑。让胡雪岩纳闷的是，自己在沪杭之间这么久，全国的大商家没有几个不认识的，为什么从来没听说过有什么人这时候做这个生意。胡雪岩百思不得其解，只好凝神屏息地接着听那位仁兄讲。

此时，隔壁正在讲述3艘船上的珍奇货物，什么东北千年人参王、尺长梅花鹿茸……真是如数家珍，听得胡雪岩也暗自咋舌：这位老板实力也当真了得，将来要是真在上海现身，免不了还要加几分小心；或者，干脆与之联合，生意就更得心应手了。

隔壁那些人又开始议论起来，有人叹息货主命不好，有人说这货主怕是得罪了海龙王，真是众说纷纭。但大家感兴趣的是这3艘船的主人是谁。可这属于官场机密，爆料内幕的被称为老李的当然不能轻易地说出来。

最后，在大家的激将下，老李为了挣回面子，才迫不得已说道："这3船南北货的货主叫张连顺。"

"张连顺？"

"谁叫张连顺？"

"你听说过吗？"

"没有……"

那边雅间里又是一片嘤嘤嗡嗡的声音。显然，大家对这个答案都不满意，有几个人又开始怀疑这消息是真的还是假的了。胡雪岩也失去了兴趣，听够了这帮无聊茶客的闹剧，准备到别处走走了。

"也好，就让你们明白明白！"

胡雪岩刚要起身结账，听见那边老李把桌子一拍，说道："这个张连顺其实不过是个幌子，真正的大老板，是连顺的表哥……"

那边一片呼声地追问着表哥是谁。胡雪岩听到此处不由得又重新坐好。

老李故意又清了清嗓子，然后一字一眼地说道："这个张连顺的表哥就是阜康钱庄的总经理宓本常。"

胡雪岩一听，差点儿从椅子上栽下来。那边雅座里自然也是一石激起千层浪，议论纷纷。不过胡雪岩再也顾不得听下去了，他这个时候所想到的就是：宓本常欺骗了自己，他做了手脚，现在必须马上赶到阜康，找到宓本常，查一查出入账目。

对老李的话，胡雪岩还将信将疑，如果那3船南北货的主人真是宓本常，那他的资本只能来自一个地方，就是自己的阜康钱庄。因为胡雪岩简直再清楚不过了——以宓本常可能调动的财力而言，如果全用他自己的钱，他连半船南北货也搞不来。

胡雪岩有些头晕了。他勉强站起身来，结完账，跟跟跄跄地朝阜康钱庄走去。他还从来没有像今天这样不愿意，甚至是怕进自己的钱庄。因为他已经预感到这里有他不愿看到的现实。

一踏进阜康钱庄，胡雪岩看到宓本常仍一如既往、谈笑风生。不过，胡雪岩却注意到今天宓本常的脸色不大好看。如果没有刚在茶楼听到的消息，胡雪岩可能不会觉得什么，但现在，胡雪岩很自然地把宓本常的脸色同昨天沉掉的3艘船联系起来。

"本常，近来阜康的账目怎么样啊？"胡雪岩故意装得漫不经心地问了一声，不过他还是敏锐地注意到宓本常的眼珠非同寻常地、飞快地动了一下。胡雪岩的心终于沉下去了，他知道不幸被言中了。

宓本常很自然地从后面捧出阜康收支的账簿，放到胡雪岩的面前说道："请大先生过目。"

胡雪岩点点头，很随意地在账簿间翻动着。他根本就没打算要在账上查出什么来，要是这样，宓本常也太蠢了。胡雪岩是钱庄伙计出身的，也是从钱庄起家的，对钱庄里的一切他太了解了。他知道宓本常挪用的现银，只要在支取簿子上填上被储户提走就可以了。等钱赚回来，再把挪用的款子神不知鬼不觉地送回库里，宓本常要做的只是补贴挪款期间这笔银子的利息而已。但这些和所赚的钱相比，几乎是不值一提的。

现在，胡雪岩大致掌握了宓本常挪用阜康库银的情况。宓本常以储户提存的名义挪出去的库银，目前为止还有七十几万两。照胡雪岩的估计，那3艘船上面的货物，大概就有60万两，而这60万两是名副其实地打水漂了。

胡雪岩商道箴言

俗话说,贼是小人,智过君子。在这个世界上,许多极坏的事,其实都是有本事的人做出来的。事实上,小人确实做不出也做不成可以让人注意的好事,但做出的坏事却能够彻底葬送掉费尽千辛万苦打下的江山。有了胡雪岩的这一前车之覆,足以为后来者提供借鉴。所以,要切记:用人有时也需疑人!

第三章
志气高迈，敢想敢为

胡雪岩是一个不怎么相信"命运"的商人，他总是认为"立志在我，成事在人"，只要一个人有了远大的志向和坚定的意志，就能为自己创造成功的条件，从而开辟出一条迈向成功的金光大道。胡雪岩留给现代商人的第一条经验是：你可以没有资金、没有场地，甚至可以没有足够多的帮手，但是你千万不能没有做大生意的志向，有志者才能"商"竟成。

志向高远，才能商场辉煌

立志在己，成事在人

要做生意，就必须要有气魄，要有一种强烈的自立门户、纵横天下、开疆拓土、驰骋一方的气魄。

明代大儒王阳明曾说："夫志，气之帅也，人之命也，木之根也，水之源也。源不浚则流息，根不植则木枯，命不续则人死，志不立则气昏。是以君子之学，无时无处而不以立志为事。"又说："志不立，天下无可成之事。虽百工技艺，未有不本于志者……志不立，如无舵之舟，无衔之马，漂荡奔逸，终亦何所底乎。"从王阳明的这段话中，可以看出立志对于成就人生具有非常重要的积极作用。

在胡雪岩很小的时候，他的父亲就去世了，家中缺了主心骨，因此家庭境况异常困窘，后来有了一个机会，胡雪岩进入钱庄成了一名学徒。因为胡雪岩做事勤快、脑子聪明，熬到学徒期满时就成了信和钱庄的一名伙计，专门负责跑街收账。当时只不过二十出头的胡雪岩看出王有龄尽管穿着寒酸，可是言语之中却显示出了他不凡的个性，因此擅自做主挪用钱庄银子资助潦倒落魄的王有龄进京捐官。但是，他由于这个举措不但丢掉了钱庄的工作，还严重影响了自己在这个行业中的名声，所以，再也没有哪个钱庄敢雇佣他，无奈之下，胡雪岩不得不依靠打零工糊口度日。

好在善因有善果，王有龄获得胡雪岩的资助进京捐官成功。

重逢王有龄，胡雪岩的窘境发生了变化。此时王有龄已经偿还了信和钱庄的五百两银子，信和"大伙"张胖子看到王有龄已经当官，为了拉回有官场靠山的胡雪岩，准备让出自己"大伙"的位子。他找到胡雪岩恳请其重回信和，甚至将胡雪岩离开信和期间的薪水都给他带去了。

然而胡雪岩并没有回去，他认为一个人最终还是要干出一番属于自己的事业。而回到信和，也就是胡雪岩说的"回汤豆腐"，这"回汤豆腐"做得再好也不过做到"大伙"为止，总归不是真正的老板，事事自己也做不得主。

胡雪岩说："自己做不得自己的主，算得了什么好汉？"他要自己做主，开办自己的钱庄。

胡雪岩凭着这种气魄，这种强烈要在商场上自立门户、开疆拓土、驰骋一方的气魄，终于成为清代第一富商。试想，如果他也和其他钱庄档手一般目光短浅、胸无大志，恐怕下半辈子也不过继续在钱庄里打工，一辈子也没什么起色。

立志开创一片属于自己的天地，正是胡雪岩立足商界，不断地打开市场，最终成为一流大商贾的内在动力。

常言道："人穷志不穷。"志者，理想也。志，可谓人的精神世界，人的精神支柱。有志就是有理想，没有志就是没有理想。立志是关系到一个人一生走什么样的路、将来有什么样的生活、做什么样的人的重要问题。曾有多少位成功的大商人、大企业家，在他们初涉社会谋生的时候，是两手空空、拍手无尘的穷小子。但是，他们从找到第一份工作那天起，就立下了人生的大志，他们大多人穷志不穷，不愿意做一辈子佣工，一定要开创自己的事业，大展宏图。

不仅是现代人，就拿古人来说，他们也是十分重视理想的，即使到了"穷无立锥之地"，也要恪守"人穷志不穷""穷则独善其身"的信念，坚持他们的理想。诸葛亮在写给他外甥的一封信中说道："若志不强毅，意不慷慨，徒碌碌滞于俗，默默束于情，永窜伏于凡庸，不免于下流矣。"其意是说，做人应当有远大的理想和志气，如果意志薄弱，必定会成为一个平庸的人。

古人有言："虎豹之子未成王，而有食牛之气；鸿鹄之雏羽翼未全，而有四海之心。"经商，就要有这种气魄，要有当大富翁的目标。也要有富甲一方、造福一方的志向和雄心。杜甫写诗有"语不惊人死不休"的境界，而我们为什么不能做到"事不惊人死不休"的境界呢？器大者志必宏，志高者意必远。岳飞、辛弃疾"气吞万里如虎"，那是一种"将帅"的气势，而毛泽东则有"指点江山，激扬文字""欲与天公试比高"的

"统帅"胸怀。那是一种雄霸天下的志向。

所以说,一个人的志向越远大,那么,他自身的潜能才会发挥得更充分,他的才能才会发展得更快。人之伟大或渺小都决定于志向和理想。伟大的毅力只为伟大的目标而产生。理想如果是笃诚而又持之以恒的话,必将极大地激发蕴藏在你体内的巨大潜能,这将使你冲破一切困难和险阻,达到成功的目标。

俗话说"欲起步的人生贵立志,已起步的人生贵坚持"。立志,就是设计自己的一生:树立什么样的理想、从事什么样的事业、成为一个什么样的人。古今中外的许多事实表明,一个人在生活的起跑线上,选择什么目标、树立什么志向,确实关系着他的前途命运和对社会贡献的大小。而只有那些怀抱理想、志存高远、奋斗不息的人,才能完美地冲刺到人生的终点,捧回人生成功的金杯!

有多大的志向做多大的事

胡雪岩以先秦时期商业巨贾吕不韦为楷模,不计成本地"经营"人:既经营自己的人生,也经营别人。在这种双重经营之中,胡雪岩慢慢地靠近了自己的理想:拥有很多很多的钱。

胡雪岩,名光墉,安徽绩溪人。幼年丧父,家庭贫困,生计无靠。为了养家糊口,胡雪岩从小就到杭州信和钱庄里当学徒。在这段时间里,他干的是粗杂脏活,从扫地到倒便壶无所不做。但是胡雪岩的聪明好学、勤快、善解人意、能言善辩的特性很快赢得了钱庄老板的赏识。因此,三年满师之后,胡雪岩顺利地成了这家钱庄的"伙计"。

胡雪岩经常单独负责催款收账,从未出过任何纰漏,因此很快就被一个叫"大伙"的张胖子看中,被派分管"外场"。这期间,胡雪岩也不负东家所望,将"外场"打理得妥妥帖帖,并且把钱庄里里外外、上上下下的关系也处理得十分融洽。在别人看来，年轻有为的胡雪岩对生活应该满足了。可是胡雪岩并不这么想，在他心底里，他并不安于做钱庄的伙计，而是自幼就怀有建立不世之功的抱负。可惜自己身份卑贱，没有本钱，壮志难酬。他之所以入钱庄当伙计，其实就是为以后的志向而积累经验。

当然，最重要的是在分管"外场"期间，胡雪岩明白了一个非常重要的道理：要想实现自己挣大钱的志向，就必须靠官吏支持，否则仅凭一个钱庄小伙计的身份，是无论如何也做不成大生意、挣到大钱的。

这时，他人生中的第一个转折点出现了。

有一天，胡雪岩刚收完一笔账回来，在"梅花碑"一家茶馆喝茶，正好看见总是穷泡茶馆的王有龄走了进来。胡雪岩知道王有龄祖籍福州，满腹经纶却一直怀才不遇，处境异常艰难。虽然其父曾是分发浙江的候补道台，在杭州居住数年，只可惜一直没有担当过什么好差使，最终落得老病缠身，心情抑郁，客死异乡。

王有龄的父亲身后没有留下多少银两，而又要将其父的灵柩运回老家福州，花销不少，而自己在老家也没有什么可以依靠，索性也不回乡，就奉母寄居于此。眼下他举目无亲、潦倒落魄、无所营生，故常来此处泡茶馆，以解烦闷。

胡雪岩顺势和王有龄聊了起来，聊到伤心处，王有龄向胡雪岩说出了自己心中的郁闷之情："先父在世时，曾给我捐了一个'盐大使'衔，但只是一个虚衔，要想补缺，就得到吏部去报到，然后抽签分发候补。可是我现在身无分文，也就不能去吏部报到，所以也就无所事事。浙江沿海虽有几十个盐场，却没有我的份儿。"喝了一口茶，王有龄继续说道："如果境况允许的话，我倒是想'改捐'，做个知县。'盐大使'管盐场，收入虽然不错，但没有意思；知县虽小，却是一县父母官，能杀人也能活人，正所谓'宁为鸡头，毋为牛后'。我不愿做'磕头虫'，也不愿做只会摇尾巴的狗。"

王有龄的一席话，使胡雪岩肃然起敬。他心头不由一亮，眼前的王有龄绝非等闲之辈，若助他进京"投供"，日后定有出头之日，成为助己飞黄腾达的靠山。而正好胡雪岩的身上有刚刚要回来的500两银票，这岂不是天作之合？

在王有龄醉心于茶水苦涩的时候，胡雪岩已经开始动自己的心思了。在王有龄将一杯苦茶喝完的时候，胡雪岩的决定也做好了。就在王有龄准备起身告辞的时候，胡雪岩满脸笑容地将他叫住了："老哥不忙走，请看一样东西。"胡雪岩从衣兜里掏出个包，一层层打开，露出一张五百两的银票。

王有龄盯住银票，如做梦一般。当他听胡雪岩说要把这张银票送给他进京"投供"时，他怎么也不肯接受。这么大一笔钱，没有人敢替他作保，他也实在是偿还不起。

然而，当他感知胡雪岩是真心实意，绝非儿戏时，他又感动万分，热泪滚滚，倒头便要下拜。胡雪岩慌忙扶住他，随后两人互换帖子，结拜为弟兄。胡雪岩又唤来酒菜，举杯庆祝，两人已如同亲弟兄一般。

胡雪岩最终为自己的"义举"付出了惨痛代价。

钱庄老板得知胡雪岩将五百两银子"借"给一个陌生人后，不禁勃然大怒，更是痛心疾首。张胖子还诬蔑说他在外吃喝嫖赌花光了银子，并以此作为借口加以搪塞。

不过，此时即使将胡雪岩打死骂死也无济于事，钱庄老板只得将胡雪岩扫地出门。

胡雪岩做出了这等"傻事"，一时被杭州的金融界传为笑柄。私自将钱庄的钱赠予人，这个小伙计的胆子也真够大的，以后谁还敢用这样的人啊？胡雪岩深知自己在杭州已无法立足，只好去了上海，经别人介绍，在一家妓院里打零工，专做一些扫地挑水的粗活。

日后提及此事，胡雪岩说道："襄助王公进京投供，事后连累我丢了饭碗，我当时一点顾虑都没有，更没有半点后悔的意思。为此遭受生活的困顿，为了生计四处奔波，受人歧视是在所难免的。可是，人一生如果不经受挫折，怎么能功成名就呢？只会享受生活安逸的人，志向不会广大，想成就一番事业，必须经受得起磨难，眼光更要放得长远。"

王有龄北上途中，也算好运，遇到了"总角之交"——时任江苏学政的何桂清。有了这层关系，王有龄回浙江后，很快就成了巡抚黄宗汉的红人，顺利成为了"海运局"的坐办。此后，王有龄官运亨通，在政界上很快得以青云直上。王有龄当然知道饮水思源。为了报答胡雪岩，王有龄对梦寐以求拥有自己钱庄的胡雪岩给予了大力的支援。王有龄以巡抚之职通令全省："凡在自己管辖范围内的公款往来，必须由胡雪岩的阜康钱庄来汇兑，否则不予接纳。"胡雪岩凭借王有龄的权势，创办自己的"阜康钱庄"，短短10年，家财暴增至数千万，富可敌国。

商场上，任何一笔生意都需要付出一定的投资，有投资才会有回报，这是一个千年不变的真理。胡雪岩资助王有龄也是一种投资，而回报就是日后的飞黄腾达、日进斗金。和现代商场相比，我们投资设备、技术、场地、广告等方式不一样的是，胡雪岩投资的是人才、是势力，也是自己的梦想。

那么从胡雪岩身上我们能得到一些什么启示呢？

第一，要选择好自己的投资方向。

商场上，除了要对设备、技术、广告等常见的方面进行投资之外，还要对诸如人才、势力、前途等不常见的方面进行投资。试想一下，胡雪岩如何从一个钱庄伙计、妓院杂工转换成清末第一大商人的？他的起点是什么，阶梯是什么？并不是王有龄本身，而是胡雪岩拿500两银子资助王有龄的这个举动。

通过这个举动，王有龄"咸鱼翻身"了，胡雪岩也"咸鱼翻身"了。500两银子的投资从商业角度来看，是成功的投资、双赢的投资。

第二，要善于进行优势对比，利用别人来做事。

或许很多人都会问：胡雪岩为什么不拿500两银子给自己捐个官，而非要去资助王有龄？按照一般人的想法，自己当官不是更好吗？不是更能光宗耀祖、扬名立万吗？用商业的眼光来看，自己做这个项目不是更好，为什么非得要通过别人来做这个项目呢？

其实，这就是胡雪岩的英明之处了。胡雪岩和王有龄相比，显然王有龄在官场上更加有资本、有潜力。一是因为他父亲已经在官场之上经营了一辈子，虽然没有什么大的作为，但至少留下了自己的影响。另一是王有龄在这种耳濡目染的过程当中，已经渐渐地适应了官场的生活。所以，做起事情来，王有龄比胡雪岩更加游刃有余。

放在现代商场来说，同样一个项目，王老板出面做100%会盈利，而张老板出面做说不定只有10%的机会能盈利，那么按照双赢的理念，为什么不由张老板出资,而由王老板出面呢?这样不是投资更少,而盈利更多吗?我们都知道,投入和产出的差距就是盈利,胡雪岩在这一点上,算得非常精确。

另外,胡雪岩其实还考虑到了一个"人性"的问题:避嫌。自古以来,为官者都会避开为商,两种身份的重合不会让别人觉得你有多厉害,而只会让人怀疑你是不是在利用权力为非作歹,从而在无形之中削弱自己的人际效应。为商者能攀上为官者作为自己的后盾是一种能力;而如果为官者自己为商,就会戴上"奸商"的帽子。

第三,要自己挣钱,就必须先帮别人挣钱。

如果说胡雪岩在这场投资当中当了一个"投资人"的角色,那么除此之外,他还当了一个"幕后推手"的角色。胡雪岩对王有龄的恩情并不仅仅是资助而已,其实在后来的合作当中,胡雪岩还通过自己的钱财将王有龄推到了台前幕后,不仅让他当了盐运大使,也当上了县令、巡抚……可以说王有龄的成功,胡雪岩的帮助是必不可少的。

那么胡雪岩为什么要这么做呢?很简单,为了自己的利益着想。王有龄官越大,也就意味着胡雪岩的靠山越大,那么他的生意也就越做越大,越来越好做,收入也就越来越多。这同样是一个"双赢"的游戏模式。

在商场上,不要嫉妒你的合作者,因为合作者的钱挣得越多,也就意味着你得得也就越多。很多目光短浅的商人总是在看到合作者挣钱的时候想方设法地使坏,和对方抢利润。这不是明摆着搬起石头砸自己的脚吗?记住一句话:只有你先帮别人挣钱,别人才能帮你挣钱,这是对双赢模式最好的解释。这一点,两个世纪之前的胡雪岩就运用得非常好了,那么他能不成功吗?

当然,胡雪岩做的这一切都是围绕着自己的志向展开的,可以说,无论是500两银子,还是王有龄,甚至是他身边的一些人,都是商人胡雪岩的一颗颗棋子,任何一颗棋子,都能给他带来意想不到的利润。棋子多了,收入自然也就多了,志向也就完成了。

胡雪岩商道箴言

胡雪岩的性格和成长环境决定了他日后不是一个平庸的人，因为生活的贫困、坚强的性格让他从小就立下了很大的志向：拥有很多很多的钱，不再让别人看不起。俗话说，有多大的能力就做多大的事。这是对于做事情而言，而对于诸如胡雪岩之类的商人来说，则是有多大的志向就做多大的事。

不想当大商的商人不是好商人

都说志是心之所向，力之所因，神之所聚。人们从小就被老师、家长教育"人生设计，立志最重要"。然后大讲特讲、大说特说高远志向的好处：它能把光明的希望洒满心田，能唤起所有积极的精神力量，能驱动人爆发出青春蓬勃之气……的确，古今中外大凡有大成就者，都是从小就有一个远大的志向。

胡雪岩小时候只是一个贫苦人家的放牛娃，但是他能一步步走向成功，最后成为著名的红顶商人，财产富足、家庭殷实，这和他有远大的志向是分不开的。

胡雪岩10岁的时候，父亲就过世了。因为胡雪岩是老大，所以父亲临终的时候，把他叫到床边，嘱咐他说："欲兴吾家，其唯顺儿乎！"他这也就是告诉胡雪岩：你要好好做人，好好做事，我们胡家以后就靠你了。正是这句话，奠定了胡雪岩最初的梦想。

作为家里的老大，胡雪岩深知自己必须承担起养家的重任。作为安徽人，他想到的唯一担当家里重任的方法就是成为一名出色的商人。因此，他才会在当学徒的时候能吃苦，什么杂活都干。每天早早起床后他就替师傅师兄们倒夜壶、倒洗脚水，然后扫地、买早点，接着就到店面帮着擦桌抹凳。而且其他各项工作合格率也都是100%。

他为什么能这么用心、吃苦？原因只是在于他的梦想是成为一名出色的商人。所以，在他看来，他这个什么都不会也没有念过几天书的学徒，任何一名商场中的人、任何一件生意场上做的事，他都需要虚心地学习、借鉴。

　　因此，除了吃苦，胡雪岩还会动脑子。因为他深知那句话：伙计不动脑，永远是伙计！而他的目标是掌柜、是东家。所以每天开店后，如果有客户来办理事务，胡雪岩就立于一旁，见机做事，慢慢锻炼自己与客人接洽的能力。

　　在这个过程中，他自己尽可能地给那些客人提供便利。这种做法自然会博得客人们的认可，碰到客户心情好，还可以得几个小费。这些小费胡雪岩却没有像其他懵懂孩子一样乱买糖果，他除了把大部分交给母亲外，自己留下一小部分存着。这个时候他还没有学会理财的本事，只是在钱存到了一定的数目之后，就时不时上街去买些瓜子糖果之类的小吃孝敬那些年长的伙计。甚至逢年过节，他送给老板娘的东西更不会少。虽然都是些针头线脑或者头饰之类便宜的东西，但胡雪岩已经开始在当学徒的过程中累积商人必备的为人圆滑之道了。

　　有了梦想的支撑，胡雪岩不仅进步很快，还有了步步高升的念头。于是一次偶然的机会，胡雪岩打听到杭州的信和钱庄要招伙计，就兴奋难抑，毅然辞掉火腿行的工作，去杭州投考。那个时候刚刚开始成长的胡雪岩觉得能够在杭州这个大都市的钱庄里做学徒，看着熙熙攘攘皆为利往的长衫豪客，自己学到的东西肯定会很多，成长也必然会很快。事实证明，他的职业规划太正确了。

　　之后，胡雪岩一步步向着自己的人生方向大踏步前进，并最终达到了成为一名大商人的愿望。

　　这充分说明了人的高远志向对人的巨大推动作用。如果不是那个"成为大商人担当家庭责任"的念头刺激他，胡雪岩就不会在如同黑砖窑一般的地方任劳任怨地辛苦当学徒，也不会一步步学习、学会、学懂那些经商的秘诀，成长为一代大商。

一个人有了远大的志向，才会有目标，有了目标，才会有实现它的冲动。继而，在此基础上，才会有动力，才会为了实现计划和目的而努力，才会有成绩、成就，然后一步步、一点点地向志向靠近，最终实现它。

专心致志，收获无尽厚礼

要坚持不懈地去做事

一个人无论做什么事情，最不可缺少的就是恒心、毅力。任何事要么根本不做，只要认为值得去做，而且下了决心之后，就一定要克服艰难险阻，始终如一地做下去，而且一定要做出个样子来。因为，这是取得成功的基本前提之一，胡雪岩就特别看重这一点。

太平军攻占杭州后，杭州城里许多人和事都发生了变化，但只有更夫没有变。无论是杭州被太平军占领期间，还是最后被朝廷收复，做了十几年更夫的周老汉从始至终地每夜按时打更，从没有因任何事情而间断过一次。几经战火，杭州城刚刚为清军收复，城内房倒屋塌，十分凌乱，这太平盛世的打更之声，让人听起来有一种安定、恬适、振奋的感受，使久经战乱、身心疲惫，在战乱刚过重返故里的第一夜，就听到了那熟悉的打更之声的胡雪岩也为之动容。在这样的战乱年月，更夫依然不改初衷地坚持打更，这实在是太难得了，想到这里，胡雪岩顿时对这位打更之人肃然起敬。于是，他开始打听这位打更之人的背景，当了解了之后，胡雪岩更是对这位更夫感到敬佩万分，当即决定把他收到自己的门下，并委以重任。胡雪岩为什么这样做呢？用他自己的话来说："像更夫这样敬业执着的人，能为自己的生意帮大忙、做大事。"胡雪岩认为更夫不论是在和平年月，还是战乱年月，都能从始至终地坚持做自己的事情，这是非常"了不起"的。他说："世界上很多事本来人人都能做，只看你是不是肯做，是不是始终坚持地去做。能够这样，就是个了不起的人。"

胡雪岩说的"只要始终坚持做事的人就是了不起的人"，与他经常说的"凡事要么不做，要做就要像个样子"含义是完全一样的，都是强调要想成功不仅要树立目标、自信，更重要的是能踏踏实实地始终坚持做事。

生活一直在不断考验我们，唯有那些坚持不懈去做事的人才能得到最大的奖赏。坚持不懈去做事，可以移山，也可以填海，更可以从芸芸众生中脱颖而出，成为成功之人。

俗话说，"任尔东西南北风，咬定青山不放松"。坚韧精神是一种成功的素质，是一种坚强的意志力，是成功者必备的品质。

而这种坚韧精神的必备前提，就需要拥有坚持不懈去做事的态度，试问，诸事百业，有哪一种可以不依靠坚持不懈去做事而获得成功的呢？

坚韧的意志是一种心智状态，是可以培养的，主要包括目标坚定、自立自强、计划确实、认识正确、善于合作和养成良好的习惯等七个方面。而要将坚强的意志力培养成习惯，有四个简单的步骤。这些步骤不需用大量的智慧，也不必有多深的教育背景，只要用一点点时间，下一点点功夫就足够了。

四个简单的步骤：

第一，有灼烧的热切渴望，支持自己实现确切的目标；

第二，以连贯的行动执行确切的计划；

第三，把持住不为负面影响牵动的心，包括亲友的负面影响或暗示；

第四，和一名以上鼓励自己执行计划、追随目标的人建立友好的友谊。

在各行各业中，想要出人头地，成就雄心壮志，这四个步骤都是不可或缺的。

这些步骤，是控制一个人经济命运的步骤；是指引人走向思想独立自由的步骤；是指引人走向或大或小财富的步骤；是指引人走向权势名望和举世认同的步骤；是保证有利"突破"必然造访的步骤；是化梦想为现实的步骤；也是指引人走向驾驭恐惧、掌控失意挫折、主宰冷漠淡然的步骤。它就是培养你具有坚强的意志力的捷径。

坚持不懈去做事，是克服漫漫人生路上数不尽的艰难险阻的利器，是成功者必备的素质。没有坚持不懈去做事的毅力，一遇困难，便会半途而废，成不了任何事情，人生又怎会出色？

在商场上也是一样，由于急功近利的心理在作祟，使得很多人在经商的时候，希望能在最短的时间内获得最大的利润，然而结果往往并不遂人所愿。这就是由于人们缺少坚持不懈去做事的心态，急着想要得手，结果事与愿违。

坚持不懈去做事，特别需要勇气，对一个理想或目标全身心地投入，而且要不屈不挠。就像白朗宁所说："有勇气改变你能够改变的，愿意接受你无法改变的，并且明智地判断你是否有能力改变。"因此，追求人生目标的决心越坚定，你就越要有坚持不懈去做事的心态和韧性去克服困难。当然，这里所谓的坚持不懈去做事，是指动态的而非静态的、主动的而不是被动的，是一种主导命运的积极力量，而不是向环境屈服。

当然，也许有人认为要取得非凡的成功，就必须有非凡的才干。但比较而言，脚踏实地、实实在在的工作精神，实际上更加重要。这是因为事在人为，在于自己能从始至终地努力去做。如果一个人成天做黄金梦、老板梦，在施行行动的时候却只是三分钟热情，从此之后就躺在床上睡大觉、做美梦，这种浅尝辄止的行为，无论做什么事情都只能半途而废，即使你有再多才能、有再远大的理想，没有坚持不懈去做事情的韧劲儿，那么也不会有天上掉馅饼的好事降临到你的头上！所以，坚持不懈去做事的精神在一个人奋斗的过程中是必不可少的一种心智。

胡雪岩商道箴言

世界上很多事，本来就用不着才干，人人能做，只看你是不是肯做，是不是一本正经地去做。能够这样，就是个了不起的人。

要一本正经地去做事

一个人要有大自信，才可能有大成功，这是问题的一个方面。与此紧密相连的是，一个人要获得成功，还必须真正踏踏实实地去做事。这是一个渴望有大成功的人必须具备的又一项素质。胡雪岩曾说过："只要肯一本正经地去做事，就是个了不起的人。"这与他经常对自己的雇员说"凡事要么不做，要做就要像个样子"意思是一样的，也就是强调不仅要能立志，有自信，还要能踏踏实实地去做事。

从某种意义上说，他概括了一个成功者之所以能够取得成功的最重要的秘诀。诚然，做生意的确需要才干，但是，脚踏实地、锲而不舍实际上更加重要。道理很简单，因为立志在人、谋事在人、成事还是在人。

很多人都知道，香港巨商李嘉诚就曾经做过很长时间的推销员，整日穿梭于大街小巷。

他每周工作 7 天，每天工作 16 个小时。除工作外，他还要晚上进修，抽时间学习英语、阅读报刊，甚至在事业上有了辉煌成就后，仍然不断进修，从中英文报刊上汲取知识，绝不放过任何学习机会。1984 年 8 月，长江实业的一位高级职员将一篇翻译文章给他，他接过一看，马上就说出了它的底细：

"这不就是《经济学人》那篇文章！"

李嘉诚年轻时养成的一丝不苟、勤奋努力的工作态度一直保持到现在，他每天的工作日程都排得满满的，他的手表永远比别人快 10 分钟，为的是不耽误下一个约会。

闻名中国留学生界的新东方教育集团总裁俞敏洪，也是这样一位踏踏实实干出事业来的人。

1978 年，恢复高考，俞敏洪赶上了这头班车，不知是命运之神为了考验他还是为了刁难他，在这之后，他多次与大学之门擦肩而过。但他没有气馁，一次又一次信心百倍地走进考场。第三年，他终于如愿以偿地走进了北京大学英语系，也开始了与英语那剪不断的绵绵情结。毕业后，他在北大教了 7 年英语，在这 7 年里，他虽然默默无闻，却有一颗"不安分"的心在涌动。面对一位位走出国门的昔日同窗，他也参加了 GRE、TOEFL

考试，但国外大学却没有录取他。

在这种困境下，他开始"下海"办"托福"的补习班，其最初的目的只是为了赚够学费自费出国。别看这个出发点有些卑微、简单、直白，但也正是因为有了这个班的初步体验，才会有后来那个让人神往又有些不可思议的神奇故事。

创业的艰辛让他刻骨铭心。冬夜，他拎着浆糊桶，骑着自行车满大街张贴自己用毛笔写的"托福"补习班广告。

经过了10天的等待，却只有两名报名者。在此期间，他开始反思中国的英语教学。在中国的教育体系里，英语一直被作为一门学问、一门知识，而不是作为一种交流的技能；教学过多地注重语法分析，学习以考试为目的，学生将主要精力放在课文分析和死记硬背单词上，而不注意表达技能的训练。英语成了"死语"，"哑巴英语"成为一种普遍现象。

为了避免重蹈覆辙，在整理、总结自己学英语的经验和教训的基础上，俞敏洪创造出了一种"俞敏洪激情教学法"。他在中关村一所中学租了间教室，办起了免费"托福"补习班。于是，俞敏洪的名字开始被学生认识、记住并传播开来。后来，他又陆陆续续在北京很多地方办过讲座，每一次讲座的反响都让他感动不已，他开始意识到在中国有自己所追求的事业理想。

1993年，又一股出国热冲击着神州大地，但专业化的出国考试中心却寥寥无几，俞敏洪感觉到这是一个商机无限的新生地带，他在绝望中终于看见了希望的曙光，虽然那还只是依稀可见。就在这一年，俞敏洪正式挂起了"新东方学校"的牌子，办起了TOEFL，GRE，大学英语四、六级各类辅导班，学员也发展到了3000多人。

就这样，在不断的摸爬滚打中，俞敏洪终于放弃了出国的念头，他要留下来，将"新东方"办成中国一流的出国培训权威机构。有了稳固的后方和明确的信念，"新东方"步入了迅速发展的黄金时期。1995年，学校学员已达15000人。目前，每年的正式学员已达50000名，这已是一个相当庞大的数字了。

有一句名言说"天才=99%的勤奋+1%的天赋"，对于成功的大商人来说，何尝不是这样呢？

胡雪岩商道箴言

自古以来,没有一个成功的商人不是在艰难困苦中凭着一股锲而不舍的韧性,从一点一滴的小事一步一步干出来的。

诚一专注,致富有径

"山田刷子店"是一家专售单一产品——刷子的老字号商店,由现任老板山田友弥往上追溯,已有三代之久。从祖父到孙子,刷子店一直信奉:特色、精品。

从爷爷到孙子,刷子店越办越有特色,越办名气越大,日本不少商人都跑很远的路程,专程到刷子店订货。

刷子店一直坚持凡是本店出售的刷子,其质量必是天下一等,因而刷子店的货深受全国工匠的信赖,赢利也就十分可观。山田刷子店的第二个绝招就是品种齐全,从油漆工用的刷子,到家庭主妇用的刷子;从酒厂刷瓶子用的刷子,到科学家做试验用的刷子是应有尽有。可以说,只要天下有的刷子,山田刷子店就有。

胡雪岩深谙商业精髓,因而能诚一专注,致富有径。胡雪岩在信和钱庄从学徒做起,做到一般伙计,再到催账先生,对钱庄的运作了然于胸。离开信和钱庄后,在王有龄的帮助下,胡雪岩开办了阜康钱庄。因胡雪岩眼光独到、经营有方,阜康钱庄的业务发展得很快,在全国很多地方有了分店。按理说,这时的胡雪岩腰缠万贯,投资其他行业也可以。胡雪岩知晓欲速则不达,阜康钱庄虽然在全国有了许多分号,但只徒有规模。在服务质量上与老字号的山西钱庄相比,还差得远。因此,胡雪岩诚一专注地经营阜康钱庄,积蓄力量,以待时机,而不是贸然投资其他行业。这样阜康钱庄更加蒸蒸日上,胡雪岩本身也积累了实力。

在现代社会中,分工越来越明确,企业必须明确自己的定位。单品商店具有浓郁的个性特色,很适合现代化的特性,因而能取得丰厚的利润。美国的肯德基、麦当劳是餐饮业的两大巨头。它们都经营着自己的特色产品，而不跨越其他行业，从环境到服务质量全面着力，办出了自己的特色，每年的利润都相当可观。这种单一经营的方式，在我国也不少，像北京一所专营筷子的商店，各种筷子应有尽有。一所专营扇子的商店，令顾客流连忘返，在满足众人购买佳品的同时，又能大饱眼福。还有那些单卖一种食物的包子店、烤鸭店、蒸饺店等，由于办出了自己的特色，也吸引了全国各地慕名而来的顾客。

如果说山田一家以经营刷子而闻名于世，美国企业家艾福雷德·佛勒则以制造刷子闻名于世。

艾福雷德·佛勒创办佛勒制刷公司时，只有他一个人，他的资金很少，场地只是一个地窖。晚上，他钻进地窖里赶制刷子，白天则背着刷子挨家逐户向人们推销。艾福雷德·佛勒十分讲究刷子的质量，他的刷子虽然价格高点，但比一般刷子寿命长得多。他生产的一种用铁丝缠捆的毛刷，即使长期用后毛都秃了，也不会掉毛。由于良好的质量，佛勒的刷子十分畅销。于是他从地窖中搬出来，买了机器，办起制刷工厂。他与美国军方联系，签订了一份合同，由佛勒制刷公司提供各种枪刷400万把。这笔订货使佛勒赚了一大笔钱。

从枪刷得到启发，佛勒不断开发刷子的品种，扩大刷子的应用范围。至今，佛勒公司生产的刷子应用在各个领域，从民用到军用，多达几百个品种。从繁华都市到偏僻乡村，到处都有佛勒公司的推销员在活动。

世界是复杂的，我们身边有很多值得开发的东西，小小的日用品，只有办出自己的特色，才能够以质取胜，就能吸引买主，有销路就有利润，就可以扩大生产，一步步做大，形成规模效应、品牌效应。

身边商机无限，只要像胡雪岩那样诚一专注，抵御其他诱惑，心无旁骛地做好自己现在做的事，就能致富有径。同样，在生产产品时，也应注意"宁精勿杂，宁专勿多"，找到自己的专长，以质取胜，才能打动顾客。

选定目标，就要义无反顾

风险大，机遇更大

人们常说"时势造英雄""识时务者为俊杰"。不管是"英雄"还是"俊杰"，他们与时势的关系都是辨证的。一方面，时势是英雄人物出世的前提和土壤，但是它仅只是为英雄提供了出世的可能性，因为英雄能否出世还是未知数；另一方面，一个人要成为真正的英雄，他必须能够把握机遇、驾驭时势。

胡雪岩所处的时代为他的成功提供了一个不可多得的土壤。

那时候，是朝廷与太平军交锋的最关键时刻。高峰对抗之后，太平军节节溃败，太平军逃亡兵将不绝于途。他们于乱世之中，不敢随身携带大量金钱，必须找到可靠的钱庄存下，等局势稳定之后再来提取以安身立命。但是钱庄私自吸收"逆贼"的存款是要冒很大风险的。一旦将来太平天国败亡，清朝廷肯定要追缴太平军将领们的"逆产"，万一查到，那就有"助逆"的嫌疑，要被判予极刑。因此，很多钱庄老板都不敢以身试法。

但是，吸纳太平军逃亡官兵的款项，是看得到的利润，这对胡雪岩的诱惑实在是太大了。如果接收到这笔钱财，将会使钱庄的原始积累骤增，进一步扩大钱庄的实力，然后钱庄可以源源不断地向买官的各地候补官员放贷，收取稳定的利息。更诱人的是，对这些太平军兵将的存款不必支付利息。而且，如果有些在钱庄存款的太平军官兵死于战乱或被清军捕杀，那么，他们的存款便再也不会有人前来提取，这就成了钱庄事实上的永久存款了。在这个动荡不安的社会中，这种千载难逢的机会，以胡雪岩的商人性格，又怎么会轻易地放过呢？可是信和钱庄的张胖子不敢接这笔生意。张胖子觉得胡雪岩的做法虽不违背常理，但却违反法律。

可是胡雪岩却有胡雪岩这样做的另一层道理。在他看来，犯法的事情自然是不能做的，但做生意要知道灵活变通，尤其在现钱使用上，要能在可以利用的地方伺机腾挪。比如，朝廷的王法本来是有章有目、有板有眼的东西，朝廷法律怎么说，我就怎么做，不越雷池一步，这就是守法。而朝廷法律没有说的，我也可以按我的意思去做，王法上没有规定我不能做的，我做了也不能算我违法。胡雪岩的意思很清楚，不能替"逆贼"隐匿私产，自然有律例定规，做了就是违法。但太平军逃亡将士绝不会明目张胆以真名实姓来存款，必然是用化名来存款。朝廷法律并没有规定钱庄不能接受别人的化名存款，谁又能知道存款人的真实身份？既然不知道他的身份，又哪里谈得上违法不违法呢？

胡雪岩以这种诡辩的心法进行解释，无疑是给自己的心理上增加砝码，但也确实透露出他头脑的灵活和手腕的不凡。胡雪岩"伺机腾挪"的说法和做法，套用我们今天的一种说法，也就是所谓的钻空子，在法令法规不尽完善的地方钻"空子"。不过，在那个法律条文朝令夕改的时代，从事过商业活动的人都知道，钻空子有时确实也是一种很有成效的商业运作手段，在市场还处在由无序化向有序化发展的过渡时期，有魄力、有心机的经商者，往往善于发现一些还尚待完善的法律漏洞，使自己在激烈的商战中保持主动和领先的地位。循规蹈矩，有关法令法规明文规定不能做的决不去做，在模棱之间，可能承担几分风险的事情，又不敢做也不知道怎样去做的人，恐怕很难在乱世的商场中干出大的成就来。

胡雪岩对待"逆产"的想法和行为，还有第二种说法，称之为打"擦边球"。但"起板"打"球"的人必须先弄清自己确实是打"擦边球"，而不是"界外球"。"擦边球"是好球，而"界外球"则是坏球，而且，商场上打了坏球，结果不仅仅是失分的问题，它带来的后果，常常就是悲惨的出局，会受到相应的惩罚。这里有一个"度"的把握，其中的机理，实在只可心悟而不可言传。

这种特殊的环境下，胡雪岩在他的生意由创业而至鼎盛的过程中，最善于洞察局势、随机应变，每桩生意几乎都是在风险变化中运作成功的。

比如，钱庄生意主要是通过兑进兑出来赚钱。兑进，自然是吸收存款以做资本，而兑出则是放款。兑出是赚借贷人的利息，自然是利息越高越好。表面看来这种生意只要把握时机，随银价的起落浮动调整好兑进兑出的利率，就可以稳稳当当坐收渔利。这种将本求利、平平淡淡的运作方式当然也可以赚钱，但终归不是做钱庄生意的"大手笔"。而要做出"大手笔"，兑进兑出都会有风险。

从兑出说，放出的款要高利收回，就要找大主顾。大主顾做大生意要大本钱，能有大利润也就不在乎借款利率的高低，向这样的主顾放款，自然收回的利也就高。但借贷者的生意获利越大，所担风险也大，款放给他们，自然也要担风险。万一对方生意失手，血本无归，自己放出去的款也就可能无法收回，一笔放款也就等于放"倒"了。比如，在朝廷与太平军交战的兵荒马乱的年月，米商借款贩运粮食，获利就极大。获利极大，风险也极大，放款给他们就不能不考虑考虑。因此，胡雪岩兑出则主要物色那些急于买官且很有希望买到官的人。这不仅可以稳赚利息，而且还有可能落个大人情。

从兑进说，当然最好是有储户存款不要利息。这种情况不是没有，如胡雪岩代理官库，这个要承担的风险小一些，而有些则会承担很大的风险，如接受太平军逃亡兵将隐匿私财的存款，太平军被镇压之后，朝廷自然要追捕"逆贼"，按惯例也必定抄没他们的家产。万一追查"逆产"到钱庄，钱庄人不仅要如数上报、被迫收缴，而且还有可能被判以"助逆"治罪。如果被捕的太平军将来遇赦开释，来钱庄要取回自己的存款，按规矩钱庄必须照付，这样一来结果是鸡飞蛋打吃"倒账"了。

兑进兑出都有风险。因此，他事先就把事情的来龙去脉搞清楚，看是能做还是不能做，也就是权衡利弊，灵活变通。胡雪岩大胆做了太平军逃亡兵将"兑进"的生意，做这生意时，他早已想好了退路，那就是万一官府追查，自己也有策略可以应付："他来存款时隐匿了身份，头上又没有'我是太平军'的标志，我哪里知道他是逃亡兵将？"这样至少可以开脱自己，不至于走上治罪的绝路。

牢固地掌握与灵活地运用机变与权变之理，在任何时候都注意给自己留下退路，这是一个高明的商人，每一次出击之前都要深思熟虑地纵观全局。生意场上瞬息万变，许多事情都难以预料，因此，再有本事、实力再强的人，都不敢说自己做生意永不失手。生意场上几乎没有零风险，获得多少与所冒风险的大小成正比,生意规模越大,获得越大,风险也就越大。

胡雪岩对当时的时局了解得非常透彻,所以他有一套独特、熟练的应对之策,机变与权变能灵活变通。这是他得以成功的法宝。其实,无论过去、现在还是未来,政治和经济历来都是社会生活的两个重要方面,任何一个想在经济领域有所建树的人,都不能不考虑政治因素。

> 凡是会钻营的人都善于机变与权变,无论过去、现在还是未来,政治和经济历来都是社会生活的两个重要方面,任何一个想在经济领域有所建树的人,都不能不全面、谨慎地考虑其因素。只有这样才能在政治上做到游刃有余,在财源上做到有的放矢。

胆大成事,胆小误事

从来没有人希望自己的生意出事,也从来没有一个不出事的生意人。那么,当危机、困境来临的时候,应该如何应对呢?胡雪岩的经验是:"越怕越误事,索性大胆去闯,反倒没事。"

有一次,杭州被太平军团团包围,此时已做浙江巡抚的王有龄,在率领杭州军民坚守1个多月后,终致粮草用尽,遂派胡雪岩冒死出城筹办粮食。胡雪岩从杭州历尽艰辛来到上海,在古应春、尤五等朋友的帮助下,很快采购了1万石大米,又准备冒死运去杭州。古应春等考虑到凶多吉少,劝阻胡雪岩不要回去。

胡雪岩也知道运粮到杭州和来时一样充满了危险。此时江苏、浙江大部分地区都已为太平军占领,自上海至杭州,一路上太平军关卡重重,胡雪岩在江浙一带本来就负有盛名,几乎无人不知,甚至在太平军兵将中,都有许多人知道他,认识他的人也不在少数,因而几乎没有办法隐藏自己的身份。如果被太平军认出,而且又是为杭州城里的军民送粮,则将必死无疑。另外,杭州被困,与外界联系已完全阻绝,即使粮食运到杭州城下，也没有办法送进城去。

但是，胡雪岩还是准备运粮回杭州，至于危险，胡雪岩说了一段既是安慰古应春夫妇，同时也是很有道理的话。他说："我当然不会闯到末路上去。我说的闯，是指遇到难关，壮起胆子来闯……这一路来，我遇到太平军，实在有点怕，现在我不怕了。越怕越误事，索性大胆去闯，反倒没事。"

胡雪岩的这番话，当然不是指商事运作过程中，发生不利情况甚至遇到危机时的做法。但是，他从自己的这一次亲身经历中得到的经验，即"遇到难关，壮起胆子来闯"和"越怕越误事，索性大胆去闯，反倒没事"，把它用于生意活动中危机或困难到来时，也是十分合适的。

这里实际上说到了一个人在面临危机、遇到难关时必备的心理素质问题。在危机到来的时候，确实需要有能够"壮起胆子"而处变不惊的坚强的心理素质。只有"壮起胆子"，才能真正冷静而准确地判断局势，为自己找到一条"闯"过困境的路来。如果不能处变不惊，就会由惊慌导致失措，在困境中越陷越深，直至不能自拔，无可救药。许多生意人在关键时刻棋输一招，多数时候是首先输在了心理素质上。

而一些大商人更是有"置之死地而后生"的勇气和自强的方法。松下幸之助便是这样开始他的传奇商业生涯的。

在松下幸之助辉煌的一生中，最具决定性的日子是1917年5月15日。这一天，他经过长期徘徊，终于做出了一个令人震惊的决定——辞掉了令人羡慕、还没干满2个月的电灯公司检查员的工作，从此踏上了一条充满艰难险阻而又波澜壮阔的人生之路。

那天，松下幸之助起得很早，把辞职的理由在心里念了一遍又一遍："不能再犹豫了！越怕越误事，男子汉要有决断的勇气！"

这天，公司主任原本打算派他去执行一项重要任务，还没开口，松下幸之助就将写好的辞呈交给了主任。主任看了他的辞呈，非常吃惊而又疑惑不解地问：

"松下君，我并不想挽留你。但是，你今年开春才升任检查员，辞职不是太可惜了吗？公司对你这样器重，你是前途无量呀！你辞职后能做什么呢？坦率地说，我不是给你泼冷水，而是认为这根本行不通，你可得三思而后行啊！"

主任的话使松下幸之助的信心有点动摇了。本来，松下幸之助从实习生开始，就有了创业的念头。他15岁进入电灯公司做实习生，这里的实习期通常需半年到1年，松下因为好学上进，只3个月就被提升为内线员。他的脱颖而出，令众人不敢小视。松下幸之助认定电气是个极具发展前景的行业，因而十分钻研技术，并立下"要以此创业"的野心。

那时的电气工都以求知为新潮，他也下决心读夜校，经过一年的努力拿到了预科文凭。接着，他又进了电机科就读。这种学习跟他从事的职业密切相关，但松下幸之助却感到极为困难，因为他只受过4年的小学教育。于是松下知难而退，中途辍学了。他的父亲松下正楠安慰他说：

"只要做成大生意，你就可以雇用许许多多有学问的人为你服务，因此，不要在乎你有多少知识。"

于是松下幸之助把当专家的愿望变成了当老板。他15岁入电灯公司，由于技术精湛，22岁就当上了检查员。该公司还没有过像他这样年轻的检查员，公司也对松下寄予厚望，但松下却感到寄人篱下，压制了自己的能力。因为在常人看来，检查员是电灯公司稳定的铁饭碗，松下却不喜欢。然而，松下要自立门户创大业，他也徘徊犹豫了好久。

首先，他没有资本，虽然通过几年的工作，他感到自己有一种管理的天赋，但没有启动资金，怎么自立门户办厂呢？其次，人总得要生存，一旦辞了职，没了工作，生活怎么办？而要创一番事业的路又十分艰难，什么恶浪都可能遇到，如果干不成功怎么办？

一方面是他想自立门户创大业的强烈渴望；另一方面又是创业之路的艰难，这两种感觉在他的心中斗争了好久好久，最后他终于下定了决心，准备大胆去闯，先辞了职再说，置之死地而后生。主任的话在他心中产生的波动也很快平静了下来，松下用果断的口气说：

"谢谢主任的关心，我已经下定决心了！还是让我辞职吧！"

就这样，松下幸之助完全摒弃了常人那种患得患失的心态，毅然辞去了令人羡慕的电灯公司检查员的工作，开始了白手起家创业的道路。他的自存资金不到100日元，又从朋友和原来的同事那里借到100日元，在自己一家人居住的简陋平房里，腾出一间屋子，建起了最简单的电器厂——

电器作坊。从此,他更加大胆去闯,终于成为一位伟大的企业家。

> 创业之路是艰难的,越胆小越误事,索性大胆去闯,说不定会走进一片光明的大世界。遇到困难时,也索性大胆去闯,往往会化险为夷。勇往直前永远是强者的武器。

富贵险中求,刀头上的血也要舔

勇气是一个人在面临危机、遇到难关时必备的心理素质。商场上往往要与对手狭路相逢,一般人总是信心不足,不战而败。然而,胡雪岩做生意不仅善于发现机会,而且更善于通过铤而走险去创造机会。这就是人们常说的"富贵险中求"。

胡雪岩所处的时代,是一个社会动荡不安的大变迁时代。不仅有起义的太平军,还有各种帮派势力横行一方。

胡雪岩在湖州做生丝生意,原以为凭借知府大人的权势,百姓会源源不断地将生丝送到丝行来,但开业几个月,丝行生意始终冷冷清清、门可罗雀,眼见同行丝商生意兴隆,自己却无丝可收,胡雪岩不禁暗自焦急。凭借丰富的商业阅历和敏锐的商业嗅觉,他猜想其中定有蹊跷,于是,他派了一个贴心伙计四处打听,看看到底是谁在其中作祟。没有几天,派去的人回来向胡雪岩报告,胡雪岩才恍然大悟。

原来湖州的丝行统归"顺生堂"调遣,"顺生堂"虽是民间会社,来历却非同一般。

明朝崇祯四年,燕人洪盛英高中进士,官拜翰林,他为人精明练达、慷慨好义,豪侠之士纷纷慕名而来,投拜他门下,时人称他"小孟尝"。后来清军入主中原,洪盛英联合明朝遗民进行反清复明,最终战败阵亡。众徒被迫撤至台湾,创立了"运论堂"。此为江湖"洪门"最早的秘密会社,后为顺生堂。

现时的顺生堂堂主是尹大麻子,他在顺生堂颇有一定地位。尹大麻子的祖父是洪门盟主朱洪竹的关门弟子，凭着这点祖荫，尹大麻子自然成了湖州洪门的首领。他武艺不凡，又好勇斗狠，性情暴烈倔强，所以也算是地方一霸。

一次，顺生堂弟子因械斗犯案，被官府缉拿入狱，尹大麻子挺身而出，力保弟子无罪。官府向来对顺生堂心存几分敬意，但无奈王法面前又不好网开一面，知府大人为了让尹大麻子知难而退，便刁难他说："你若能将身上的肉剜下作保，可不予追究。"尹大麻子一听，毫不犹豫地手持牛耳刀，在大堂之上，众目睽睽之下，用刀尖从两颊剜起，一共剜下十五块蚕豆大小的肉块，鲜血淋漓，恰恰符合被押的十五个弟子之数。知府大惊不已，只好放了洪门弟子，赐酒为尹大麻子的义气嘉勉。从此以后，尹大麻子脸上布满了十五个疤痕，成了名副其实的"麻子"，却因此更得洪门弟子们的敬重。

胡雪岩听说此事，不禁暗自称赞，心想：如此侠义剽悍之士，只可做朋友，不可成仇人。胡雪岩当即备下了厚礼，冒险前往，登门拜访堂主尹大麻子。在去之前，胡雪岩特意向朋友郁四请教了洪门的帮规，做到知己知彼、百战不殆。

顺生堂远在湖州郊外，在一处僻静园林里。四周古柏参天、白鹤飞翔，树木葱茏处挑出飞檐翘角的古典建筑，此地原是道观改造而成的。

那天，胡雪岩等人来到顺生堂门前时，尹大麻子早已在门外等候，他身材魁梧，满脸黑肉，那十五块疤痕黑里透红，令人望而生畏。

尹大麻子带领胡雪岩拜过香堂，小厮在堂下摆上茶具，招呼客人入座。一套宜兴紫砂茶具，古朴大方，上等的碧螺春茶芳气袅袅。尹大麻子轻声喝退小厮们，操起茶壶自斟茶水。胡雪岩一下子被他的殷勤好客所感动，堂主亲自斟茶，面子够大了。但却看出其中蹊跷：尹大麻子将茶壶嘴对着茶杯把儿。胡雪岩猛然间省悟过来，这是江湖上茶壶阵的一个黑话，是在问：你到底是门外还是门内？

胡雪岩按照洪门的暗语，从容地将茶杯嘴对着茶壶嘴，重新摆定，意即嘴对嘴，亲对亲，都是一家人。

尹大麻子不语，将左手掌向上并拢三指，右手掌向下握紧四指，捧茶杯递给胡雪岩。胡雪岩知道他用"左三老、右四少"的帮规考问自己，便以左手掌向下搭在杯口、右手掌朝上托住杯底，将茶杯接过，此为"上三老、下四少"的手势，意为自谦。尹大麻子把两个衣袖头的上边翻开，用大拇指挡住。胡雪岩则顺便解开衣襟第二、第三个纽襻，表示胸怀坦荡，无所顾忌之意。做完这些，尹大麻子才完全放心，胡雪岩是真心结友，并非刺探。

尹大麻子仍不言语，继续在茶桌上摆弄茶杯。八个茶杯围成一个大圈，开口处置放茶壶，意即"虎口夺食，欺人太甚"。胡雪岩则将茶杯摆成双雁行，茶壶放在领头，回答他：兄弟同行，有福同享。

尹大麻子又把五个杯子摆成半弧形，将三个杯子倒扣在弧内，意为：权势压顶，鱼死网破。胡雪岩明白他指责自己倚仗知府势力强行收丝，表明不服的意思。胡雪岩便将一张5000两银票压在三个杯子下面，说明以票致歉，多有得罪。尹大麻子将两个杯子一个朝上，一个朝下，表示湖州地盘狭小，一山难容二虎，双方难以共处。胡雪岩笑笑，将八个杯子合在一起，又用茶壶在另一边倒一摊茶水。明白地向尹大麻子建议：我们一块合作，共同对付外洋。

尹大麻子眼睛一亮，起身向胡雪岩拱手道："幸得先生指点，几乎坏了大事！"

局外人并不知道他俩摆的茶碗阵内容如何，都对尹大麻子突然拜服感到诧异，就算洪门中的一些弟兄也是一头雾水，只有几个资格老的才明白其中玄机。胡雪岩依旧不语，颌首微笑，端起茶杯吹拂茶沫，一副心领神会的模样。

因为胡雪岩精于买卖行情，刚到湖州，便把当地收丝行情打听得一清二楚。按时价，当地每担上好生丝也不过二两银子，但据他掌握的情况，上海洋商出口到英伦三岛的每担生丝启运价就超过十两银子，两地相差五倍之多。胡雪岩见洋商利润之高而心里不平。他的不平并不是因为嫉妒，而是洋人盘剥的是中国人，自己感同身受。洋商在湖州压价收丝，一方面是因为湖州交通不便，百姓信息太闭塞，让洋人钻了空子。另一方面则是因为顺生堂为维护当地秩序，获得稳定财源而听任洋人压价，为"洋"作伥的结果。

胡雪岩打算同尹大麻子携手合作，垄断生丝收购，把洋人挤出湖州地面，便可同洋人讨价还价，提高生丝价格。

尹大麻子并不傻，他明知洋人收丝压价，苦于无好搭档合作，无法垄断生丝市场，所以当胡雪岩主动提出团结一致对付洋商时，尹大麻子如遇知音，脑中一亮，立刻放下架子，向胡雪岩致歉认输。尹大麻子深知以胡雪岩的财力，加上知府为后台，顺生堂若与他携手，这是多么理想的事情。一旦垄断可行，顺生堂的财源将如滚滚巨流，前景极为诱人。

胡雪岩也是自我感觉良好，心生得意之情，在茶壶阵中，他又胜了一招，于是两人不再打哑谜。

尹大麻子令手下摆上酒席，一时觥筹交错、推杯把盏，煞是亲热。席间，胡雪岩和尹大麻子约定，合伙做蚕丝生意，垄断湖州市场，把洋人挤出湖州。

以后许多年间，洪门在暗中一直为胡雪岩所用，成为打击洋商、垄断丝业的得力助手。

面对当时的洪门（相当于现在的黑社会势力），一般人必会心存畏惧，避而远之，更谈不上与其合作，但胡雪岩认为，要成大事，必须要有刀头舔血的勇气，"狭路相逢勇者胜"。因此，只有充分自信，方能自强；亦只有敢于担此风险，以诚交心、以柔克刚，才能创造出大的商机。

胡雪岩商道箴言

生意场上风险无处不在，面对风险：有的人勇往直前，越挫越勇；有的人则信心不足，不战而败。胡雪岩面对当时的洪门，表现出"富贵险中求，刀头上的血也要舔"的英雄气概。只要你以诚交心、以柔克刚，再强劲的对手也可成为你的合作伙伴。

觅己之长，果敢投资

生意人的眼光，不能只盯在自己那一亩三分地上，仅仅盯着自己做的那一行，即使你看得再远，也只能发展这一行，终究要受到限制。所谓"井底之蛙，看到的只是那巴掌大的一块天"。无论它在井底怎么跳跃，总逃不脱井口的限制，坐井观天，总是眼界有限。

胡雪岩做成第一笔销"洋庄"的生丝生意之后，立刻就注意到有两桩生意在乱世之中和乱世之后，都能给他带来滚滚财源。其一是典当业。胡雪岩之所以要投资典当业与他对当时各种生意行当的了解有关。在战乱频繁、饥荒不断的年代，居于城市之中的人，不要说那些没什么积蓄的穷家小户，即使稍有些积蓄的小康之家，也会不时陷入困窘之中。急难之时，常要借典当以渡急难，以致当时典当业遍布各地市镇乡埠。清朝同治、光绪年间仅京城就有当铺100余家。以胡雪岩开阔的眼界，他不会看不到这是一个可为的行当。事实上，胡雪岩真正产生进入典当业的原因，是他与钱庄下属朱福年的交谈。

朱福年是丝业巨商庞二开在上海的丝行的"档手"，胡雪岩在联合庞二销"洋庄"的过程中收服了他。朱福年原籍徽州，他的一个叔叔就是个老朝奉（典当业的管家），从小耳濡目染，自然熟悉典当业的行情。胡雪岩从朱福年那里知道了许多有关典当业的运作方式、行规等知识，了解了典当业利润丰厚，而且典当业和药店一样，无论时局好坏，都有生意可做，是一个比较稳定的行业。

这一番交谈坚定了胡雪岩投资典当业的想法。他让朱福年替自己留心典当方面的人才，而自己一回杭州，就在杭州城里开设了自己的第一家当铺"公济典"。其后几年，他的典当行发展到20多家，其范围包括浙江、江苏、湖北、湖南等华中、华南大部分省份。

但胡雪岩开办典当业，并不只是因为开典当行风险小、利润大，他认为"钱庄是有钱人的当铺，当铺是穷人的钱庄"，自己开典当行是为了方便穷人。而且典当行利润丰厚，日后成为他仅次于钱庄的第二大经济来源。

当时的当铺资本称为"架本"，按惯例不用银两而以钱数计算。一千文兑银一两，一万千文即相当于一万两银子。一般的典当业，架本少则五千文，多则可达二十万千文。平均也达一万千文左右，二十多家典当行仅架本就达二十多万两银子，而如果以"架货"折价，架本至少要加一倍。这样胡雪岩的二十多家典当行架本至少是四十万两。四十万架本以每月周转一次，生息一分计算，一个月就可净赚四万两银子，一年就有至少四十八万。而当时典当行架本周转一次,绝不止一分息的利润。就当时的记载,典当行取息率至少在二分以上。因此胡雪岩深知,只要这几十家典当行经营好了,自己就可立于不败之地。

这样看来,典当业是胡雪岩为自己找到的一条新的、能够赚钱的投资渠道。像胡雪岩这样始终向前看、向远处看,不断寻找投资方向,不放过任何一个投资机会,而且看得准,才真正是有大作为的商人。

英特尔公司董事长葛鲁夫为公司在计算机业界树立起领袖的威望做出了极大的贡献。他对计算机发展的成功预见使英特尔公司的产品左右着信息产业的发展。他曾经谈过他的预见妙法:要想预见今后10年会发生什么,就要回顾过去10年中发生的事情。1985年因为当时日本众多公司的密集"轰炸"般的倾销,葛鲁夫毅然放弃了已经非常成熟的存储器市场,转而掉头发展微处理器。此后,英特尔发展极为迅速,1992年英特尔一举超越了日本的NEC,成为全球最大的半导体公司。

计算机领域内信息瞬息万变,要判断其发展趋势非常困难。20世纪80年代中期,葛鲁夫把英特尔从存储器泥潭中拽出来,进入了微处理器领域。这次转变被葛鲁夫本人称之为"战略转折点"。到了1992年,英特尔在微处理器方面的巨大成功使英特尔成为世界上最大的半导体公司,甚至超过了当年曾在存储器业务上打败过英特尔的日本公司。"穿越战略转折点为我们设下的'死亡之谷',是一个企业组织所必须经历的最大磨难。"(葛鲁夫语)

1990年左右,葛鲁夫开始推动英特尔从计算机制造商的角色变为该行业的领导者角色。"Intel inside"这样的市场宣扬表明英特尔对自己的强大自信。葛鲁夫不仅在微处理领域里推动着英特尔遥遥走在世界之先,还推动着这个世界对他的微处理器保持着永远不断的需求。对网卡的推出、对数字成像的投资、对系统集成的投资、对众多小公司的投资等都大大刺激了对运算能力的市场需求。

英特尔公司是由30年前的一个小公司发展到今天在全球拥有6.5万名员工的大企业,销售收入在1977年达到251亿美元,其成功的秘诀在于英特尔公司的领导者,如摩尔、葛鲁夫等人善于把握计算机发展的趋势。在不同的时期根据市场需求调整发展方向,因而英特尔取得了非凡的成功。它在全球微处理器领域里占据高达85%的市场份额,其股票每年返还给投资者的回报率平均在44%以上。英特尔的主打产品微处理器是信息产业王国里的技术核心。它的发展牵引着所有信息产业王国,对我们这个社会的推动有着极为重要的贡献。在取得重大辉煌后,葛鲁夫并没有止步,他指挥着英特尔大军浩浩荡荡又驶向了未来战场——Internet战场,这一次他必定会获得成功。

善于把握一切机会,因势利导,才能体现自己过人的智慧与胆识。

一个生意人的眼光,除了看得准、看得远之外,还要看得开,要能在三百六十行中找到自己可以有所作为的行当,即商人要眼观六路、耳听八方。

气魄雄大,开拓商业疆土

要有开疆拓土的气魄

阜康钱庄开业不久,王有龄果然顺利地外放州县——湖州知州。启程的那天,胡雪岩送他到湖州上任。此次走的是水路,胡雪岩请了阿珠家的客船。在路上,胡雪岩和船家的一番对话,促成了他涉足生丝生意的决心。

其实,胡雪岩在此之前已经动了做生丝生意的念头,他本来就是杭州人,自然不会不知道湖州生丝的好处,也不会不知道生丝生意有钱好赚,只是此前他没有资本和条件涉足这一行生意。同时,他也确实是不太懂这门生意。这次送王有龄赴任至湖州,而湖州正是阿珠的家乡,阿珠娘虽已随阿珠爹经营一条客船十几年,但自小耳濡目染,也颇懂得一些关于养蚕、缫丝甚至茧、丝生意的事情。

比如：丝分三种，上等茧子缫成细丝，上、中等的茧子缫成肥丝，剩下的则仅成等外的粗丝。织绸则一定要以肥丝为纬，细丝为经，粗丝是不能上织机的。王有龄外放州县的湖州就是江浙一带有名的蚕丝产地，产出的细丝号称"天下第一"，湖州南浔七里地方所产"七里（缉里）丝"，据称可与黄金等价，连洋人也十分看好。

又如：她也知道专做生丝生意的茧行、丝行的一些门道，如带了现银到产地去买丝的叫"丝客人"，在产地开丝行收购新丝从中取利的叫"丝主人"；当地买当地用的小户叫"用户"，专做中间转手批发生意的叫"划庄"；专和洋鬼子做丝生意的叫"广行""洋庄"。

从阿珠等人的口中，胡雪岩知道了做丝生意其实也没什么了不起的诀窍，不过就是一要懂得丝的好坏，二要了解丝的行情。虽然丝价每年有起落，但收新丝总是便宜而有赚头的。而且，丝价的行情，其实多半是做出来的，往往掌握在几个大户手里，取决于大户的操纵。比如，主要做蚕茧生意的茧行，同行有"茧业公所"，新茧上市，哪一天开秤收茧，哪一天封秤停收，以致蚕茧价格都是同行公议，不得私自变更。蚕农出卖蚕茧，无论在哪里都是一个价，而且就是这个价，愿意就愿意，不愿意就拉倒。而事实上在这一方面，胡雪岩相信自己无疑是个行家。

在了解这些情况之后，胡雪岩立马就和阿珠娘商量，自己出资请阿珠父亲出面做"丝主人"，在湖州开一家丝行，自己做"丝客人"，并要求他们此次一回湖州就着手一切事宜。他这样安排，一是因为王有龄已经被派湖州知州，自己要避嫌；二是他准备将来就以代理的湖州公库的资金买丝，然后在杭州脱手解"藩库"，这样等于是无本生意。

虽然在这个过程当中经历了一些周折，但是最终胡雪岩踏入了生丝业，为自己开辟了另一番天地。

在现代商场上，很多人都墨守着一条成规：隔行如隔山，不要轻易逾越。否则就有可能招致不可预知的失败。那么这条成规到底是正确的还是错误的呢？胡雪岩的经历告诉我们一个结论：一个成功的商人绝对不能墨守成规，而应该具备开疆拓土的气魄。有一个非常形象的比喻说明了这个问题：不要把所有的鸡蛋都放在一个篮子里。

胡雪岩的大手笔确实令人羡慕，可是我们在羡慕的同时，也在思考这样一个问题：胡雪岩开疆拓土的气魄从何而来？他几乎横跨了当时所有挣钱的行业，"嚣张"一时。那么他的"嚣张"凭借的是什么？

毫无疑问，王有龄的官场保护是必不可少的。那么除此之外还有什么呢？

第一，胡雪岩的财势。在胡雪岩进入生丝行业的时候，他已经是一个财大气粗的钱庄老板了。俗话说，有钱在手，万事不愁。所以，无论是进入一个行业还是退出一个行业，只要胡雪岩想到并且认定自己的做法是正确的，立刻就会有千两万两的银子到位，让手下人来执行这项决定。

这也是一些小企业不敢轻易地作出一些决断的原因。即便这个决断非常及时，也非常好，但是手中没有足够的资金，一切都将是空谈。所以，对于中小企业主来说，在手中资金还不是非常充裕的时候，还是脚踏实地干好自己的本行为好。虽然说不要把所有的鸡蛋都放在同一个篮子里，但是当你只有一个鸡蛋的时候，还是完整地放在一个篮子里为妙。

第二，胡雪岩的人势。在当时的商场上，大家都知道胡雪岩的背后是王有龄，是在官场里混的人。在官本位的年代，只要凭借这一点，胡雪岩就赚足了人气，谁又能不买当官的人的账呢？

那么在现代社会，商场上的人又该如何提高自己的人势呢？其实很多时候我们还是能和政府攀上关系，比如说承办一些政府的晚会、响应政府的号召做一些公益事业、帮助政府解决一些实际难题等，同样是做足人气的一种方法。

第三，胡雪岩的眼光。胡雪岩说做生意"顶要紧的是眼光"，这话真是不假。胡雪岩所说的眼光，从常理上看，不外乎一是要看得"准"，能在别人看不到"戏"的地方看出"戏"来。比如，胡雪岩由战事影响银价起落看到钱庄的前景，就可谓看得准。二是要看得"开"，不能只把眼睛盯在自己熟悉的那一行当。比如，胡雪岩做钱庄，却在生丝一行看到了自己可以一为的天地，就得之于他的眼界开阔。

所以对于现代商场的人来说，除了要多多留心市场变化之外，还应该完善自己的信息渠道，具备自己的战略眼光，看到别人看不到的财源。

胡雪岩商道箴言

胡雪岩从最初的运粮业，到后来的钱庄业，乃至于到后来的生丝业、军火业、药店等，无疑是一种开疆拓土的举动。都说一个成功的商人应该具备不安于现状的特性，而在胡雪岩身上，这种特性表现得更加明显。对于胡雪岩来说，这不仅仅是一种眼光，更是一种气魄。

做大生意的气魄

胡雪岩曾说，一个生意人的眼光"看得到一省，就能做一省的生意，看得到天下，就能做天下的生意，看得到外国，就能做外国的生意"，这话确实不错。比如，胡雪岩的生丝生意还没有上手，就看到用代理湖州公库的银子易货到杭州，脱手变现再解藩库的前途，就可谓看得远。湖州的公款本来就要解往省城杭州，交付藩库，先垫支一下，买丝到杭州变现之后再交付藩库并不为过，如此一来，死款变成了活钱，先用它做本周转一道，何乐而不为？事实上，胡雪岩还有看得更远的——在生丝生意还没有开始的时候，他就想到了和洋人做生意、销洋庄。所谓销洋庄，也就是和洋人做生意，组织生丝出口。晚清开埠之后，中国与欧美及日本的贸易以江南丝、茶为大宗，而随着17、18世纪西方纺织工业的飞速发展，生丝需求量更是日益增大，经由上海外销的江南丝、绸，又在整个上海洋庄贸易中占有举足轻重的地位，同治、光绪年间仅江苏镇江就以丝、绸"行销于北省及欧、美、日本者，岁入数百万"。

胡雪岩要销洋庄的念头，也是起于与阿珠娘的那一席有关蚕丝生意的交谈。阿珠娘告诉胡雪岩："销洋庄，上万两的丝囤积起来，等价钱好了卖给洋人，自然是更有赚头。不过，销洋庄需要的本钱也大，洋鬼子也不是傻瓜，表面上不说你的要价高，跟你虚与周旋，暗地里再去寻找门路，总有那些吃本太重急于脱手求现的人肯杀价出售自己的货。这样，弄不好与洋人的生意没做成，自己的货反而售不出去。销洋庄确实要担上几分风险。"

不过,胡雪岩想到的却是另一个方面。在他看来,做生意就怕心不齐,如果这些专与洋人做丝生意的"广行""洋庄"能像茧行收茧一样,同行公议,就是一个价,愿意就愿意,不愿意就拉倒,洋人也就不服帖也得服帖了。对于那些本钱不足、因周转不灵而急于脱货求现的商行,也有办法。第一,可以出价收购,同样的价格,你要卖给洋人,不如卖给我。第二,对方如果不接受收购,则可以约定不卖给洋人。我这里有钱庄做后盾,可以让你用货物做抵押贷款救急,洋人就范货物脱手之后再还。洋庄丝价卖得好,能多赚钱谁不乐意!假如在这样的条件下还有人要把自己的货杀价卖给洋人,那就一定是暗地里收受了洋人的好处,吃里扒外,自贬身价,可以鼓励同行跟他断绝往来,如此一来,这样的人在同业中也就没有立足之地了。

胡雪岩的这一构想可谓有远见、有气魄,后来生意的发展证明,他的这一构想也确实是见地不凡且行之有效的。生丝生意开始之初,胡雪岩来往于杭州、湖州、上海之间,在联合同业、控制市场、垄断价格上绞尽脑汁精心筹划,与外商买办斗智周旋,终于按他的构想做成了第一笔洋庄生意,赚下了18万两银子。而事实上,他通过这笔生意,一方面与丝商巨头庞二结成了可靠的生意伙伴关系,在蚕丝行业建立起自己的地位;另一方面通过这笔生意,他和外商取得了联系也积累了与他们打交道的经验,为他后来驰骋十里洋场打下了基础。而这些实在不是那18万两的"赚头"所能比拟的。

事实上,胡雪岩的生丝生意,经过数年运作,后来成为他仅次于钱庄、典当的重要商务领域,而且一直是以外贸为主。胡雪岩的确是把生意做到了国外。

做大生意必须要有气魄,一步一步把生意局面做大。当然,这需要坚定的性格来支撑。生意人的气魄,除了要果敢行事之外,还有很重要的一点,就是要目标远大。可以说,胡雪岩非同一般的眼光,在他起步之初就为他今后的发展指明了光辉绚烂的前景。

把市面做大

市面"哄"得越大，阜康的生意就越好做。

所谓"市面"，就是指市场，做市面就是指现代企业理论中的做市场营销，因为市场是营销的对象。

众所周知，营销在企业中起着举足轻重的作用，或者在某种程度上决定了一个企业的生死存亡。因此胡雪岩常说："市面'哄'得越大，阜康的生意就越好做。"

在阜康钱庄开业之际，胡雪岩做的两件事，淋漓尽致地表现出了他做"市面"的高明手法与技巧。

一件事是借王有龄代浙江抚台黄宗汉捐输军饷的一万两银子，为自己延请的阜康"档手"刘庆生装了一次面子。

朝廷为缓解军饷不足，要京里大吏和各省督抚捐输军饷，黄宗汉将"盘口"开给了既想做湖州知州又兼领海运局坐办的王有龄。王有龄不敢怠慢，当然掏腰包拿出一万两代捐。这笔钱本来能够直接由与海运局有业务关系的信和钱庄汇往京城，王有龄也准备由信和马上汇出，但胡雪岩却把这笔钱要过来，他要让它转一道手，由刘庆生送到大源钱庄划汇。

胡雪岩的意图非常明确：刘庆生是个可造之才，但由立柜台的伙计一下子跳到"档手"的位置，同行难免轻视。一行生意的场面，最终是靠人撑起来的，刘庆生资望怎样，将直接影响阜康的发展。现在由他代理黄宗汉去办理汇款，对于提高他的身份，明显有不小的作用。抚台是一省天字第一号的大主顾，有这样的大主顾在手里，同行对刘庆生自然就另眼相看了。并且，更重要、更关键的是为黄宗汉划汇这笔款子，还会提高阜康在同行中的影响，在同行中传开，会将市面"哄"得很大，而"市面'哄'得越大，阜康的生意越好做"。

另一件事，是胡雪岩在阜康的招牌挂出去之后再一次"耍"给同行看看的"手法"。阜康开张当天，送走客人以后，胡雪岩叫来刘庆生，要求他按照自己报出的名字，开出十二个存折，每个折子存银二十两，先由钱庄垫付。这些折子的户头，除一个是浙江巡抚黄宗汉的门房主管刘二外，剩下的都是浙江抚台、藩台，也就是一省大员们的太太、姨太太甚至小姐，胡雪岩要把这些折子送给她们。

胡雪岩要把折子送给这些人，目的有二：

其一，胡雪岩是以此为引线，吸收这些人的存款。这些太太、小姐自然都会有一部分自己花不完的私房钱，有一些人手头私蓄的银两也许还不少，为她们立了户头，垫付了利息，再把折子送给她们，这些人自然也就和阜康建立起往来。从这一层上看，胡雪岩的这一招，是他"耍"出的为钱庄拉拢储户的招术。这一招市面上还从来没人玩过，能够说是胡雪岩的一个创举。

其二，也是更重要的，胡雪岩也要以此来扩大自己的影响。在胡雪岩看来，这引进太太、小姐们的私房钱可能有限，对于阜康来说算不得什么了不起的大生意，但她们收到存折以后一定会相互传扬，会让平常人都知道阜康的气派、名气。从这一层上看，胡雪岩的这一招，又是一种做场面、显气派的手段，它所带来的效益，也就比仅仅在外场上做文章的做市面高明了很多。

胡雪岩的这两招，真正显示出了他的手腕和气魄。说到底，做市面也就是为自己"做"名气，所以最忌讳的也就是落了千篇一律的俗套。假如市面做得没有气魄、没有个性，不能别出心裁，只是在表面文章上下功夫，效果会差很多。实际是，当刘庆生依照胡雪岩的吩咐，把那些折子送到刘二手里请他代送时，刘二这位老于世故的门房主管也非常佩服，以为胡雪岩想出来的这花样，"真正独一无二"。而且立即就拿出两张共一百八十两的银票，存入了阜康开给自己的户头。

此外，胡雪岩做"市面"还运用了以下几招手法：

一是选址正确。胡庆余堂坐落在大井巷。后面是吴山，上面寺庙散布，百戏杂陈，是人们休闲之佳地。前面是清河坊，两边店铺林立，各种货物应有尽有，是杭州最热闹的地方。因而，三教九流，仕宦百姓，上山下山，购货卖物，店堂是必经之地。再加上，附近有一口神秘的古老大井，井水清洌、甜润，不管天多干旱，也汲取不尽，为制药提供了最佳的水源。真可谓得了地利之妙。

二是店堂布局别具一格。有人详细描述过它的布局："以方砖对角砌成的高干墙,势若重关;两扇兽头铜环大门,气度不凡;跨进门,是曲折朱漆回廊,栏杆外栽有名花异卉,廊壁悬有红木板联,刻有名家书法,一看内容却是丸散膏丹药名及其药性,变俗为雅,令人驻足细赏;再进去,才显出个石库雕花墙门,颇有藏舟于壑之妙。再进去,是个两厢护卫、中堂宽敞的花厅,雕栏画栋,金碧辉煌,才见它分明是个店堂,红木柜台,分列左右,两柜之间,仍放有红木几椅,上面悬有重瓣花形大吊灯。至此无不顿足翘首,对所售之药自亦另眼相待。"

三是首创邮购。为了让更多的病人受益,也为了扩大本店的声望,胡雪岩专门成立了一个邮购部。病人不管在天涯海角,但凡一接到信函,职员就会马上按照信中的要求,把中药或成药寄给病家。病家的确感到便捷,感到实惠。

四是充分利用广告效应。胡庆余堂创办在光绪初年,那时,广告在我国工商界还刚刚发轫,目光敏锐的胡雪岩就深知广告的作用了。他在开张之初就在《申报》上连篇累牍地做广告,并且在广告中清楚地申明本店宗旨以及便民邮购等事宜。这样全国各地,包括那些偏僻的边远地区,也知道杭州有家济世便民的药店了。不但这样,他还做物化广告。在中成药辟瘟丹刚刚试制成功后,他坚持三年时间免费向所需的顾客赠送。得到好处的民众哪个还不说胡庆余堂好呢?

用现代营销理论来反思,胡雪岩做"市面"(营销)的方法非常符合现代营销学的理论。胡氏做"市面"的方法满足了顾客满意所需要的五种经济效用(这里的效用指的是满足顾客的能力)——形式效用、任务效用、时间效用、地点效用和获得效用。

大做场面,展示实力

在生活中,我们都遇到或者亲历过许多做场面的活动。一般来说,人们只要力所能及,大都希望把场面尽可能做得大一些,做得热闹一些,这当然不仅仅是在热闹的大场面中求得一种畅快的满足。从深层看,做场面的内在原因,实际上来自做场面的人要在人前光彩的心理要求,说到底,场面总是做给别人看的,是为了让自己"露"脸的一种形式。做场面,其实就是"做"形象。

可见,生意场上的场面就不仅应该做,而且是值得动点心思认真去做的。胡雪岩做生意,就特别注意做场面,以他的意思,做生意首先要做出一个热闹的场面,而且,"场面总是越大越好"。因此,一项生意在投入运作之前,他也总是在如何做出一个特别的场面上动心思。

如何把场面做大、做热闹,不同的人当然有不同的招术。平常人做,不过也就是装修剪彩、送花篮、放鞭炮、摆宴席、送礼品、请名人题字作画之类,敲锣打鼓地热闹一场。胡雪岩的阜康钱庄开业之时,他对这些场面上的事也着实费了一番心思。他要刘庆生去选钱庄铺面时便要求房子宽敞气派,装修也要富丽堂皇,不能小家子气,甚至连堂上悬挂的字画,他都想到了第一不能是赝品,让行家看了笑话;第二名气不能太小,名气太小配不上"阜康"的招牌,撑不起场面。钱庄开业当天,阜康张灯结彩,柜台里四个小伙计一律簇新蓝布长衫,笑脸迎客,请来了杭州城里官商两界几乎所有的名人。胡雪岩亲自待客,摆酒款客,一直吃到午后三点多钟,着实热闹了一把。

中国人好面子,在生意场上一时的气派大小,往往会影响生意的成败。有一个法国商人到中国来谈生意,他下榻五星级酒店,出入乘坐劳斯莱斯轿车,谈吐傲慢,不时说起他家族的辉煌历史,结果他在生意中占了很大便宜。在回国的路上,他却只订了一个经济舱的座位,原来他在法国只是一个普通商人,家族历史上也没有什么重大历史功绩,但他却懂得利用外力使自己被对手重视,从而在谈判中占了优势。

在生意场上,大笔的投资、场面上的气派,不仅会赢得客户的信赖,还会在竞争对手面前占据气势上的优势。

当有线新闻电视网之父特德·特纳准备建立有线新闻电视网的时候，美国各大电视网都采取嘲弄的态度，等着看他的笑话。在当时，搞电视新闻根本无钱可赚。新闻节目一向是各大电视网及其属下的电视台勉强进行的公共服务，为的是遵守联邦通讯委员会的规定。因此，创办有线电视新闻网的阻力不仅来自外部，而且也来自内部。

任何创新事业在开始阶段都是困难的。最初的3年对CNN来说是可怕的。第一年每月亏损200万美元。在1980年和1981年，特纳的资金流通一再濒临绝境。在特纳得以说服汉华实业银行和花旗银行同意在3年内向特纳广播系统公司贷款5000万美元之前，CNN的经营赤字已高达2400万美元。为了获得这笔贷款，特纳必须支付比最低利率高3%的贷款利息（每年300万美元），并且以特纳广播系统公司的3年广告收入作担保。这是一项巨大的冒险，但这也表明了特纳对CNN执著的奉献精神。

到1983年，乌云终于开始消散。这一年，CNN的家庭订户达到2600万户，占美国全部有线电视用户的71%和电视用户的30%。1981年12月，特纳创办了第二个24小时连续播送新闻节目的电视台——新闻摘要台。新闻摘要台可以说是CNN的第二频道，将CNN的新闻加以浓缩，每30分钟更新一次内容。用特纳的话来说，如果CNN是"一份你能观看的报纸"，那么新闻摘要台使观众在任何时候都能浏览最重要的新闻报道。1982年4月，有线新闻电视网的广播电台开始运作，一天24小时直播新闻节目。

1982年6月，美国广播为了与CNN竞争，与著名的西屋电器公司联合创办了"卫星新闻频道"（SNC）。可是，由于经营不善，广告收益不佳，最终于1983年10月被特纳收购，并入了新闻摘要台。

到1991年，特纳名下的有线电视台的有线电视用户已占美国有线电视用户总数的30%以上。CNN已成为居"娱乐和运动节目电视网"之后，名列第二的有线电视频道，并被认为是特纳的最重要的电视网。到1991年，CNN已拥有6000万订户。CNN除了向西方国家以及第三世界国家的农村市场提供节目，已把其广播信号传送到85个国家和地区。特纳广播系统公司的年收入已达到18亿美元。1991年10月，特纳对记者说，到2000年，特纳广播系统公司将在规模上超过三大电视网。

特纳具有赌徒的心态,他总在冒险生活。特纳能有今天的成就,与他当年以总价值一亿美元的全部家当冒险,创建有线新闻电视网不无关系,他还曾经拿全部家当冒险,企图收购哥伦比亚广播公司,并在成功地收购米高梅影片公司的过程中几乎丧失全部影片。正如他所说的"最好的忠告是永远不做任何事情,如果你永远不做任何事情,你当然不会遇到烦恼,可是你也永远不会获得任何成就"。

> 做场面,也是在树立自我形象,向公众展示自己的优势与实力。场面做得好,可唤起客户的信任,占据气势上的优势。

独立自主,创立自我事业

要有自立门户的意识

胡雪岩总觉得,做生意、挣大钱,总不能在别人的屋檐底下进行,要想把生意做好、把生意做大就必须要自立门户,给自己确定一个方向,设定一个目标,然后有步骤、有计划地实施一个个方案。如果生意人这一点也做不到,十之八九就不能成功,或者说发展很缓慢。正是考虑到这一点,胡雪岩当初并没有回到"信和"钱庄,而是开始张罗自己的"阜康"钱庄。

王有龄得胡雪岩资助进京捐官,一切顺利,回到杭州,很快获得了浙江海运局坐办的肥缺。王有龄知恩图报,一回到杭州就四下里寻访胡雪岩的下落,即使自己力量有限,也要尽力帮他。而且,王有龄还特别希望胡雪岩能够留在衙门里和自己一起做事,依王有龄的想法,一方面,自己确实需要帮手,另一方面,适当的时候,胡雪岩自己也可以捐个功名,也会有发达的机会。

不过，胡雪岩却不愿意如此安排，当王有龄问起他的打算时，他的回答很干脆："我想仍旧干老本行。"胡雪岩说的要干老本行，自然不是指还是去干他干过的钱庄，他是要开办自己的钱庄。

事实是，那个时候，他还连一两银子的本钱都没有。怎么办？先从运粮开始吧。

在王有龄的帮助下，胡雪岩不再做钱庄的"小伙计"，而是自立门户，贩运粮食。他在官与商之间如鱼得水、游刃有余，自此走上了从商的坦途，事业日渐发达。然而粮业运输并不是长久之计，毕竟季节变化大，收入并不稳定，而要想每年每月都能有稳定的收入，办钱庄是一个不错的选择。更重要的是他看准开钱庄不仅是他能够安身立命的一桩生意，而且也是他可以大显身手不断开拓事业的一个稳定长久的财源、实在是大有可为。所以胡雪岩决定自立门户，开办自己的"阜康"钱庄，自己当老板。

为了筹集钱庄的本钱，胡雪岩走了三步棋：

第一步：利用海事局，从信和钱庄筹得20万两银子；

第二步：利用王有龄，代理公库，插手政府财政；

第三步：利用钱庄开业的堆花和同行的贺银来筹集资金；

胡雪岩在商场起步，一上手就选择了开钱庄，除了他以自己敏锐的眼光，准确地发现了在当时条件下钱庄生意是一个极有可为的财源之外，还因为他天性中有自立门户、在商界开疆拓土的大气魄。胡雪岩就是一心要自己做主，一心要自己做老板。对此，胡雪岩是这么说的："做生意，既要有远大的眼光，又要有锐利的眼光。有远大的目光，才能从长远和大局考虑问题，而不是鼠目寸光，或步人后尘；有锐利的目光，才能审时度势，将天时、地利、人和汇于一身，生意无有不成。"这就是气魄，一种强烈的自立门户、纵横天下、开疆拓土、驰骋一方的气魄。

可以说，这种强烈的自立门户、打下一片江山的气魄是胡雪岩能够时刻注意去发现财源、不断开拓自己财源的基础。

商场上，跟在别人后面是永远挣不到大钱的，这不仅仅是因为没有自己的竞争优势，而且在商场上还没有属于自己的位置、品牌、产品。正如很多中小企业，从企业诞生的那一天开始，就为其他企业做后备工作、生产零件，甚至往自己的产品上面贴别人的商标，以取得销售的资格。

虽然这也不失为一种企业生存之道，但是这并不是长久之计。胡雪岩开办钱庄，并没有像其他钱庄老板一样，先筹备足够的资金，然后再开张。胡雪岩为什么在没有本钱的情况下敢自立门户、开办阜康钱庄？从大的角度来说，胡雪岩有了自己的生财之道，而从小的方面来说，胡雪岩真正自立了"阜康"钱庄的门户，具备了和别人不一样的经营模式。

那么"阜康"钱庄的经营模式与别人钱庄的经营模式到底有什么不一样的呢？胡雪岩打的三个算盘就是明显的三个不同之处。

第一，通过海运局，将信和钱庄的钱拿过来为己所用，并且信和钱庄还是非常乐意这么去做的，甚至还觉得从海运局拿了20万两银子拿少了，应该多拿一点。

从商业角度来看，就是通过第三方的手，拿别人的钱做自己的事情。这是融资的一种手段，也是利用商业杠杆进行经营的一种比较前卫的方式。比如说很多人借着政府的手从银行借贷资金进行项目开发一样，不仅让银行得到了利息，也让项目得到了开发。这是一个双赢的模式，在胡雪岩那里，这是贯穿始终的商业操作模式。

第二，代理公库，直接插手政府的财政，这也是大多数钱庄想都不敢想的一种模式。可是胡雪岩凭借着自己锐利的眼光和官场之上过硬的关系办到了。如果拿信和的钱做本钱算是企业之间斥资借贷的话，那么拿政府的钱来做生意就是一种"胆大妄为"的举动，但是在当时并不违法。

现代的很多经商人士都觉得做很多事情的时候总是困难重重、障碍很多，那么我们是不是也应该学学胡雪岩，在法律允许的情况下，换个角度、换一种方式来经营呢？俗话说换一种方式，就是换一个天地，我们为什么不试试看呢？

第三，利用堆花来筹集本钱，想必这也是信和等钱庄所不屑于做的一件事情，但是厚黑资历过硬的胡雪岩就做了，而且做得特别好，成功地利用了这一部分的资金撑起了场面，阜康钱庄顺利开业。

闯荡过商场的人都有这样一个体会：商场之上禁忌越少越好。除了法律不允许的那些禁忌之外，还有很多我们自己给自己设置的禁忌，比如说谈项目一定要先吃饭、做大生意不能斤斤计较、大老板一定要出手阔绰、潇洒气派，否则生意就很难谈成等。从某种角度来看，这些所谓的禁忌其实就是一种束缚自己手脚的表现，如果我们能舍弃这些禁忌，适当厚黑一点，生意是不是会变得更加好做、更加简单一点了呢？

胡雪岩商道箴言

自立门户，其实就是让自己区别于别人，这种区别分为有形的区别和无形的区别，而无论是有形的还是无形的，胡雪岩都做到了，并且做得非常好，堪称完美。

树招牌要诀——越亮越好

很多商人的性格中都有一定要打出招牌的冲动，这也表明经商之成功，换句话说，经商之诀在于要能打出自己的招牌，因为没有响亮的招牌，就等于没有实力。招牌虚假，只能毁坏自己的声誉。所谓"招牌"，就是指公司的品牌和形象。胡雪岩是一个打招牌的高手，因为生意场上是十分注重树立形象的，从某种意义上说，能够树立起自己的形象，也就为自己奠定了成功的基础。做招牌、做场面，也就是树立自我形象的方式。胡雪岩的性格中总有一种让自己招牌越亮越好的性格，因为他知道这是成功的重要标志。像胡雪岩这样一个精明的生意人，自然懂得在生意场上树立自我形象的重要，所以他也十分讲究做招牌、做场面。

亮出自己的招牌，是开始实施某项商务运作的第一步，因此，胡雪岩创办自己的钱庄、在物色钱庄"档手"的同时，就开始考虑如何为自己的钱庄题定招牌。他自知自己只会在"铜钱眼里翻跟头"，对题定招牌这样需要文墨功底的事情力不胜任，因而郑重其事地去请教王有龄。不过，胡雪岩虽然不知道题定招牌的遣词用字，但他知道题定招牌该有讲究。当王有龄告诉他题招牌自己也是破题头一遭，还不知道怎么题法、有些什么讲究时，他毫不犹豫地就摆出了题定招牌应该注意的几条原则："第一要响亮，容易上口；第二字眼要与众不同，省得跟别人搅不清楚。至于要跟钱庄有关，要吉利，那当然用不着说了。"

胡雪岩这里讲到的几点要求，正是题招牌的关键所在：

其一，起名以畅。

胡雪岩说的招牌用字要响亮，要容易上口，也就是要求题写的招牌要简洁明了、通俗易懂且读起来要响亮畅达、朗朗上口。挂出招牌的目的就是要让人记住，因此，这一点也就显得特别重要。如果一方招牌用字生僻，读起来佶屈聱牙，招牌的作用也就失去好多了。

其二，起名以别。

用与众不同的字眼，使自己的商号在招牌上显出一种特别，而能在众多同行同业中引人注目。用现代商务运作的观点看，一个与众不同的招牌，实际上意味着一种独立的品位和风格。因此，这一点也显得非常重要。

其三，起名以适。

招牌用字要符合自己商号的行业、行当的特点，要能让人一看招牌就知道你的商号是干什么的。

其四，起名以吉。

这大约是中国人题定招牌时特别讲究的一点，不过这也确实符合商场上人们的一种普遍的心理。商场上，无论买方卖方，都希望能够大吉大利，谁也不会喜欢自找晦气。

就是根据这几点要求，王有龄为胡雪岩选择了"阜康"两个字。这两个字取"世平道治，民物阜康"之意，可以说是完全符合了胡雪岩的要求，因此胡雪岩将这两字念了两遍之后，立即欣然同意："好极了！……就是它。"

做名气需要有手腕、有花样，这是毋庸讳言的。但应该知道，做名气不是光去做花架子。仅靠花架子做出来的名气，绝不是可以长久的名气，常言道："瞒得了一时，骗不了一世。"花架子一旦被人识破，靠花架子"搭"出来的名气就会半文不值，不但失去了客户的信任和尊重，还会把自己逼入死胡同，以致很难再改变给别人留下的恶劣印象。

要做名气，关键还是要真正作出自己的"金字招牌"。

胡庆余堂开办之初，胡雪岩做名气的方针，就是要作出自己的"金字招牌"，换句话说，他要的是靠作出一块不倒的"金字招牌"，建立起真正的名气。因此，他在确定送药的同时，还在药店如何开法、怎样用人、怎样进料、怎样炮制等方面，定下了两条不变的原则：

第一，方子一定要可靠，选料一定要实在，炮制一定得精细，卖出的药一定要有特别的功效。按胡雪岩的说法："说真方，卖假药，最要不得。"而且，胡雪岩还要求，要叫主顾看得清清楚楚，让他们相信这家药店卖出的药的确货真价实。为此，他甚至提议每次炮制一种特殊的成药之前，比如要合"十全大补丸"了，可以贴出告示，让人来参观。同时，为了让顾客知道本药店选料实在，绝不瞒骗顾客，不妨在药店摆出取料的来源，如卖鹿茸，就不妨在药店后院养上几头鹿，这样，顾客也自然相信本药店的药了。

第二，药店档手除能干之外，更要诚实、心慈。旧时药店供顾客等药休息的大堂上常挂一副对联："修合虽无人见，存心自有天知"，说的就是卖药人只能靠自我约束。不诚实的人卖药，尤其是卖成药，用料不实、分量不足，病家用过，不仅不能治病，相反还会坏事。而只有心慈诚实的人，能够时时为病家着想，才能时时注意药的品质，这样，药店才不会坏了名声，倒了牌子。

胡雪岩的这些原则，归总一句话，也就是靠诚实无欺来建立起自己真正的名气。这里当然也有为了让自己的诚实无欺能被别人知道而热热闹闹玩出的花样，如贴告示让人来参观，如在后院养上几头鹿，这都是别人没有的花样。但说到底，这些花样也都是一种以诚实无欺来"擦"亮自己招牌的手段。一个有战略眼光的实业家，他的事业取得成功，绝不是靠坑蒙拐骗，而是靠诚实无欺、靠信誉、靠切切实实满足客户的需要。过去许多商家都会挂上"诚信招来天下客，无欺誉揽万人心"的对联，对联道出的确实是一个使自己的"金字招牌"永不倒的简单的"诀窍"。诚实不欺是所有生意行当的立足之本，也是在竞争中取胜的一个重要砝码。有才无德，仅靠耍花样来求名取利，到头来只能是搬起石头砸自己的脚，聪明反被聪明误。所以，胡雪岩很郑重地说道："我们也不是故意耍花样，只不过生意要做得既诚实，又热闹。"

题定招牌，用现代商事术语说，也就是为自己的公司或商务机构做商业性命名。中国传统的说法是定字号，而用大白话说，也就是为自己的生意取一个名字，实际上也就像为新生儿取名一样。

不能小看了这一取名。做生意首先就必须求名，要有名目（也就是字号）别人才知道，要有名气别人才信服。而取一个好的名字，是成为金字招牌的基础，往往一叫就响。因此，一些有眼光的商人都注重如何为自己的商号题名。从这一角度看，胡雪岩对自己钱庄招牌的重视以及他对题定招牌的要求，也显示了他精明的生意眼光。

创一个品牌，不是一件轻而易举的事情。在这条路上，可以说千难万险、困难重重。

这一点，"红顶商人"胡雪岩深谙此理。他说："我想做生意的道理都是一样的，创牌子最要紧。"所以他一直在竭尽全力做好自己的招牌，经营出自己的品牌，创出自己的牌子。

胡雪岩的性格是要强的，但他不是一味地张扬自己，而是靠"扬名"，去创"金"字招牌。这是聪明商家的做法。

胡雪岩商道箴言

胡雪岩一生极重名声、名气，崇尚实至名归。为保住"金字招牌"，一生苦心经营，取得了令人瞩目的业绩。胡雪岩经营药业，是别有一番深意的。他认为药店既可救死扶伤，又可显扬名声，使妇孺皆知。他又把药业兼作公益事业来办，由此所收到的效益虽然是无形的，但却能转化成难以计数的实利。

第四章

把握机遇,"钱"途坦荡

一个心细的生意人,其性格是办事要谨慎,要出手不凡。胡雪岩的经商之智不是从天上掉下来的,而是自己磨炼出来的。他之所以心细过人、气吞山河,是因为他有一股争天下的激情,善于在各种情况下看出戏来,看到别人看不到的财源。在同行看来,这已经是"山重水复疑无路"了,但是胡雪岩却能看到"柳暗花明又一村"的新财源。这是胡雪岩的过人之处,也是胡雪岩成功的另一个原因。

处处留心，处处商机

独具慧眼，遍地生财

凡事需要开动脑筋，谈起理财，处处都是财源。商机就意味着财源。财源的发现，最重要的是商家要有精明的生意眼光。商家的眼光，首先是要看得准，也就是可以在五行八做的生意行业中准确发现既适合自己去做、又能给自己带来利益的财路；其次是要远，也就是不能一门心思只盯着一门一行，甚至眼里只有眼前利益，而是要能在商海变幻莫测的复杂情势中看出大势所趋的大方向，并依照这个大方向来经营好自己的财源。看得准，才能发现财源；看得远，才可能把发现的财源经营成真正属于自己的财源。

胡雪岩就有这既看得准又看得远的精明的商务眼光。例如，创办钱庄的过程中他却盯上了生丝生意，而在做生丝生意的过程中，他又盯上了药店、房地产、典当业甚至军火、粮食——对于胡雪岩这样一位眼界开阔、头脑灵活且敢想敢干的人来说，实在是到处都能见到财源，到处都能开出财源。

胡雪岩为生丝生意逗留上海，他在上海的基地是裕记丝栈。这天他到裕记丝栈处理生意上的事务，顺便在丝栈客房小歇。他躺在客房藤躺椅上，打算考虑一下自己生意上的事情，无意中却听到了隔壁房中两个人的一段关于上海地产的谈话。这两个人对于洋场情况及上海地产开发方式都相当熟悉，他们谈到洋人的城市开发方式与中国人极为不同，中国人经常是先开发市面再行修路，市面起来了，走的人多了，便有了路。但以这种方式进行市面开发，有一个很大的弱点，往往等到要修筑道路、扩充市面的时候，自然形成的道路两旁已经被市房摊贩挤占，无法扩展。而洋人的方法是先开路，有了路便有人到，市面自然就起来了。如今上海的市面开发就是这种办法。在谈到上面情况以后,其中一人说道:"照上海滩的情形看,大马路,二马路,这样开下去,南北方面的热闹是看得到的,其实,向西一带,更有可为。眼光远的,趁这时候,不管它苇荡、水田,尽量买下来,等洋人的路一开到那里,乖乖,坐在家里发财。"

两个不相识的人的这一番谈话,使胡雪岩一下就躺不住了,等到他从湖州带到上海跟着自己学生意的陈世龙回到裕记丝栈,他马上雇用一辆马车,拉上陈世龙,由泥城墙往西,不择路而行,去实地查勘,并且在查勘的路上,就报出了两个可供选择的方案:第一,在资金允许的情况下,借着地价便宜,先买下一片,等地价上涨之后转手赚钱;第二,通过古应春的关系,先打听洋人开发市面的计划,抢先买下洋人准备修路的地界附近的地皮,转眼之间就可发财。

不用说,胡雪岩眼睛盯到上海的地产生意上,又是一下子为自己发现了一个绝对能够大发其财的财源。胡雪岩"进军"上海之时正是上海开埠、开始大发展的时候,当时虽然太平军正顺江东下,试图一举占领江浙一带富庶之地,但英、法等国为了自己的在华利益,清廷为了借助洋人对付太平军,他们之间心照不宣地定下"东南互保"的策略,联合起来坚守上海,当时的上海其实是没有受到太平军炮火影响的"孤岛"。而由于太平军的进攻,从东南各地逃难至上海租界的人却越来越多。上海市面也随之更加兴旺。事实上,这个时候也正是上海历史上第一次房地产生意高潮到来前夕,到19世纪末期,上海每亩地价已由几十两涨至两千七百两。其后不几年间,上海外滩地界的地价甚至一度高达每亩三十六万两白银之巨。这一方面的内容,可不就是一个一本万利的大财路?

胡雪岩说:"凡事总要动脑筋,说到理财,到处都是财源。"这应当是他的经验之谈。不用说,做生意离不开理财。生意人的理财,大致应该包含两个方面的内容。一方面是指资金的合理使用和管理,力求达到增加企业盈利、提高经营效率的理财,如定期进行必要的财务审计和财务分析、研究库存结构和资金周转情况、精简开支、压缩非经营性资金的占用等,这都属于这一方面的理财,这是一个生意人日常必做的实际工作。另一个方面的理财,则是指不断为自己开拓财源,用现代经济学术语说,就是准确发现投资热点,扩大投资范围。

只有财源茂盛，才会生意兴隆，这是不言自明的。为此，比较而言，这后一个方面，显得更加重要，应该成为一个有出息的生意人日常关注思考的主要问题，应该成为他必须时刻想着去做的工作。不用说，只有能够准确发现一个又一个投资热点，不错过自己遭遇到的任何一个赚钱的机遇，才能为自己开拓出一个又一个财源，也才能称得上是真正会动脑筋、会理财。

众所周知，一个生意人即使精力再充沛，知识再丰富，也不可能事事精通。这就需要自己做有心人，要有能问遍千家的心性。常言说，问遍千家成内行。能问遍千家，能成内行，自然也就能由此发现赚钱的门道。

机遇爱流浪，仔细找找将它截住

中国有句古话叫"天上不会掉馅儿饼"。按照实际情况，这天上并不会真的掉馅儿饼，这句话的意思只是指代机遇的到来。而机遇，也就是出现在各个领域中的良机。它具有很多人们熟知的特性：一、意外性，它不可确定。二、瞬时性，它稍纵即逝。三、广泛性，它并非失去就没有。根据这些特性，我们可以看出，机遇需要人们仔仔细细、耐耐心心地寻找。人们不能因为它的不明显、快速易逝就放弃寻找，也不能因为它广泛存在就不去寻找。机遇之所以被大家争抢、寻觅、珍惜，原因就在于它能给人们生产、生活带来意想不到的好处，创造意想不到的成就，带来多条走向成功的捷径。

所以，胡雪岩说，会做生意的人，除了精通取势用势外，还要特别善于发现机会，要能够很好地把握和利用机会，要学会把机会变成实实在在的银子。因为，对于胡雪岩来讲，他是实实在在品尝到机会给自己带来丰硕果实的人，也深深了解发现机遇对自己人生的重要性。

如果说取势靠的是巧劲儿的话，那么乘势则需要实质性的力量。因为这要靠眼光及时发现并捕捉机会，再靠手腕和手段牢牢抓住机会，最后靠精神和行动把一个个被发现或遇到的机会，改变成一条条通往财源滚滚大道的小径。

胡雪岩刚开始做生丝生意的时候，刚好是西方资本主义工业生产，特别是纺织工业生产大发展的时期。当时西方因为大力生产丝绸纺织需要大幅增加原料。于是，洋人就需要从中国大量进口蚕丝。因此，对那时候的市场来讲无论是做内贸，还是销"洋庄"，都能赚大钱。而胡雪岩做上这生丝生意，还确实有些偶然的因素，换句话说，他是偶然发现这个机会的。

大家都知道，胡雪岩的患难朋友王有龄在得到海运局坐办的官缺时，上任伊始就遇到了解运漕米的麻烦。当时还是王有龄请胡雪岩帮助自己渡过的难关，但通过这件事却使胡雪岩有了一个奔走于杭州与上海之间的机会。那个时候胡雪岩为了解决押运漕米的问题奔走于杭州与上海之间，雇请的是"阿珠姑娘"家的船。巧合的是，阿珠娘恰好懂一些蚕丝生意，这无意中让胡雪岩有了一个非常方便的请教机会。众所周知，在解决漕粮解运问题的过程中，胡雪岩又逮到了与漕帮建立良好关系的机会，并且还结识了十分熟悉洋场生意门道的古应春。这些因素纠结在一起，给胡雪岩从事生丝生意提供了背景。

但是对胡雪岩来说，最大的机会是好友加靠山王有龄调任湖州知府。湖州是蚕丝的主要产地，因此，前面因素的铺垫加上这个巨大的有利条件，使胡雪岩这个完全不懂蚕丝生意的门外汉发现了"做生丝生意"这个门道，稍加运作也就顺利地做起了蚕丝生意，进而之后又销起"洋庄"，做起了蚕丝"外贸"。这表面上看起来是一个个"巧合"，但如果不是胡雪岩有一双善于发现机遇的眼睛，一般人很难将他们串联起来变成一个大的机遇。

这可以用一个明显的反证予以证明。信和钱庄的张胖子，那个时候也刚好与胡雪岩同行于杭州、上海之间，他甚至比胡雪岩还要熟悉江浙一带的蚕丝经营营生，并且当时的信和钱庄是杭州城里最大的钱庄之一。论资本他比胡雪岩要雄厚得多，论财力后盾，胡雪岩肯定比不过，但张胖子就没有发现这个机会，没有想到去做这一注定能发大财的生意。

再由经营上来看,胡雪岩学习经营蚕丝生意,无论是从历史的长短、经验的丰富,还是实力的雄厚上,他都不如早已经作为丝商巨头的庞二。但胡雪岩一上手这项生意,就能马上发现机会,想到联合同业从而控制市场、操纵价格,在销"洋庄"的生意中迫使洋人就范,而庞二枉做了那么长时间的生丝"洋庄",却没有想到这样做大生丝生意。

所以,胡雪岩成功了,张胖子、庞二顶多只能算作小打小闹的商人。

这个小故事告诉我们,任何事情,在任何情况下,都要求人们必须要具备一双慧眼——善于发现机遇的眼睛。只有在这双眼睛的捕捉下,才能发现机遇,看到潜藏的商机,从而取得成功,甚至做出一番不朽的业绩。

还有一次,胡雪岩把从湖州收来的新丝运到上海,奇怪的是他并没有急着出手。虽然当时的情况很不乐观:他的钱庄才开业不久,没有多少资金用来周转,急需资金。但是在对现况分析和对市场了解后,他发现了一个机会,便顶住压力,把这批货囤积了起来。

其实,胡雪岩没有立即将这批生丝脱手求得现金救急的原因有两个:一个是当时洋商开出的价位让他觉得不理想;而另一个,也是更重要的一个,他认为自己要联合同行控制生丝市场的条件还没有成熟。因为那时胡雪岩运到上海的生丝数量还很少,根本不具备与洋商讨价还价的实力,要获得同洋商抗衡的机会,他必须联合同行,垄断生丝收购。

用胡雪岩自己的话说"事缓则圆,不必急在一时"。在囤积生丝的那段时间里,他一方面请刚结识的上海朋友古应春加紧和洋商谈判,另一方面派他姨太太的叔叔拉拢上海的丝商大户,以便联络更多的同行形成垄断。同时,善于做生意、灵活运用商机的他则利用空闲时间,帮漕帮调解了纠纷,还撮合了古应春与七姑奶奶的婚事,更趁机做了一桩军火生意。

到第二年年初,奔走了一年时间的胡雪岩已经与上海丝商大户几乎达成了一致,散户控制也已见成效,洋商开价已经开始有所松动。这表明胡雪岩发现的那个机会已经在起初步作用了,但是他还是不急于将自己的生丝出手。这里倒是有些商人做生意的技巧在里面,但更多的是胡雪岩希望在等待中寻找更加合适的机会,一举扭转洋商控制开价的垄断局面。

就这样,胡雪岩为了那个他看好的最佳机会等了一年,直到第二年新丝快要上市的时候终于给他逮到了那个寻觅了很久的机会。朝廷因为制度改革，决定设立内地海关，增加釐捐。洋人因为情势所迫不得不低头，于是终于开出了买卖双方都可以接受的价格。胡雪岩终于等到了他苦苦寻觅的机会，除了净赚十八万两银子外，还扭转了价格上的被动局势。

很多时候，机会虽然要善于发现，却也要有寻觅的耐心。俗话说"慢工出细活"，机遇是可遇不可求的稀奇玩意儿，在寻觅它的过程中就要求我们要耐心、要仔细，切忌半途而废。只有这样，更好的机遇才会被我们把握。

处处留心，处处都是商机

了解胡雪岩的人可能都注意到，他很多生意的点子都不是出自自己，而是出自别人；只不过是说这事的人没有注意到这是一个商机，而唯独胡雪岩注意到了，并且去做了。结果说的人没有成功，而胡雪岩成功了。

比如，胡雪岩做房地产生意，完全是隔壁两个人的一席谈话，引得他心向往之，干脆起身立即出门实地考察去。他带上陈世龙，在考察路上又初步决定了生意的做法，回来立即与古应春商量，定下了具体做法。

一天，胡雪岩为丝生意在上海逗留，住在裕记客栈。正在小憩之时，他无意中却听到了隔壁房中两个人的一段关于上海地产的谈话。这两个人对于洋场情况及上海地产开发方式都非常熟悉，他们谈到在上海房地产开发之中，洋人的意见占了支配地位。在谈到上面情况之后，其中一个说道："照上海滩的情况看，大马路、二马路，这样开下去，南北方面的热闹是看得到的，其实，向西一带，更有可为。眼光远的，趁这时候，不管它苇塘、水田，尽量买下来，等洋人的路一开到那里，就可以稳稳地坐在家里等着发财了。"

胡雪岩知道，这两个人说的话都是实情，这自然引得胡雪岩一下子就躺不下去了。也许出于商人的神经敏感，他顿时觉得这又是一个机会，但苦于自己以前没有这方面的经验。于是等他从湖州带到上海跟自己学生意的陈世龙一回到裕记客栈，马上就雇了一辆马车，拉上陈世龙和自己一起，由泥城墙往西，不择路地走，去实地考察。在考察的路上，就拟出了两个可供选择的方案：第一，在资金允许的情况下，趁地价便宜，先买下一片，等地价上涨之后转手赚钱。第二，通过古应春的关系，先摸清洋人开发市面的计划，先买下洋人准备修路的地界附近的地皮。转眼之间就可发财。

不用说，胡雪岩靠这一次偶然的机会，眼光就盯到了上海的地产生意上，为自己发现了一个绝对可以大发其财的机会。后来，胡雪岩采取了请古应春帮忙的办法，打听到什么地方的路近期就要修，就赶快在路边买下大批田产，为此狠赚了一笔。有人会说胡雪岩此举全赖侥幸，但换个其他人，会有这种结果吗？身在生意场，就是要做到"眼观六路，耳听八方"。从众多的信息来源中找到可资利用的，立即付诸行动，必会有所得。

现在很多企业主都在说商机、机遇，但是真正能够看到并且抓住机遇的并没有几个人。那么是不是在现代商场上没有多少机会、没有多少商机了呢？自然不是这样，而是这些企业主没有懂得留心，没有和胡雪岩一样，通过留心来发现并且把握商机。那么在胡雪岩身上，现代企业主又能得到什么启示呢？

一、要留心商机才能发现商机。

这一点是毫无疑问的，胡雪岩之所以能够进军上海房地产市场，就是因为他耳朵"尖"，听到了隔壁房间两个人之间的对话，并且以他商人所特有的敏感性觉得这是一个好机会。这是胡雪岩进军上海房地产市场的起点，也是最为重要的一步。第一步走好了，胡雪岩也就成功了，毕竟好的开始是成功的一半，至少在这一半上，胡雪岩是做好了、做对了。

可是我们现代的很多企业主做对了、做好了吗？似乎并没有。住旅馆休息就是休息，并不知道这其中还存在一些商机；和朋友聊天就是聊天，也不知道聊天其实也能聊出商机……这种被动地接受商机的模式自然而然会将潜在的机会拒之门外。我们经常所说的留心，不仅仅要用眼睛去看，还要用耳朵去听、用心去记、用脑子去思考。

二、发现商机之后还得立刻去做。

想到并不代表做到，只有真正将钱放到自己口袋里了才算是成功了。

对此胡雪岩的做法就是想到就一定要去做到，否则就不去想。在进军房地产市场这件事情上，胡雪岩表现得风风火火，其实在很多事情上，胡雪岩都是这样风风火火的。从某种程度上来说，是胡雪岩的这种性格造就了他的成功。

拖延、拖拉、光说不练永远是企业发展的大敌。很多企业主并不是脑子中没有想法，也确曾有过一些好的想法，只可惜的是这些想法并没有被付诸实施，或者说并没有在第一时间被实施。一旦时过境迁，这些想法也就没有任何用处了。我们在惋惜的时候是不是也该反思一下自己：我想到了，但是我做到了吗？

三、具备一定的实力。

胡雪岩为什么想到就能做到？除了他快捷的行动力之外，最关键的一点是他有足够的实力。进军房地产市场并不是谁想到谁就能做到的。或许隔壁那两个谈话的人也看到了其中的利益，也想着要去做，可是就是苦于没有足够的资金、没有实力去做这件事情，所以才让胡雪岩占了先机。

那么这又对我们现代的企业主有什么启示呢？有多大的实力做多大的事，当然，如果具备一定的融资能力也可以像胡雪岩一样想到、做到。最怕的就是一些企业主眼光大能力小，勉强而为之，既不能达到目的，而且还会伤害原本已有的项目。如果一个企业连基业都不保了，又谈何发展呢？

人们都说这个世界上不是缺少美，而是缺少发现。对此，作为商人的胡雪岩认为，这个世界不是缺少商机，而是缺少发现商机的心。胡雪岩为什么总是眼光那么独到，为什么他总是能抢在别人前面出手？很大的一部分原因就是胡雪岩善于处处留心、处处寻找商机。无论是做生丝生意，还是"进军"房地产生意，都是胡雪岩处处留心的结果。

眼光宜远，先人一步

目光长远，看到别人看不到的利益

在清廷攻打太平天国初期，刘二爷在路上碰到了钱庄总管刘庆生，他将刘庆生悄悄地拉到僻静之处，从身上掏出一个铁盒子，取出两张银票交给刘庆生。刘庆生入眼便觉得异常，这不同于一般的银票。只见那银票是皮纸所制，上面写的是满汉合璧的"户部官票"四字，中间标明"库平足色银二百两"，下面还有几行小字"户部奏行官票，凡属将官票兑换银钱者，与银一律，并准按部定章程，搭交官项，伪造者依律治罪"。

平素刘庆生见识的银票不算少，但从未见过这种银票。因此，他问刘二爷，得知这银票在京里也是刚通行，听说抚署已经派人前往领取了，市面上不久就会流通；刘庆生将这两张银票揣入怀里，直奔胡雪岩处而去。

胡雪岩命刘庆生将来源钱庄和鸿财钱庄的大东家们请来一同鉴赏，以期弄清其来龙去脉。来源钱庄的大东家孙胖子，反反复复地端详，然后放下银票说："我隐约听说，京里要发行新官票，没想到已经出来了，上面做事也够快的了。"

"这种官票不知道发行了多少，说的虽然是'属将官票兑换银钱者，与银一律'，但如果这种官票太多、现银不足，那咱们钱庄岂不要蒙受损失了吗？搞得不好，会招致灭顶之灾啊！"鸿财的一位大东家摇摇头，忧虑地说道。

这些人走后，刘庆生问胡雪岩的意见，胡雪岩摇了摇头，又仔细看了看银票，说："乱世出英雄，越是乱的时候，才越有机会。有其弊必有其利，最关键的是，我们随时都要抓住利的一面，就会永赚不赔。这就好比做米生意，跌得差不多时，就买进；涨得差不多时，就卖出。卖米是这样，做钱生意更是如此。你明白了吗？"

刘庆生还是不怎么明白，胡雪岩接着说："首先，京里发放这种官票，只不过是想聚敛银两、充实军饷，以对付太平军。其次，太平军胜则骄，败则馁，不识人心，甘于守成，必不能成大器。现官兵得西洋利器相助，左、曾二位大人又带兵有方，故太平天国必败无疑。只要官军镇压了太平天国起义，朝廷必将感激。到时候，无论做什么生意，朝廷必将一路放行，这哪有不发的道理？"

两天后，杭州钱业公司召集同行开会，商讨如何处理上头交下来的20万两"户部官票"。刘庆生作为胡雪岩的代权人，在召集会上复述了胡雪岩关于"户部官票"的观点，并率先认销了2万两官票。其他钱业同行也踊跃认销，结果20万两的"户部官票"还不够分派。

利益永远都是商人的着眼点，就如同猎人一样，猎物永远是他们的搜索目标。可是一个好的猎人总是能捕获更多的猎物，而一个蹩脚的猎人最终可能会空手而归。因为前者善于看到别人看不到的猎物，而后者甚至看不到别人能看到的猎物。在商场之上，猎物就是利益，猎人就是商人。从这一点来说，胡雪岩就是一个非常优秀的猎人，他的眼光永远都比别人来得厉害。那么人们不禁要问了，胡雪岩的眼光为什么如此之厉害呢？是不是这里面也有什么秘诀可言呢？那么我们不妨分析一下：

一、看清自己的身份和背后的靠山。

胡雪岩是官商，他的利益和形象完全是和王有龄联系在一起的。那么这和他的眼光又有什么关系呢？很简单，立足现状才能谋求发展，而胡雪岩的身份和既定的靠山就是他的现状。他只有看清楚这一点，才能知道自己的眼光该往哪里去看，该从哪里去寻找更好的出路。

这就能解释为什么现在很多的企业在短时间里轰然倒下了。这些企业不是前期的基础没有打好，而是在发展过程中没有看清自己的立足点和现状，没有看清楚自己的强项和主要服务对象，胡乱投资最终导致企业走向崩溃。这就是我们传统意义上的投资失败，而这种投资失败，人们也往往会将它和投资人的眼光联系在一起。

二、永不满足现状，借此机会引起朝廷的注意，寻找更大的靠山。

胡雪岩是一个商人，而在商人的身上，几乎都有一个特点：永不满足。无论是在利益方面还是在靠山方面都是如此。胡雪岩的靠山王有龄，最多不过是个巡抚而已，能力有限、权力有限，虽然在浙江省境内胡雪岩可以受到保护，但是胡雪岩要想将生意做出浙江去、做向全国，就必须找到更大的靠山。所以胡雪岩借着这次"领官票"的机会，让朝廷注意到自己，以便自己能寻找到更大的靠山。

安于现状是现代企业停滞不前的原因之一，这里面有企业发展环境等客观原因，也有企业主耽于享乐等主观原因。任何一个企业、任何一个企业主，一旦满足了现状，那么发展就会变得迟缓。在现代这个经济快速发展的社会，如果你停滞不前，就意味着你一直在落后于别人。

三、求异心理，让自己区别于同行、高于同行一截。

胡雪岩的生意虽然几乎横跨当时所有挣钱的行业，但是他每做一个行业，都有一个要求：让自己区别于同行。这是一种求异心理，也是一种品牌意识，自己只有和别人做得不一样，顾客才会注意到自己，自己的品牌才会宣扬出去。也正因为如此，无论是阜康钱庄还是胡庆余堂药店，都名声在外。

什么是品牌？什么是广告？品牌就是让自己区别于别人，而广告就是将这种区别告诉别人。一个有效的、能够引起效应的广告不仅仅形式要新颖，更重要的是内容要让人觉得新颖。同是洗发水广告，有的是润发的、有的是去屑的、有的是修补头发的，不同的内容自然能将产品区别开来。试想都是润发型的洗发水，谁又能准确区分呢？

发现别人看不到的利益不是一件容易的事情，对于企业主来说，具备这种能力就意味着成功了一半。那么这种能力是不是能够在日常生活中需有意识地加强实践、培养和提高的呢？很显然是的。只要做好以下几个方面，发现额外利益的能力就会有所提高：

一、要培养市场调研的习惯。

发现创业机会的关键点是深入市场进行调研，要了解市场供求状况、变化趋势，考察顾客需求是否得到满足，注意观察竞争对手的长处与不足等。

二、要多看、多听、多想。

见多识广，识多路广。每个人的知识、经验、思维以及对市场的了解不可能做到面面俱到，多看、多听、多想能广泛获取信息，及时从别人的知识、经验、想法中汲取有益的东西,从而增强发现机会的可能性和几率。

三、要有独特的思维。

机会往往是被少数人抓住的。要克服从众心理和传统的习惯思维模式,敢于相信自己,有独立见解,不人云亦云,不为别人的评头论足、闲言碎语所左右,才能发现和抓住被别人忽视或遗忘的机会。

胡雪岩曾经说过:做生意,眼光很重要。你能看到多远,你的生意就能做到多远;你能看到多大,你的生意就能做到多大。胡雪岩这么说是有道理的,特别是身处那个混乱的年代,眼光不仅仅能决定生意的"生死",还能决定店铺的"存亡"。因为只有看到别人看不到的利益,你才能超越别人,取得生存的权力。

眼光要看得远、看得准

市场变幻莫测,但总有其特定的规律。致富要有长远眼光。着眼于眼前的利益,就会被一些现象所迷惑或者捆住手脚,弄不好还会屡栽跟头;别人成功了,跟着效仿,结果步人后尘,即使有所收获,也只得些残羹剩饭;得了好的信息和项目,总是瞻前顾后、举棋不定,极好的机遇便会与你拜拜……目光短浅,束缚了自己的思想,换来的是顾此失彼、一事无成。

世间百事,变化太快、太复杂。商场也是如此,变幻莫测。基于此种背景,要想立足于商场,大展宏图,则必须要有判断局势的远准眼光。在眼光的远准这一点上,胡雪岩做得很到位。

王有龄恰好调任湖州知府,而湖州又是蚕丝的主要产地。这一切好像安排好了一般,一环扣一环地发生了,使胡雪岩这个完全不懂蚕丝生意的人也顺利地涉足其中,进而又销起"洋庄",做起了蚕丝"外贸"。这一个个"巧合"实在是胡雪岩的"运气"。可如果在这一个个"运气"面前,胡雪岩没有一眼就看出蚕丝生意大有可为的眼光，或者看到了却不懂得如何利用眼前的有利条件，结果又会怎样呢？再如，如果胡雪岩没有那种当机立断、说干就干的胆识和气魄，或者虽然知道要干但却没有合理调配人力、资金的能力，不知道怎么去干，结果又会怎样呢？

就当时的情况而言，有些人的实力要高于胡雪岩。比如，信和钱庄的张胖子，与胡雪岩同行于杭州、上海，甚至比胡雪岩更熟悉江浙一带的蚕丝经营。而且当时的信和还是杭州城里最大的钱庄之一，资本比胡雪岩要雄厚得多，但他就是没有想到去做这一个注定能发大财的生意。再如，胡雪岩经营蚕丝生意，无论是在历史的长短、经验的丰富，还是在实力的雄厚方面，都不如作为丝商巨头的庞二。但胡雪岩一上手就想到联合同业控制市场、操纵价格，在销"洋庄"的生意中迫使洋人就范，而庞二做了那么长时间的生丝"洋庄"却没有想到如此去做。

试看，张胖子、庞二都没有想到去做的事情，而胡雪岩却想到了，并且毫不犹豫地做了，这不得不归功于胡雪岩的眼光。如此看来，胡雪岩想不发财都不可能了。

商场如战场，一个没有独到眼光的人，是根本无法有所作为的。眼光绝非只是虚无缥缈的第六感觉，而是在长期积累的社会经验和社会阅历中习得的，并伴以智慧和勇气。

那么，什么是眼光呢？

眼光就是辨别是非好坏的能力。用于做生意，就是能否看准企业发展方向和对经营落脚点的认识能力。眼光对生意发展的成败和快慢有着举足轻重的作用。

不仅如此，商场还是一个流通金钱的领域，在这个领域中，没有长远眼光、愚钝的人，金钱在他面前一晃就过去了；相反，拥有长远眼光、机智的人，金钱在他面前走也走不掉。

因此，对于商人来说，要赚大钱，需要的是眼光、是长远而敏锐的眼光。这样的商人，就好像戴上了望远镜，肯定比他人看得远、看得清。他们几乎随时随地都要运用自己的眼光，去找准公司发展的方向，寻觅经营的落脚点。商场有时像一场巨大而华丽的赌局，在这场赌局中，有人气定神闲，有人气急败坏，大家共同围坐一张铺着猩红毯子的赌桌边，押上自己的性命、押上自己的一切。但商场绝非毫无规律可言，有眼光、有智慧、有勇气之人才能在这场美丽而残忍的战争中胜出。

胡雪岩商道箴言

商人必须练就这样一种眼光：在观察、辨别一种客观存在的实际时，善于找到它有利于自己生意发展的方面，并且大体测出它有利的程度。还要头脑灵活、反应快速，"要做到吃着碗里的，看着盘里的，想着锅里的"。只有这样才能达到经商的至高境界。

逆势经营，长远规划

《国语·越语》中记载"大夫种曰：臣闻之贾人，夏则资皮，冬则资布，旱则资舟，水则资车，以待乏也"，与《史记·货殖列传》所载计然之言"旱则资舟，水则资车，物之理也"口径一致。可见，商业道理自古都是一样的。

"夏则资皮，冬则资布"，就是炎热的夏天要预贩皮毛，寒冷的冬季要预贩葛布。"旱则资舟，水则资车"，就是气候虽旱也要在船上预先进货；年景虽然洪涝也要在车辆上预先进货。按一般道理讲，气候干旱，船只的需求量就小，车的需求量就大；气候洪涝，船只的需求量就大，车的需求量就小。这样，气候干旱的时候，车的价格就高，船的价格就便宜，大水年则船的价格高，车的价格低，因此旱则购船，水则购车，就能打个时间差，从这中间赚取价格的差值。

一般商人都有跟风从众心理，市场上畅销什么商品，就购进何种商品、卖出何种商品，不畅销的商品，他们根本不去碰。诚然，在商言商，商人都有趋利的心理，没有一个商人经商不以求利为目的。然而，求利和经商手段的高低之分就是一般商人和大商人的区别所在，一般商人从事畅销商品的买卖，固然不冒太大的风险，也能逐渐赚取小额的利润。但是，畅销的商品卖出价虽高，进价也高，出价和进价两者相抵，则利润率不高。而有眼光的商人，却能独辟蹊径，既然看见千军万马挤过独木桥，就想办法出奇制胜。路,有远有近,有捷径也有曲径,捷径直达目标,曲径也能通幽。因此,善于独辟蹊径、出奇制胜的商人更能成功。

胡雪岩涉足生丝行业,如果只是做中间商,赴生丝原产地买丝,然后转手卖给洋人,也未尝不可,这中间利润也还可观。胡雪岩不是一般的商人,他要赚的不是养家糊口的小钱,小恩小惠固然甜蜜可口,但胡雪岩不会被眼前的小恩小惠迷惑,他还有更大的目标。他既要赚大钱,也要维护民族利益。强烈的民族情绪和巨额的商业利润驱使着胡雪岩以过人的胆魄做出了惊天地泣鬼神的举动,要联合所有中国丝商,一致对外。他先是调度大量资金,在湖州开丝行坐地持丝,然后联合中国丝商以统一的价格跟外商谈判,统一行径、统一价格,一致对外。在上海小刀会占领上海县、截断上海的生丝来源后,胡雪岩认识到上海生丝紧缺,生丝价格必会上扬。于是果断作出调度巨额资金,收购上海存丝,以谋巨额利润的决策,胡雪岩就是以敢冒风险的大无畏的气魄,储饶待乏,长远经营的。这种经营方式也许会损失一些眼前利益,却能获得长远利益;或许会损失一些局部利益,却能带来全局利益;或许会失去小额利益,却能获致巨额利益,两相比较,何乐而不为呢?

"夏则资皮,冬则资布"实际是颠倒传统经营思考与法则的创造性思考,当所有可以运用的经营方法,变数到了原意不再、难以突破之际,则不妨跳出原来思考逻辑的框架、格局,以全新反向的角度来看问题或商品。如此一来,可能会产生前所未有的或截然不同的概念。有专家将其称为"逆势营销"。

由于商品竞争越来越激烈,所有经商的变数、利器或战略、战术等,都会有无效或射程有限的情况。当这种情况发生时,正常的思考方法已不足以解决难题,此时就要毫不犹豫地运用逆势思考。

逆势经营,并不是真正的江郎"才尽",而只是一时的黔驴"技穷"。所以才要以"穷则变,变则通"的颠倒性思考寻找再出发、再出去的机会。逆势经营成功的例子很多,譬如王永庆先生所谈的在冬天开冰店,义美在冬天卖冰棒,丰田在不景气时投资广告,信义房屋周俊吉先生的弯道加速,宏基电脑施振荣先生的"卖电脑给不懂的人",都是成功的范例。胡雪岩的逆势经营在今天竞争越来越激烈的商场中,将会被广泛采用,而且也是不可避免的趋势。既然独木桥的对岸有那么多的甜葡萄,我们为什么不搭座新桥或乘船而渡去摘葡萄,而要去挤那已是人满为患的独木桥呢?独木桥本就承载不起太多的重量,疏通不了太多的人,何必在独木桥上浪费太多的时间和精力,倘若独木桥垮了,人人都掉进水里,又如何是好呢?

商业机会每天都能出现在人们身边,只要善于观察分析,去掉传统思考方式,用独特的角度去观察,就一定能掌握市场先机,取得成功。

统观大局,挖掘财源

着眼大局,善于发现财源

胡雪岩的生丝生意还没上手做,就看到了用代理湖州官库的银子贷到杭州,脱手后再解"藩库"银两的商机,可谓之"远"。湖州的公款本来就要解往省城杭州,交付"藩库",先垫支一下,买丝到杭州变成现银之后再交付"藩库"并不为过。如此一来,死款变成了活钱,用它做本钱为己所用,何乐而不为呢?

除此之外,胡雪岩还有看得更远的。在丝茧生意还没开始时,他就想到了和洋人做生意,组织生丝出口,即当时所谓的销"洋庄"。可以说,胡雪岩不同一般的眼光,在他起步之初就为他今后的发展预示了光辉灿烂的前景。

胡雪岩的生丝生意经过几年苦心经营,成为他仅次于钱庄、典当行的重要商务领域,而且一直以外贸为主。

据《光绪实录》记载："光墉所营以丝业为巨擘，主营出口，几乎垄断国际市场。"1872年，在新丝将出的时候，胡雪岩特地派人去各地收买生丝，江浙各州县无一漏脱。这一年他为了垄断市场收购生丝投入了2000万两资金，使外商"欲求一斤一两而不可得"。胡雪岩的确是把生意做到了世界，他的垄断，对当时欧洲的纺织市场影响很大。

在现代商场上，很多企业主都意识到一个问题：企业停滞不前、发展不快很大程度上是因为自己没有给企业带来新的财源，好比一塘死水，没有新鲜水源的注入自然也就不会生机盎然。这是一个既定的事实，要想摆脱，就必须寻找更好的、另外的方法来进行。那么胡雪岩是怎么做到这一点的呢？

一、灵活多变，不甘于现成的模式。

胡雪岩是一个聪明之人，他的聪明之处就在于能将死钱变成活钱为己所用。比如，将官库的银子先拿来作为自己的资本投资生丝，将生丝出售之后再将银子还给官库，虽然中间只隔了短短的一道程序，但是对于胡雪岩来说，钱已经挣得不少了。很显然，这在当时的商场上，并不是现成的模式，而胡雪岩之所以能获得比别人多的利润，就在于他敢于打破现有的模式。

那么在现代商场之上，我们是不是也能打破一些现有的模式呢？比如，很多企业之间的合作都是先垫货、后付款的模式，这样一来，对于垫货企业来说，资金回流就变得比较慢，而且得不到保障，那么我们是不是可以采用现金提货的方式来进行呢？这样一来不仅能起到规范市场的作用，更为关键的是对于垫货企业来说，得到了资金上的保障，那么做起生意来自然也就顺手多了。

二、敢想敢做，善为人所不敢为。

胡雪岩在生丝生意上敢于搞垄断，不让洋人插手。试想胡雪岩的一些同行敢于这么做吗？或许这些人敢于去想，但并不敢于去做。胡雪岩不仅敢想，而且敢做。也正因为如此，胡雪岩取得了同行羡慕的成绩。

当然，现代企业的企业主并不能像胡雪岩一样这样搞"垄断"经营，但是这并不意味着我们现在已经没有其他的方式可以选择了。一个时期的商场自有一个时期的新模式，那么我们现在是不是应该撇开现有的模式，大胆地想象一下，下一步我们该怎么做、能怎么做呢？做生意不想不行，光想不做也不行，要想成功，想和做两者相辅相成、缺一不可。

在现代商场上，大家都在寻找所谓的商机，其实现在所有的商机都超不出以下五种类型：

一、问题。

企业的根本是满足顾客需求，而顾客需求没有得到满足就是问题。寻找商机的重要途径，就是善于去发现和体会自己和他人在需求方面的问题或生活中的难处。比如，有一位公司的老板，在学生放假时发现有"交通难"的问题，于是创办了一家子公司，专做大学生的生意，这就是把问题转化为商机的成功案例。

二、变化。

著名管理大师将创业者定义为那些能"寻找变化，并积极反应，把其当作机会充分利用起来的人"。产业结构变动、消费结构升级、城市化加速、人们观念改变、政府改革、人口结构变动、居民收入水平提高、全球化趋势等这些都是变化，其中都蕴藏着大量的商机，关键要善于发现和利用。

三、竞争。

商场竞争非常残酷，但既是挑战，也是机会。如果你看出了同行业竞争对手的问题，并能弥补竞争对手的缺陷和不足，这就将成为你的创业机会。

四、创造发明。

创造发明提供了新产品、新服务，更好地满足了顾客需求，同时也带来了一系列的创业机会。比如，随着电脑的诞生，电脑维修、软件开发、电脑操作培训、图文制作、信息服务、网上开店等创业机会随之而来。即便你不是发明创造者，你也能从销售和推广新产品中获利。

五、新知识、新技术。

知识经济的一个重要特征，就是信息爆炸、技术不断更新换代，这些都蕴藏着大量的商机。比如，随着健康知识的普及和技术的进步，饮水问题、环保问题等，这些都蕴含着商机。

胡雪岩曾经说过:"生意做得越大,眼光越要放得远。做大生意的眼光,一定要看大局。你的眼光看得到一省,就能做一省的生意;看得到一国,就能做一国的生意;看得到国外,就能做国外的生意;看得到天下,就能做天下的生意。"这就是告诉我们,做生意,要善于着眼于大局,这样才能具备独特的生意眼光,发现别人发现不了的财源。

密切关注时局

美国石油大王洛克菲勒有一句名言:"时局是经营的脉搏,两者会产生共振现象。"其语言简意赅,表达了一个深奥的生意经,即做生意同时局的发展变化密切相关:一方面时局的改变会影响到生意上的经营,另一方面可以从时局的变化之中找到无限巨大的商机。缘何海湾局势紧张石油价格就飙升?美国政坛一出事则华尔街股市暴跌?地区战事一起则生意难做?一句话而言,皆时局对做生意影响大的缘故。

此一点,红顶商人胡雪岩了解得十分透彻。

有一天,胡雪岩在反思自己的生意发展过程时,突然明悟:

"自己做生意,都与时局有关。"

比如,他的钱庄向太平军逃亡兵将吸纳存款,就与太平天国走向败局的大势有关;他的生丝销洋庄既与太平军杀向浙江阻断上海生丝来源有关,也与上海在乱世之中采取"东南互保"而市面相对稳定有关。正因为这样,胡雪岩也总是把帮助维持市面的平静安定,放在一个非常重要的地位,即使因此自己要付出一些代价,他也在所不惜。

在杭州战后,胡雪岩的善后赈济就是典型的例子。

杭州被官军收复的消息一传到上海,胡雪岩就立马起身赶赴杭州,投入了杭州战后繁忙的善后赈济工作之中。

胡雪岩首先做的一件事,就是将一万石大米无偿捐献给杭州用于军粮和赈济灾民。一年多之前，杭州被太平军包围，弹尽粮绝乃至到了人吃人的地步，胡雪岩冒死出城，到上海筹款买到一万石大米，运往杭州却进不得城去，只能把米转道运往宁波。胡雪岩捐献杭州的就是这批大米。当初胡雪岩将这批大米转道运往宁波时，宁波刚刚被太平军攻下，城中难民无数，粮食奇缺，这一万石大米刚好救急。只不过当接收这批大米的米行要开价付款时，胡雪岩却分文未取，只要求不管什么时候，只要杭州收复，三天之内以等量大米归还。

从做生意的角度来看，这无疑是将一大笔钱搁置在那儿。因为就当时的时局来看，杭州能否收复，收复之日何在，真是无法确定。并且，即使在三五年之内能够收复，如此之长的时间，这笔钱利上滚利，一石米也翻成了两石米了。但是，红顶商人胡雪岩却有其独到之想法，如果他留着大米不捐献出去，等杭州收复，可以随时起运，这样虽然稳妥，但是获利不大，况且假如对时局万一把握不准，可就是老本赔尽了。于是，不如干脆将米捐了。

当然，胡雪岩如此行事，从他个人的考虑来说，自然也是出于他尽心乡亲的诚意。他当初冒死出城，采买大米，又冒死将大米运往杭州，就是希望可以为赈济乡梓饥民尽一份力，这诚意确实不容置疑。客观来说，从胡雪岩生意人的用心来看，他要用这一万石大米为自己重新在杭州站稳脚跟"垫"底，也是确定的。他把这一万石大米捐献杭州，就使他在杭州士绅、百姓中名声大振，也使他一下子就获得左宗棠的信任，委他负责杭州的赈济善后事宜。但不管从主观上看，还是从客观上看，胡雪岩此举都有要尽快振兴杭州市面的用意。在胡雪岩看来，杭州战后当急要做的就是振兴市面。而市面要振兴、要兴旺，关键在于安定人心、安定市面。人心安定、市面平静，人们才能放心大胆地来做生意，这样于公于私，都有很大的好处。而民以食为天，有粮食才不起恐慌，人心就容易安定，献出这一万石大米，"这是救地方，也是救自己"。

这也是胡雪岩独特的眼光所在。正是有这不同一般的眼光，胡雪岩总是十分热心公益，如他定下的药店送药的规矩，如他把典当看成穷人的钱庄，如他要求刘庆生只要是能帮助朝廷的事情都要做，其中都有做市面的决心，他就是要通过自己的努力，帮助维持局势的安定、市面的平静。

胡雪岩商道箴言

　　胡雪岩认定自己做生意，都与时局有关，明显是他切于己身的体会。胡雪岩的生意成也好，败也罢，的确都与时局密切相关。当然，局势是否安定、市面是否平静，很多时候并不是生意人就能够做主的，也不是光靠生意人就能维持得了的。然而，生意人应该有做市面的自觉，要想到在可能的时候，特别是在自己的确赚了钱，甚至赚了大钱而有能力去做的时候，去帮助维持市面。

洞察时局，夹缝求财

　　做生意一定要明察秋毫、头脑灵活。将一轻一重、一缓一急拿捏得恰到好处。何时该收、何时该放、何时该进、何时该退这是一个战略性的选择问题。一旦选择失当，就可能遭受灭顶之灾。胡雪岩的生意越做越大，财富越积越多，正是因为他能够明察秋毫，想到别人所想不到的，做在常人看来不正常的事。

　　胡雪岩说过："我有了钱，不是拿银票糊墙壁，看看过瘾就算了，我有了钱要用出去。"胡雪岩在筹划投资典当业、药店的同时，还想着另一项与国计民生有关的大事业。他准备利用漕帮的人力、漕帮在内地水路的势力以及他们现有的船只，承揽官府和民间的物资运输，同时以松江漕帮在上海的通裕米行为基础，大规模贩卖粮食。胡雪岩要为自己打开水路货运和粮食买卖这两片前景广阔的天地。

　　胡雪岩之所以要投资大规模贩运粮食，是因为乱世米似珠贵。那时，太平军沿长江一线大举进攻东南部地区，战乱之中，大片田地荒芜、粮食出产锐减，贩运粮食必然有利可图。这桩生意有利可图，是因为自己已经具备了两个条件，这两个条件都与时局有关。

　　其一，战火纷飞，社会动荡造成了交通不便，有米的地方运不出去、卖不掉，尤其是有些人家积存了好多粮食，但一打起仗来，所有粮食就会被战火烧光，付之一炬；或是到了秋收，迫于战事，百姓为了保存性命，不得不四处逃逸，有稻无人割，白白作践。既空耗人力，也浪费物力。而漕帮人手又有水路势力，此时组织起来贩运粮食，天时、地利、人和都占全了，由于风险大，不会有人轻易介入，所以还不存在竞争性。

其二，官军与太平军必有一战。常言道"兵马未动，粮草先行"，粮食对于交战双方都是大事，运粮必然会得到官军的支持，粮食贩运也会顺利许多。

这样，贩卖粮食，于公于私在当时都是一件非常有利的事。

尤五在听完胡雪岩阐述自己关于贩卖粮食的想法后，大赞胡雪岩说得"有道理！"还忙不迭地继续问道："如何具体地动作实施才能确保安全？"

胡雪岩答道："这就要时刻注意时局的变化。眼要明、手要快，看啥地方在太平军的攻击下，清兵快守不住了，我们多调船过去，将粮食抢运出去。能割的稻子，也要抢着割下来。"胡雪岩又说："这当然要当地的官府帮忙，或者派兵保护，或者关卡上格外通融。只要各方面环节疏通好了，五哥，你们将来人和、地利都具备，是独门生意。"

尤五和古应春将胡雪岩的话细细品味并认真考虑了好一会儿，都觉得这贩卖粮食的确是项别人抢不去可以挣大钱的好生意，但做起来却有一定的难度，关键得有官场的支持。

"官场的情形，小爷叔你晓得的，他们都是见钱眼开的主儿，未见得肯帮我们的忙。"

官场中的情形，胡雪岩早已分析透彻，因而信心十足地说："肯，一定肯！只看怎样说法。其中还有个道理：打仗需要做好两件事，一是兵，二是粮，叫作足食足兵。"

胡雪岩一向认为，"只要有利官军打胜仗，即使赔钱也要干"，再加上这桩生意具备了上述两个条件，已经注定了稳赚，胡雪岩当然不会放过能做大生意的机会。

在兵荒马乱的年月，一般商人更多想到的是收缩商业战线和保存实力，而胡雪岩却想到的是发展，并且总能准确地把握时局，从容地应对，在乱世夹缝中为自己开辟出一条条生财之路，这得益于他善于在各种势力中周旋。

同他在一起"销洋庄"的古应春和尤五，天天生活在大上海，对上海的了解远胜过胡雪岩，而且也认识到战乱年代粮食的价值，可他们就是想不到去做粮食生意。

同是生意人，却有着不同的经商意识。他的目光独特之处在于把时势与经商紧密结合在一起，利用时势造成的某种机会进行投资。用现代经济眼光来看，就是学会并且敢于投资，在不断赚钱的同时也要不断地以投资的方式去扩展经营范围，去获取更大的利润。钱是人赚的，赚来就是为人用的。胡雪岩之所以能白手起家，在几年间便至富豪，成为中国历史上第一位也是唯一一位"红顶商人"，在很大程度上就是因为他不限于一门一行，总是为自己不断地开拓投资的方向，并且看准了时机就大胆地投资，没有丝毫的犹豫。

如果死守自己的钱庄生意而不思开拓商务领域，他绝不可能如此轰轰烈烈，成为清末一代富商。

胡雪岩由战争影响粮食生产看到贩运粮食的前景和丰厚利润，可谓是"明察秋毫"，不只把眼光盯在自己熟悉的那一行当。当然，胡雪岩的经商胆略不是与生俱来的，而是在商战中不断地磨炼出来的。

以上只是他的商业智慧。胡雪岩最根本的成功之道，是他恪守官场的潜规则，不断寻找官商利益的契合点，不断实现"花花轿子人抬人""你好我好大家好"的双赢或者多赢的目的。人在商场，本来在商言商，赚钱是目的，胡雪岩比别人看得深一层，他在商不只言商，更注重造势，把权、商、情紧密结合，打不通的路要想办法打通，摆不平的人要千方百计摆平。

胡雪岩以他卓越的圆通能力在夹缝里生存发展。在官场、漕帮黑白两道的夹缝里，在民族经济与西方经济的夹缝里，在左宗棠与李鸿章的夹缝里，踢打出了一个世界、一方天地。

胡雪岩的一生的确是极为奇特、复杂的一生，他是我国封建社会商人经营、发达的浓缩，更是终结了旧式传统商人、开启了中国新式商人的先河。所以，鲁迅先生称他为"中国封建社会的最后一位商人"。"最后"二字有三层含义：一是"集大成者"；二是"承前启后"；三是"不再出现"。这样定位恰恰又体现了胡雪岩在商业史上地位的特殊性。

胡雪岩商道箴言

胡雪岩常说：做生意一靠机会，二靠本领。事实上我们可以看出，胡雪岩既在机会中显示了本领，又凭借本领创造了机会，的确，机会和本领缺一不可。

缜密分析，赢得成功

三思而后行

做事不能碰运气，要想停当了再动手。

三思而后行的古训出于《论语》，这句话的意思非常明确，就是教导我们要养成做事前多思考的好习惯。此时，可能有人会说，当今社会复杂多变，机会稍纵即逝，有时候做事前考虑得太多反而会错失良机。但要明确"三思而后行"与快速地把握时机并不矛盾，做事情要学会把握时机，同时在决策的时候还要多去思考。这样的人才才有希望达到成功的彼岸，立于不败之地。所以，人生在世要学会思考，只有学会思考，才有可能演绎出精彩的人生。

两千多年前的思想家孟子说："心之官则思，思则得之，不思则不得也。"他的话充分说明了做学问、干事业，都需要思考。只有多思、深思、精思，才能摸索出规律，举一反三，触类旁通。如果把我们的思想当作一块土地，那么只有经过辛勤而且有计划的耕耘，才可以把这块土地开垦成产量丰富的良田。

杭州被围之后，王有龄率军坚守孤城，终至粮草告罄，断粮达一月之久，开始时是将城中所存药材、南货，如黄精、枣栗、海参等尽做充饥之物，再后来就是吃糠、吃草根、吃树皮，最后甚至到了割尸充饥之地步。受王有龄之托，也是不忍城中军民受饥饿折磨，胡雪岩冒死出城，到上海买了一船救命粮，运至杭州外钱塘江面。无奈此时进城通道已完全断绝，城内城外相望却无法相通。在经历了三天度日如年、寝食俱废的等待之后，胡雪岩终于同意让陪他一起到杭州送粮的萧家骥冒险进城，向城中通个消息，并商量一下，看看能不能找到将粮抢进城去的办法。萧家骥出发之前，胡雪岩问他如何到对岸、如何进得杭州城去、遇到敌方又如何应付等问题。对于这些问题萧家骥其实想都没想，以他的意思，在这种情况下，原本只能见机行事碰运气了，而胡雪岩不同意只是见机行事碰运气，他对萧家骥说："这时候做事，不能说碰运气，要想停当了再动手。"并且为他筹划了细致的方案，才放他出发。

胡雪岩在这里说的"这时候"，自然不是指进行某项商业运作的时候，而是指危急时刻。但"不能碰运气，要想停当了再动手"，这其中包含的道理，用于商业运作却也是极为恰当的。

一位成功学家说过这样一句话：要成为富人，就要培养思考能力！的确，很多富人多谋善断、高瞻远瞩。特定的职业和领域，造就了不同行业的成功者的性格，但是，他们有没有共性呢？正如马克思主义哲学所说，共性存在于个性之中，个性之中包含着共性。我们不可能学习全地球所有成功者的性格，我们也没有那个时间和精力，但是我们可以学习他们的共性，那就是花大量的时间从事研究、思考和计划，去吸引财富。

所以，对于那些在商场渴望成功的人来说，"三思"就是要做到：一思做什么；二思怎么做；三思怎么做最好。首先要找到目标，这样才能有的放矢，否则就会像无头苍蝇一样无所适从。接下来就要思考怎么做，只有做事的方法得当，才会达到事半功倍的效果，否则就会走弯路，不仅浪费宝贵的时间和精力，有时甚至还会造成无法挽回的损失。最后还要在已有的方法中做出最适当的选择，争取以最小的投入获得最大的收益。

思考意味着找到方向。你可以通过思考确定自己的目标，构建通往这个目标的蓝图。遇到问题时，你可以通过思考来想出解决的办法；取得成绩时，你可以通过思考来找到成功的经验；遭遇困难时，你可以通过思考得出失败的教训。

分析利弊,敢于刀头舔血

太平天国战乱后期,胡雪岩突然想到一个问题:太平天国军兵占据江南富庶之地已历数年,他们中的许多人一定从各种来路积蓄了不少的私财。现在太平军气数已尽,其中的很多人一定在给自己寻找后路,那么阜康钱庄是不是可以吸收这部分的存款呢?如果能吸收这部分存款,又该不该算利息呢?

胡雪岩通过自己的渠道了解到,太平军那些逃亡兵将只求保命、保产,根本谈不到还要利息。这就意味着如果能接受他们的存款,将会是一笔非常诱人的收入。

可是到底该不该接受他们的存款?毕竟太平军是朝廷的"叛逆",如果接受太平天国兵将的存款,弄不好会担上通逆的罪名。胡雪岩明知吸收太平军兵将的存款冒有极大的风险,但他还是决定冒险一搏。他这么去做,自然有他自己细致的考虑,首先是这一举措确实有它的可行性。如今太平军败局已定,他们中的好些人已经开始在暗地里盘算着如何逃过这场劫难。对于太平军兵将来说,这个时候是保命容易保财难,而他们只要保住财产,逃过这场劫难之后,风头一过,局势一定,后半辈子也就可以衣食无忧。这些人的财产当然是变成现银存到钱庄里最保险。

然而,不用说,接受逃亡太平军兵将隐匿私产存到钱庄的钱款,风险也是存在的。其风险有二:第一,按朝廷律例,太平天国兵将的家财私产便是"逆财""逆产",照理不得隐匿。接受逆产,即为隐匿,一旦查出,很有可能被安上通"逆"助"贼"的罪名,与那些太平军逃亡兵将一同治罪。胡雪岩刚刚经营起来的钱庄生意与社会地位,很可能会随之毁于一旦。第二,太平军逃亡兵将的财产既是"逆财""逆产",被抄入公则是必然的;被抄的人倘若有私产寄存他处,照例也要追查。接受这些人的存款,如果官府来追,则不敢不报。虽然官军中不乏贪财枉法之辈,自己搜刮的太平军财产可以逃过官府的追查,但尽管如此,也绝不能完全排除有些人要一查到底的可能。这样,一旦查出,即使不被安上接受"逆产"的罪名一同治罪,存款也必被官府没收。按钱庄的规矩,风平浪静之后有人来取这笔存款,钱庄也必得照付。如此一来,钱庄不仅血本无归,还要

"吃倒账"。

有这两层风险，接受太平军逃亡兵将的存款，也就确实类似刀头上去舐血了。但是这笔"买卖"风险大，获利也大。因为这样的存款不必计付利息，等于是人家白白送钱给你去赚钱。因此胡雪岩仍然决定做，这就是他勇毅的体现，结果证明胡雪岩的判断胜利了。这笔太平军的存款大大地增强了钱庄的实力，使得胡雪岩的事业又上了一个台阶。

商业经营中，常有宝贵的商机出现，等待人们发掘；然而机遇同时也伴随风险，机遇越好，风险越大。商机稍纵即逝，到底要不要抓住机会，同时承担风险，这就要求决策者具有当机立断的勇气。这固然没有错，可是我们一直想要搞清楚的是，胡雪岩为什么经过分析之后，就义无反顾地决定要吸收太平军的存款了呢？

一、太平军官兵急需一个钱庄为自己保存存款。

正如胡雪岩所分析的那样，太平军气数已尽，他们当中的很多人已经开始为自己寻找后路了，存放自己的钱财就是行动之一。这在当时来说，是一种需求，而胡雪岩的阜康钱庄就是要满足这种需求，这是对自己有利的一面。

其实很多企业之所以能开辟新的项目，就是因为他们善于发现别人的需求，只要有需求，就会有商机。当然，要发现别人的需求，不仅仅要细致观察，而且还要懂得站在对方的角度上为对方思考。

二、胡雪岩的靠山变了。

太平军战乱后期，此时王有龄已经以身殉国了，胡雪岩为了自保，将目光瞄向了左宗棠这棵大树。经过几次的接触，胡雪岩就靠上了左宗棠这棵大树，而此时正是他们合作的前期，互相照顾得比较周到一点。更何况，左宗棠就是领兵击败太平军的将领之一，他说谁是太平军谁就是太平军。这样一来，胡雪岩钱庄的钱就等于上了一个保险，因为左宗棠可以证明没有太平军官兵在阜康钱庄存钱。这样一来，风险也就没有了，剩下的就是利益了。

这是一招"金蝉脱壳"的商术，脱掉的是风险，留下的是利益。那么现代企业是不是也可以从中获得一些启发呢？我们在面临风险的时候是不是也能拐个弯、换个思维来思考问题呢？

既然企业在运行过程当中不是一帆风顺的，那么我们就应该想到：是不是可以规避企业运作当中的风险呢？在一定程度上，这是可以办到的，不过需要做好以下几个方面的工作：

一、善于控制自我。

对于一些已经取得一定成绩的企业主来说，不仅具备了自信，而且也具备了自负，所以要学会自我控制。以提高产品质量、性能和服务为目的，在精、细、专上下功夫。最主要的是不要做出"胜极而败"的事情。

二、打造一支自己的高水平管理团队。

发现自己管理大规模生产的能力欠缺时，勇于聘请经理人，打造和建立一支自己的团队，精诚互补、和谐共赢。只有不断地整合和利用多种优势资源来促进自身的发展，才能最大限度地规避企业运作的风险。

三、企业内部建立完整的商业保密机制。

很多时候，企业的风险来源于内部的泄密。无论是商业计划泄密还是任何有关企业运作资料的泄密，对于企业来说，都是一个巨大的风险。当然，要想规避风险，企业就应该建立完整的商业保密机制，尽最大努力做到不犯泄密这种低级错误。

四、严于评价自我。

对于中小企业来说，要想规避风险、处理危机，就应该做到结合自身情况、全面认识自己、严格评价自己，并且发挥自身的优势、弥补自身的不足。而要严于评价自我，就应该尝试多进行交流沟通，多组织民主议事，多请专家分析诊断，多参加政府组织的活动，集思广益、开拓思路，广泛听取各方面意见。

任何事情的利弊都不是明摆在事情表面的，所以善于分析的人才会得到别人得不到的利益。胡雪岩曾经说过，一个精明的商人，不仅算盘要打得噼啪响，而且脑子也得转得快。当然，两者相比，后者更加重要。在吸收太平军存款的事情上，胡雪岩就是在进行了周密的分析之后才最终决定去执行的。

凭智慧与做人做生意

胡雪岩的智慧的首要特点就是化智入义，把自己在人情关系上的基本才智充分发挥出来，体人情、通人性。他对人情的体察到了十分细微的地步。

比如，他因资助王有龄而丢了饭碗，自己落魄了，他绝不去找老关系的麻烦，宁可屈就去吃门板饭。一旦发达了，他又精挑细选礼品，把老同事们服侍得服服帖帖。个个觉得，胡雪岩这人有难了不会找熟人麻烦，有福了会和大家一起享。

这个智慧就是人情的智慧。胡雪岩知道人心厌恶啰嗦，有人给你找麻烦总是件不快的事；反过来，人本性中又总爱占小便宜，你能满足他这一小小本性，他就会喜不自胜。

将这个入微体贴的、关于人性的知识运用起来了，做出来的行为就入了义。

比如，和淞江漕帮的尤五谈"民折官办"的事情时，揣知尤五卖米有难色，不是不卖，而是卖了不甘心，自有隐衷。胡雪岩就捕捉到了这一心理，并且拿话挑明了，告诉尤五，有什么难处，胡雪岩自然会帮，否则还不如不买这批粮食。

难处积在心里头，被人讲明了，并且帮你落实了解决办法，这就是为人筹计的举动，显见出是朋友了。因此，关于人性的体察，又化作了与义有关的举动。

这种智，算不算商业智慧？应该算，而且应该是上乘。因为这种智慧是边拆边用、边用边结，最后上升为义，又为以后的商业往来打开了路子。新的机会，由于受这种义智的鼓励，是越滚越多，越扩越大，等于每一次都为未知的下次增加了取胜的机会。它和单纯的商业市场估计大为不同。

我们拿绿营兵罗尚德存银12000两的例子来做比较。

按一般的市场规则做的话，只需点明银两，立折为凭即可，或者按现代银行储蓄来做，发现此人行踪可疑，身份与银两出入太大，先把来人稳住了，找到警察来盘问清楚再说。

胡雪岩却是人未打交道，义名已经在外。罗尚德是听了自己的表亲杨书办讲述胡雪岩的侠义之举后作出判断的：姓胡的这人靠得住。

这个判断正是胡雪岩关于人性智慧运用后化智入义的结果。

第一次是资助王有龄，尽人皆知。

第二次是阜康开业，先开二十个大洋的户头折，托杨书办一一送到官场内室手里。

有了胡雪岩的一贯表现，罗尚德就有信心上门存银了。

存银却不要折，也不要息，显见是别有隐曲。换一个人不见得会处理，胡雪岩却借故要和他摆一碗。

这一摆就有了时间缓冲。胡雪岩又算对了，酒酣饭饱，罗尚德把自己的故事全倒给了胡雪岩听。

罗尚德年轻时嗜赌，结果亲家老丈召他入堂，告诉他，如果他愿意退婚，原借债不算，另外奉送他1500两银子。罗受此刺激，撕了婚约，投军攒钱，用尽了各种手段，发誓要把这笔欠款还清。

胡雪岩的商业头脑又活动开了，向罗尚德表示，罗的这笔钱，以3年为期，3年后来提，15000两足银。

利息给的是高了点儿。

不过，首先，又是一个化智入义的机会。有了自己的这一表示，成例放在那里，经罗尚德回去那么一宣传，恐怕短期内的存款，单是罗尚德这一号当兵的，累加起来也会不下10万。其次，利息高低，全看你对存款如何运用。头寸足了，生意大了，区区利息，实不算什么。

胡雪岩的商业智慧，实在是以智养智了。

还有一点，胡雪岩不但用他对人情的通透了解结义、化智入义，而且善于攻心，化智为利、化智为势。

如对抚台黄宗汉的贪吃贪索，那是毫无"义"字可言的，但是胡雪岩照塞不误。先是从上海往他老家汇去了20000两，后是从杭州往北京帮他汇到户部10000两。

前一笔化为黄宗汉对王有龄的提拔，从海运局转为署理湖州府；后一笔化为对嵇鹤龄的补缺，允许由嵇代王有龄在海运局的原差使。

两个差使各管一摊官银，只要自己人在，不愁官银不从阜康过，阜康的头寸手面实力更不在话下。

嵇鹤龄曾戏称宁可拿钱塞狗洞,也不肯白出孝敬费;王有龄也对抚台大人的暗示置若罔闻,落得抚台大人把脸一沉,端茶送客。

胡雪岩只是听,听出门道了,就适逢其时地派人把事情办了。

这就是胡雪岩攻人心的智慧,即便它是人性的负面,表现出来是恶劣的,也要顺着对它的了解去做。

不仅如此,胡雪岩还具有化智为"眼光"的高超本领。

在上述罗尚德存银一例中便可看出胡雪岩的眼光来。通俗地说,化智入义均是眼光。就是说,胡雪岩人在做眼前的生意,思想却是放在将来,所以他不做一锤子买卖(好像准备趁着谁还没醒悟过来,大捞一把,赶快洗手似的)。

眼光看得大、看得远,手头做起事来就放得开、摆得匀。比如,官票初次发行,信用不可知,小眼光的只看到这一点,大眼光的则看到官府平逆,民心所向,所以这信用得靠同行维持,官府信用好了,做钱业生意的也跟着占便宜。

胡雪岩的商业智慧,有这两点与众不同,也就注定了胡雪岩走上与官府合作、受朋友拥戴的道路。尤其是化智入义这一点,把侠义之心渗入商业活动中,把握了人性中极为复杂的方面,使得胡雪岩有了"东南大侠"的尊誉。现在的人,之所以为胡雪岩所激动,正是因为胡雪岩迎合了人们的浪漫性格。假定一个商人工于算计,斤斤计较,按现代资本主义眼光看,符合商人的一般标准,但其智慧是冷奇型的,做出的事也必平庸无奇、无情无义,总没有胡雪岩的义智型来得光艳照人。

胡雪岩商道箴言

智慧型的人,总有这样一种性格,不是靠蛮力做人办事,而是靠智力做人办事,所以总能达到"巧妙"的境界。胡雪岩经商讲究"智"。他所谓智即权变,也就是观察市场,通权时变,这是一个商人的基本要求。而胡雪岩的商业智慧,还有两个与众不同的特点:第一是把智运用到义上,以攻人心为上,以此把握商情;第二是把智化解为"眼光",以此评判生意。

第五章
经营靠山,借势而起

古人说:"登高而招,臂非加长也,而见者远;顺风而呼,声非加疾也,而闻者彰。"这句话形象地阐释了借助外界力量的重要性。对这一点,胡雪岩看得非常清楚,所以也就非常注重在为自己经营靠山上下功夫。他在官场势力之间层层结交,"栽"出一棵枝丫相连、枝叶茂盛的大树,也为自己开采出巨大的财源。

结交权贵，获得官场保护

攀龙附凤，寻求官场保护

在胡雪岩生活的年代，官吏对商人的影响十分大，一个极小的守门吏都可以以其职务特权随便影响一个小商贩的生意。较大的官吏情况更严重，他可以各种貌似合理的理由强行征税，或者宣布该贸易为不合法。正因为如此，很多商人不得不宣布倒闭，举家搬迁，生意受到影响不说，甚至还会"触犯朝廷律例"，这可是要掉脑袋的。

看得多了、经历得多了，胡雪岩也渐渐摸索出一个诀窍：要想做好生意，寻求官场的保护乃是上上策。很明显，所争取的官吏职位越大，能给商人提供的活动范围就越大。

要寻找保护的办法很多，首先是帮助有希望、有前途的人。这个人以王有龄为首、为典型。胡雪岩冒着丢饭碗的风险，擅作主张，动用东家的大笔银两资助他去"投供"。自然而然，王有龄"投供"成功之后会想着如何帮助胡雪岩，以报答"知遇之恩"。

很显然，在王有龄的身上，胡雪岩得到了不少的好处：王有龄以海运局坐办解决漕米问题有功直升知府，旋补杭州，不出几年，又升浙江巡抚。胡雪岩先前的人情投资在王有龄的不断升迁中，便得到难以计数的回报。粮食的购办及转运、地方团练经费与军火费用、地方厘捐、丝业，各个方面的钱都向胡雪岩的钱庄流了进来，而且还博得了"东南大侠"的美誉。

要寻找保护，还有一个方法就是打点对方、帮助对方。胡雪岩除了帮助过王有龄之外，还帮助过何桂清。何桂清幼年时，曾是王有龄老家门房之子，与王家素有渊源，此人后来科场得意，为江苏省学政，后任浙江巡抚。

胡雪岩对何桂清更是不惜血本，为了何桂清的迁升，一次可以放出一万五千两银子；为了讨他的欢心，更为了日后自己的商业，忍痛割爱，把自己的爱妾阿巧姐转赠于他。

从何王集团的身上，胡雪岩同样得到了不少的好处，不仅巩固了商业地位，而且也巩固了政治地位。

何王集团土崩瓦解之后，胡雪岩又为自己寻找到了响彻朝野的重臣左宗棠作为新的商业保护人。

在深得左宗棠信任后，谙通华洋事务的胡雪岩在洋务运动中又找到了用武之地。他不仅为左宗棠筹粮筹饷、购置枪支弹药，还协助左宗棠创办了福州船政局、甘肃织造总局；帮助左宗棠引进机器，用西洋新机器开凿径河等。胡雪岩还常以亦官亦商的身份往来于宁波、上海等洋人聚集的通商口岸间，他在经办粮台转运、接济军需物资之余，紧紧抓住与外国人交往的机会，联络外国军官，为左宗棠训练了一支约千人、全部用洋枪洋炮装备的"常捷军"。

这些事耗去了他大部分精力，但是胡雪岩乐此不疲。第一是因为这些事本身就是商事，可以从中赢利；第二是因为左宗棠有了这些装备，才能安心平乱、兴办洋务，成就功名大业。左宗棠是个英才，他在朝廷中的地位日益巩固，胡雪岩就愈加踏实。有了左宗棠这样一个大员做后盾，有了朝廷赏戴的红顶、赏穿的黄马褂，天下人莫不视胡雪岩为天下一等的商人，莫不视胡雪岩的阜康招牌为一等金字招牌；胡雪岩也就有机会一次吸存上百万的巨款，也可以非常硬气地与洋人抗衡。任何一个以本业为主、不能上传下达的商人都不敢像他这么做。只有胡雪岩，把握住了这个时期的特点，而且做到了。

除了巴结王有龄、左宗棠，胡雪岩还通过钱庄业务与朝中大官奕䜣、文煜等人接上了关系。当然，多一个朋友多一条路，对于一些小官小吏，胡雪岩也极力拉拢。

也正因为如此，胡雪岩得到了一个"红顶商人"的外号。这"红顶"很具象征意义，因为它是朝廷赏发的。戴上它，意味着胡雪岩受到了皇帝的恩宠。事实上，它意味着皇帝肯定了胡雪岩所从事的商业活动的合法性。皇帝是至高无上的，既然是皇帝所保护的人，那些王公大臣才能很放心地把大把银子存入阜康钱庄，这就是借官势助商势的典型运用。

攀龙附凤、寻求保护是商场之上不可缺少的一种手段。但是我们要明确一点：这种手段威力巨大，但是并不是"包治百病"，并不是任何人都能玩得转的。胡雪岩之所以能利用官场保护大发横财，很关键的一点：他不仅攀龙附凤，而且还攀得恰到好处。那么他又是怎么玩的呢？

一、懂得为别人而付出。

无论是为了王有龄还是何桂清，甚至是后来的左宗棠，胡雪岩都为他们付出了很多。俗话说得好，没有付出，哪来的回报。这句话无论是在官场之上还是在商场上都是管用的，胡雪岩对此非常明白。更为重要的一点是胡雪岩明白：帮助别人就是在帮助自己的道理，只要这些官场中的人稳步高升，青云直上，那么自己的生意也就能步步高升，这就是给自己的回报。

可是纵观现代商场上的一些企业主，为一些蝇头小利而斤斤计较，既想让马儿跑，又不想让马儿吃草，这种"天上掉馅儿饼"的好事怎么可能发生呢？商人都是以利益为重的，亏本生意谁都不愿意去做。很多堪称聪明绝顶的企业主连这一点最基本的道理都没有搞清楚，又如何能攀上权贵，为自己所用呢？

二、不要忘记小官小吏。

俗话说"阎王好见，小鬼难缠"，要想攀上权贵，做好生意，胡雪岩所采用的策略就是"共分一杯羹"；他不仅对这些大的权贵倾尽全力地帮助，对于这些小官小吏也极力拉拢。胡雪岩为什么要这么做？无非就是让这些小官小吏给自己行个方便，让自己的生意做得更加顺畅一些、更加利索一些。要记住一点：真正经办一些小事的，并不是大的权贵，而是大权贵手下的这些小官小吏；如果仅仅攀附上了大权贵，没有理会这些小官小吏，生意同样不会好做。

很多企业主认为只要和对方企业的老板搞好关系就意味着自己攀上了权贵，而完全不把对方企业的办事员放在眼里，颐指气使。毫无疑问，这样的"势利小人"最终不会得到真正的帮助，即便项目开展，也会受到各种各样的阻碍。

三、寻求官府的认可。

胡雪岩一个"顶戴商人"的头衔就是官府的认可,为什么?因为他有朝廷赏发的"顶戴"。朝廷是什么?是官府。官府赏发顶戴意味着什么?意味着官府认可了胡雪岩,认可了胡雪岩的生意,认可了胡雪岩的钱庄、药店、生丝店、典当店……带来的好处就是顾客趋之若鹜。

试想一下,如果政府主管部门指定一个企业来承办某个项目,那么这个企业在同行业中的影响有多大?对于其他顾客来说,又会怎么样看待这个企业呢?毫无疑问,会觉得这个企业的信誉度一定高、效率一定高。不为什么,就为它曾经是政府指定的企业,就这一点理由足矣。

胡雪岩在信和钱庄做跑街的时候,就经常与一班挖空心思捐班升官的人打交道,这使他日益感到:要想做好生意,就必须有一个坚强的后盾,这样就意味着更多的机会和更少的风险。因此在他自立门户之后,胡雪岩就十分注意寻找官场的保护,他在官场势力之间层层结交,"栽出"一棵棵枝叶相连且茂盛的大树,也为自己开发出巨大的财源。

巧借权贵以生财

在封建社会,权力具有这样一种属性:一个一文不名的无赖当上皇帝就可以拥有整个国家,一个出身卑微的太监架控君主后就能支配朝野上下,一个小小的衙役因为掌握着打板时的轻重大权而可以经常拿到红包。

既然权力已经成为发财的工具,而很多执掌权力者又善于使自己的权力"增值",那么我们就要把一些"传统官员"也归入"传统商人"之列。

中国传统商人大多有政治头脑,像吕不韦一样,知道做"太子"的买卖赢利最大,而中国的官员也大多有经济头脑,不是善于理财能富国利民,就是善于生财能搜刮民脂民膏。所以,对于范蠡、子贡、吕不韦、桑弘羊,我们真分不清他们到底是官还是商,只能说他们是官商结合体,既善于以商经官，还善于以官来经商。

中国的商人是有政治头脑的，中国的官员也是有经济头脑的。尤其是在晚清，权力成了官员营私舞弊的渊薮，所谓"衙门堂堂八字开，有理无钱莫进来"。

因为权钱交易、索贿行贿本身就是建立在互相利用的基础上的，所以充满着尔虞我诈。《汪穰卿笔记》记述了这样一件事：有个候补道为某银行总办索得某省开矿权，他开价索要10万两银子作为报酬，总办一口答应，并且对候补道十分殷勤。过了数月，事情办成，总办不再露面，候补道再三登门才获见，但总办好像不认识候补道似的，反问何事，待候补道把事情原原本本讲了一遍，总办装作十分吃惊，说："怎会有这样的事，大概是你记错了吧？开矿权我本有能力获得，何必求靠于你。我想如果说酬谢约千百两，倒还有点可能，怎会许给这么巨大的款子呢？"

这个钱庄总办利用候补道达到目的后就装聋作哑一脚蹬开对方，大抵是欺候补道在官阶中毕竟属于低级的，或许总办还有更大的靠山，但透过这段记载，我们可以看出，既然官为商办事可以大言不惭地开价索贿，甚至可以登门讨钱，那么，权钱交易肯定成了官商两界普遍认同的现象和理所当然的事，并且像上述总办赖官员账的事毕竟是少数。一般而言，在权钱交易中，总是钱不敌势，商依附于官的。

胡雪岩是个精明之人，他心中一定算计过：与其让贪墨之吏勒索，不如自己识趣主动"孝敬"这些官老爷，这样还可算个人情，到时候官自会"心有灵犀一点通"，在他做生意时给予"方便"。

胡雪岩常常对王有龄说："这官场可非寻常之地，为官与经商的道理是一个样，水涨船高，人抬人高。只有这样生意才做得好、官才做得顺。你初来乍到，背后虽有何学台的面子，但抚台、藩台、粮道，还有他们的手下人，一定要安抚好。该花银子的就得花，只有各条路都平了，才不至于在办事中途出花样。"

古今能成大事之人，手笔自然很大，行事自然亦十分开阔。胡雪岩这样点化王有龄，难怪会一路发。除非体己兄弟，否则，长官之辈不可能公然索要，不会笨到明明白白指名要什么。所以，上路的部下要能了解长官所思，经常让长官"心里想"的得以实现，这一方面，胡雪岩无疑是个行家里手。

对于胡雪岩的一番心里话,王有龄心领神会,深以为然。

按照胡雪岩的点拨,王有龄去做了,效果果然不同凡响,抚台大人对王有龄倍加提携。

为官与经商的道理是一个样,水涨船高,人抬人高。只有这样生意才做得好、官才做得顺。

朝中有人好经商

做生意不能没有靠山。

古人云:"登高而招,臂非加长也,而见者远;顺风而呼,声非加疾也,而闻者彰。"这就是"借"的含义。

清朝发展到道光、咸丰年间的时候,旧的格局突然受到冲击。洋人的坚船利炮,让一个至尊无上的帝国突然大吃苦头,随之引起长达十几年的内乱。

这一突然变故,使封建官僚阶层引起分化。

面对西方的冲击,官僚阶层起初均采取强硬措施,一致要维护帝国之尊严。随后,由于与西方接触层次的不同,使得他们在看法上出现了不同的意见。

有一部分人看到了西方在势力上的强大,主张对外一律以安抚为主,务必要处处讨好,让洋人找不到生事的借口。这一想法固然好,但又可怜可悲。

因为欲加之罪,何患无辞,以为一味地安抚就可笼住洋人,无非是隔了一层的主观愿望。而另一部分人则坚持以理持家,对洋人采取强势态度。认为一个国家断不可有退缩怯让的念头,免得洋人得寸进尺。但在实际事情上仍然难以行得通,因为中西实力差别太大,凡逢交战,吃亏的都是老百姓。

对于洋人的不同理解，必然产生政治见解上的不同。与胡雪岩有关的，在早期，薛焕、何桂清、王有龄见解接近，持利用洋人的态度，这与曾国藩等的反感态度相对，形成两派在许多问题上的摩擦。

利用洋人，这是薛、何、王的态度；表示担忧和反对，这是曾国藩的态度。胡雪岩因为投身王有龄门下，所以一直是薛、何、王立场的策划者、参与者，也是受惠者。到了中期，曾国藩、左宗棠观点开始变化。左宗棠由开始的不理解到理解和欣赏，进而积极地要开风气之先，胡雪岩之洋人观得以有了依托。

基于这种考虑，胡雪岩从来都紧紧依靠官府。从王有龄开始，运漕粮、办团练、收厘金、购军火，到薛焕、何桂清筹划中外联合剿杀太平军，最后，还说动左宗棠，设置上海转运局，帮助他西北平叛成功。由于帮助官府有功，使得官府承认了胡雪岩的选择和功绩，也为胡雪岩提供了他从事商业所必须具有的自由选择权。

假如没有官府的层层放任和保护，在这样的一个封建帝国，胡雪岩处处受阻滞，他的商业投入也必然过大。而且由于投入太大和消耗太多，他的经营也不可能形成如此大的气候。所以，胡雪岩认为，把握大局，依靠官府是经商不可缺少的一个条件。

俗话说，"只拉车，不看路"。这是蛮干，路子不对，干得越多，结果可能越糟。做生意也是这样，不能结交官场之人，就有可能给你带来风险。

胡雪岩对这一点非常清楚，他层层结交，从而为自己开发了巨大的财源。胡雪岩生活的时代是特殊的，旧制度受到冲击，洋人冲进大门，社会发生变乱。

在当时，商人处于最末流，士农工商的次序十分明显。所以官吏对商人的危害十分大。一般来说，商人会设法避开官吏，但这是一种消极的策略。胡雪岩则另有想法，他设法与官吏沟通，以争取他们的保护。他在官场势力之间层层结交，"栽"出一棵枝相连、叶茂盛的大树，也为自己开发出巨大的财源。

所以，在经商过程中，我们要看到对自己有利的从政之人，通过他们为自己的商业大厦添砖加瓦。

胡雪岩在人们心目中，其最大特点就是"官商"，也就是人们说的"红顶商人"。这"红顶"很具象征意义，因为它是朝廷赏发的。戴上它，意味着胡雪岩受到了皇帝的恩宠。事实上，它更意味着皇帝肯定了胡雪岩所从事的商业活动的合法性。既然皇帝是至高无上的，皇帝所保护的人自然也不应受到掣肘。

投其所好，获取双赢局面

投其所好，使其为己所用

中国是一个重人情的社会，很多事情靠公事公办，往往办不成。所以，在社会上寻找有用的社会资源，投其所好，十分重要。

清代巨商胡雪岩既善于经商，也善于经营自己的关系网，无论黑道白道都把他看成做事漂亮的场面人物，愿意帮他做事或与他合作，这与他投其所好、花钱出手大方是分不开的。

胡雪岩的精明之处在于他善于抓住不同的人的特点，区别对待，也就是通常说的"投其所好"。

在胡雪岩的那个时代，要经营势力，离不开银子在中间的权衡。胡雪岩深谙此道，自然也从不吝惜银子，甚至到了有"求"必应的地步。但是，送钱并不是唯一的办法，也有人爱金钱更爱美女。胡雪岩认准这一点，忍痛割爱亦在所不惜。

当初，浙江巡抚黄宗汉露出口风要调任了。胡雪岩为自己的利益着想，认为这个位子由何桂清接任最合适，当时何桂清任江苏学政。为了达到这个目的，胡雪岩抛开繁忙的生意，置办了一船土特产，带着美妾阿巧专程去苏州拜访何桂清，劝说他进京活动，调往浙江任职，并趁机进献一万五千两银子，作为何桂清各处打点活动的费用。

然而，出乎意料的是，仅仅是金钱难以驱动何桂清。何桂清年少得意，在情、色上免不了看不开，居然迷上胡雪岩的宠妾阿巧。这使胡雪岩非常意外，对于阿巧，胡雪岩自相遇之日，便有"东西南北，永远相随无别离"的情义。现在要做"断臂赠腕"的举动，这个决定实在让他感到为难。

但为了自己一派势力的人再掌高位，最终，他还是做了"退一步想"的打算，忍痛割爱，把自己的爱妾转赠何桂清。何桂清见胡雪岩竟然以美妾相让，万分感动，当即带阿巧上京打点，不多日便补了黄宗汉的缺。日后，何桂清以两江总督衔署苏淞杭地区，胡雪岩凭借其信任关系出谋献策，为自己挣得大量经营上的便利。不仅如此，从那之后，何桂清对胡雪岩非同一般，一直到死，都是胡雪岩生意的坚强后盾。

商界流行着这样一种说法：萝卜白菜，各有所爱。即使是同样的东西，有的人爱不释手，有的人则嗤之以鼻，十人九品，品品不同。不同的人，有不同的需要和爱好，这就要求经营者要有心理策略，首先要考虑对方的心理活动特点和差异，从每个人不相同的性情上，找出控制之道，懂得供其所需、投其所好，建立大众对你的人缘，使社会上凡与你交往的人在被你所求时都欣然相助。

为什么这么说呢？因为生意场是一个没有硝烟的公关战场，在这个看不见硝烟的战场上，你如果没有投其所好的技巧，就无法建立良好的人际关系网，不能建立良好的人际关系网，那么你就寸步难行。在人际关系中牵连着很多的其他关系，如人员关系、办事渠道等，而控制人情，却要因人而异。能控制甲，未必能控制乙；能控制乙，未必能控制丙。控制甲是一种方法，控制乙是一种方法，控制丙又是一种方法。只是懂得控制的方法，而不明白对方是何等人，方法与人不合，当然控制不了对方；只明白对方的个性，而不懂得控制的方法，无异于徒手之人，临渊羡鱼，鱼是永远不会到手的。所以，在此基础之上，你还需明白，方法是一件事，用方法又是一件事，同一种方法，因为所用的对象不同，其成效各有差别。"戏法人人会变，各有巧妙不同"就是这个意思。倘使你只知处世之道，而不善于控制人情,则立身已遭困难,成功更渺茫了。所以要讲处世,必须兼讲人情的控制,替对方着想,这样才叫高明。

在做事时,要领会对方的需求与爱好,进而给予对方,让其满足。只要能满足其心理需求,就能在思想上掌控他们,为己所用。当然,这并不是虚意奉承,而是一种暗中操纵,一旦操纵成功,就能掌控整个大局。

总之,做人要善于适时投其所好,这样才能赢得别人的好感,赢得对方的信赖,才能获得心理上的共鸣,才能使他对你的行动给予大力支持,使你成为一个获利多多的人。

> 做生意就是这样,帮官场的忙,就等于帮自己的忙。古人云:"小才不知有缘,不懂用缘;中才知有缘,但不善用缘;只有大才,知缘而且善用缘。"

投人所好,满足别人也满足自己

为了借洋款,胡雪岩不仅在洋人那边费心尽力,在朝廷这边,同样使出了浑身解数,甚至不惜花重金购买一些古玩字画,以投其所好来打通关节。

郑百发是当时京城里有名的古玩商,很多京城的达官贵人都在他这里购买和出售古玩。为了达到自己的目的,胡雪岩去拜见郑百发,说明想要购买古玩、书画。

二人来到店内,货柜里金银玉器、琳琅满目。珍珠玛瑙光艳夺目,一件件,皆精雕细琢,十分名贵。再看古董架上,有御用铁券、包青天的尚方宝剑、赵孟頫的闲章、唐三彩陶、晋代的钱币、岳飞用过的砚台,它们都是上千上万的售价。

胡雪岩仍觉价格便宜,郑百发将胡雪岩领进耳房,眼前的东西让胡雪岩惊叹不已:一尊金佛像光芒四射、翡翠镶嵌的金镯熠熠生辉……郑百发拿出一副立轴,递给胡雪岩。胡雪岩小心将画展开,见画面有些破损,褶破痕迹清晰可见。

胡雪岩目光黯然,打算将画收起来,郑百发伸手阻止,"你再细看何人所作?"胡雪岩顺着郑百发的手指看去,"道子"二字清清楚楚。胡雪岩对书画基本上是一窍不通,他茫然地注视着郑百发。郑百发说道:"你忙于生意,不懂它的价值。大凡学画的人都知道,此人是我国绘画鼻祖吴道子,正如木匠祖师鲁班。"胡雪岩对鲁班尚能理解,但对吴道子究竟何许人,还是半信半疑。他问道:"此画作价多少?"郑百发回答得直截了当:"自用9万两银子,送人10万银子。你若购买,那当自用9万银子分文不少。"

胡雪岩听得发呆,没想到一幅破画竟然值10万银子,但觉得奇怪,送人却要10万银子,当下问道:"此为何故?"郑百发压低嗓音说道:"京城官员喜欢古玩书画者居多,下属巴结逢迎或为了做官、或为了调迁,便依照事情的大小轻重买画相送,或古董相赠。有些京官不喜欢某人送的东西,便又送给别个。这样总认为是个损失,于是有人便直接告诉下属喜欢什么地方的什么东西。下属会意,前来我店购买,其实买走之物就是收藏之物,像年前李莲英送来的御用茶几。"

郑百发的话胡雪岩听得津津有味,原来如此,但转念一想,莫非吴道子的画也是有人收藏,当下便问,郑百发笑道:"啊,刚才不是说你可买来自用吗。这幅画是我们买进来的,只收你200两手续费。"胡雪岩见郑百发说得诚恳,于是掏出一沓银票递给郑百发,并说"金佛爷、翡翠手镯一对一并算在内"。

郑百发接票在手细数一番:"25万两银票我收下了。"说罢将剩余的5万两银票退还给胡雪岩,说:"胡兄,不愧'财神'称号,真让人羡慕!另外,这金佛像八万三,一对翡翠金手镯七万七。"然后郑百发将它们一一放好。吴道子的画放在一个锦囊里,金佛像放在一个檀香盒里,手镯放进沉香木中。胡雪岩见事情办妥,吩咐送往阜康钱庄,告辞回家。

第二天,王武早早地来到"王府戏院"等候宝二少,离戏开演的时间不多了,宝二少才晃悠悠来到戏院门口,王武与宝二少赌场相识遂结为知己,见他姗姗来迟,有些埋怨他说:"怎么这时候才来,叫我好等!"宝二少眼眨几下:"唉,只怪兄长叫我安排扫祖坟的事,我才耽搁些时辰。"说着，满脸赔笑，拉着王武走进戏场。

二人闲谈一阵，打发时光，王武说："最近我手头拮据，输了万把银子，你能否借些与我，改日加倍偿还。"说着话时关切地注视着宝二少，宝二少面露愧色，哭丧着脸说："我也很惨，输了6万多银子后，债台已高筑3万银子，入不敷出。眼下丝厂面临开业，还未筹到现款呢！"王武说："何不向你兄长借一借。"

"唉，那高筑的债台就是向他借的，输个精光，前日被他发觉，将我骂个狗血喷头。现在他不肯再扶持我了，我正寻思祭扫祖坟敲他一笔呢！"宝二少微微一笑，王武说："我倒有个朋友做蚕丝及丝织品买卖，你这方面熟悉，我给你引见引见，看能不能资助你，或者你去帮他。"

宝二少一听，喜上眉梢："如你所说，随便哪种方式都可以，这免得听兄长的老生常谈、大声训斥。"二人不知不觉又扯到赌场、窑子，这一阵天南海北的胡吹海侃，戏已过中场。两人无心观看，兴致勃勃走进八大胡同。

当日下午，王武将宝二少介绍给胡雪岩，胡雪岩满口应承。见胡雪岩答应借款5万银子，宝二少激动得心都快蹦出胸膛了，连连道谢。突然，胡雪岩面带愁楚地说："不过这笔款子暂时不给，如果你能促成你哥宝中堂答应借洋款，这笔银子权作酬谢，另外，你的丝厂我出10万银子全部购买。"

宝二少情绪低落，他问道："借洋款怎么回事？"胡雪岩便将左帅军饷之急，一时筹措不了几百万银子，被迫向洋人贷款的事说了出来。宝二少觉得此事说动哥哥答应，既为了国家，还能于己有益，何乐不为。他便说："只是家兄认为我不争气，恐怕我说话不中听，有辱使命。"

当天晚上，宝二少兴致勃勃地来到宝中堂的府第。穿过曲折回廊，经过一条花径来到宝中堂的"怡心斋"书房。敲门而入，只见宝中堂正伏案疾书，两支酒杯粗的红烛熊熊燃烧，吐着火舌，照得室内如同白昼。宝二少规规矩矩走到桌前，喜滋滋地说："今天一位朋友送了幅画给你。"说着把画递向宝中堂。

宝中堂一听脸上绽开笑容，立即放下笔，接过宝二少递来的画，见红绸包裹得严实、精致，他轻轻解开系着的红绸带，打开锦缎，里面发黄的画轴展露出来，凭感觉，这幅画比起书房悬挂的赵孟頫的《山居秋暝》、苏东坡的《寒食帖》、西太后的兰花珍贵得多。轻轻解开系带，慢慢展开画面，啊，青褐浑厚的色彩、剑拔弩张的笔触、魏晋风格。

"什么，吴道子？"宝中堂惊讶地叫起来，他也揉了揉双眸，害怕看不真切，望着正在欣赏字画的宝二少说："谁人送来这么贵重的礼物！"宝二少只见兄长如此欢喜，并不言语，微笑着注视兄长，宝中堂沉不住气，说道："人家该不会有什么大事相求吧？什么事不妨说出来听听！"

宝二少故意卖起了关子，经不住兄长的再三询问，他说道："胡雪岩，他替左大人借洋款的事，你岂有不知？"宝中堂恍然大悟，他说："这借洋款的事，须经商议决定。此事得先由总理衙门恭亲王审阅，再次是军机处，反对左大人的李中堂，最后再交户部审核批复。尽管这些事都办妥，洋人方面也要有驻华大使签署的同意意见。"宝中堂的话里有答应之意。

宝二少内心欢喜，他说："只要你户部答应，此事就成。"宝中堂沉凝片刻说道："这事反对者有之、赞同者有之，我也不拂胡雪岩大人美意，将尽力斡旋。"

宝二少把宝中堂的话全部陈述给胡雪岩听。听后，胡岩觉得事情进展得有些眉目了。但仍不敢大意，数闻恭亲王与左帅政见不合，在中俄对峙的局面中，一个主和、一个主战。幸好有曾纪泽为大清挽回些面子，二人的意见才有所统一，如今这借款以作军饷，他又会怎么对待呢？

胡雪岩准备从恭亲王的母亲那里下手，只要投其所好地给她送点东西，事情应该就会变得很容易了。

崇文寺钟磬鼓钹，香烟缭绕，善男信女，纷至沓来。恭亲王的母亲在侍女的搀扶下走下轿子，步履轻盈地走向寺门。由于每年二月她都要到崇文寺沐浴斋戒三日，以示对佛的敬意，因此和寺院里的住持很熟，当她刚走没几步，主持急忙迎上来，双手合十致礼。走进禅院，住宿早已安排停当。寺内花木扶疏、芳草萋萋，激起她的游兴，在侍女的护扶下来到大雄宝殿。大雄宝殿内旗幡飘动、烟雾缭绕，如来佛祖端坐瑶台，双目和善地注视着人间芸芸众生。

老太太凝神须臾，一个小沙弥递上香，她走近佛灯，点燃檀香，然后虔诚地跪在莲花蒲团上，双手捧着荧荧燃烧的檀香，三叩如来佛祖，口唇轻启喃喃细语，其神情庄重肃穆。

参观完毕回到禅房，禅房打扫得非常洁净，屋内飘逸着幽幽花香。老太太十分满意，突然屋内响起一阵悦耳的琴声，她感到诧异，见这声音是从床头小柜上一个木盒中传出来的，她问道："这八音盒从何而来？"主持见问，说道："这是宝中堂宝大人刚才叫人送来的。他说老郡主一个人住寺里寂寞，于是就送了来。"

老太太一听眉开眼笑："难得宝侄儿如此孝心。"停了会又问："那送八音盒来的人走了吗，赏银10两。"主持答道："这会儿正与海灯法师谈佛呢？"老太太听说会谈佛当即要人传唤。人被带到老太太跟前，她见青年身材魁梧、英姿飒爽，心中甚是喜欢，问道姓氏家里情况，青年答道："叫王武，杭州人，家中有一老母。"老太太一听孤儿寡母，当即吩咐赏银20两。王武叩头谢恩，起立后，双手合十念道："南无阿弥陀佛。"其形甚是滑稽，逗得老太太心花怒放，便叫王武坐到跟前摆佛谈经，十分投缘。

从崇文寺归来，王武将见到老太太的情况呈报胡雪岩，胡雪岩对王武的逢场作戏大加赞赏。

第二天，崇文寺拜佛求神、烧香还愿的信徒络绎不绝，使寺院十分喧嚣。王武身着青衣短袄，手提包袱兴冲冲地走进崇文寺。轻叩老太太禅房，侍女开门一看，见是王武，知老太太喜欢，也就领进房里。

拜见老太太后，他从衣包里摸出一个锦盒双手递给老太太，锦盒雕刻精美，十分漂亮，老太太叫侍女打开来看，一对翡翠金镯躺在红绸缎面上，金光闪烁，细看那嵌镶的翡翠碧绿如黛，放射出幽幽蓝光，她笑着说道："昨日我赏银20两，你却会巴结，还我如此贵重的礼物，你倒说说看，你喜欢什么？"王武跪地叩谢："实不敢劳称恩赐，我哪有钱买来这么珍贵的礼物孝敬。"老太太不禁一惊，惊疑地问道："谁？""我的东家胡雪岩。""这就奇了，东家？你不是替宝大人办事吗？"王武便将事情原委告诉给老太太。

原来王武与宝二少爷性情相投，引为至交，便在二少爷丝厂里做一个大头目。现在这个丝厂已被胡雪岩收买，这样他就成了胡雪岩的人。"昨日早晨，我去二少爷家撞见宝大人叫二少爷给您送礼物，碰巧我要去见海灯。由于我是常客，二少爷便要我送来。下午他去丝厂办事与胡大先生谈起此事，胡先生也十分仰慕老郡主，只是无缘拜见，又听说我要来看你，便也要前来，谁知刚一出门洋人来访，只好托我把礼物带来。"

听完王武的介绍，老太太连声说受之有愧，随即摘下自己的玉镯，戴上翡翠金镯，显得更加雍容华贵，很合适。老太太竟高兴地念起阿弥陀佛。

老太太三日后从寺院回到家里，恭亲王立即放下手中的公事前去拜见母亲。恭亲王对自己的母亲十分孝顺，事无巨细，唯母命是从，然而谈到国事却常常隐瞒母亲。一走进母亲的房间，见母亲与妻子、孙子谈笑风生，忙站在一旁等候。老太太见恭亲王进屋忙招呼赐座，恭亲王叩头请安谢坐。老太太问道近三日内大小事情，恭亲王都予以报告。老太太将自己三日的经历说给恭亲王听了一遍。恭亲王听后心中也欢喜，这胡雪岩素昧平生，出手如此之阔绰，叫人钦佩。

这样，借洋款的事当然成了。胡雪岩手段之高明，令人叹服。

礼尚往来在现代商场之上并不少见，或者是为名，或者是为利。那么是不是礼到事情自然也就成了呢？事情并不是如此简单，礼，不仅要送到，还要送对。也就是说送礼的时候还要讲究投人所好。胡雪岩在这一点上做得很好，他不仅仅懂得给人送礼，而且还懂得投人所好地送礼。那么他为什么能做到这一点呢？

一、深入调查，知道对方到底喜欢什么。

要想投人所好，首先就应该知人所好。那么如何才能做到知人所好呢？最简单的方法就是对此人进行调查，探清对方的喜好。胡雪岩为了打通宝中堂和恭亲王的关节，不仅对他们进行了调查和了解，还对他身边的一些人进行了调查和了解，比如说宝二少，比如说恭亲王的母亲。

商场之上，难免要和各种各样的客户打交道，为了达成某些目的，也难免要向这些客户送礼，那么如何才能将礼物送得恰到好处呢？最关键的就是自己所送的礼物对方要喜欢，而要做到这一点，就应该对对方的爱好与习惯进行了解，以便能将礼物送到别人心上去。

二、不从受礼人本身下手，而是通过旁人或者从旁人下手。

从某种程度上来说，这有点欲擒故纵的味道，也有点旁敲侧击的意思。胡雪岩要打通宝中堂和恭亲王的关节，并不是直接给他们送礼，而是分别通过宝二少和恭亲王的母亲进行疏通。也就是说不从受礼人本身下手,而是通过旁人或者从旁人下手来达到自己的目的。

其实在现代送礼的场合也是如此,如要给客户送礼,并不是直接给客户他所需要的,而是会通过客户的家人,如客户的父母、孩子、爱人等方式进行。这样一来,既达到了送礼的目的,也体现了人情味,增加了成功的胜算。

商场上,要想和对方打好交道,有一点是必需的:投人所好。那么在现实生活中,该如何做才能真正做到投人所好呢?

一、首次交谈,以家庭为话题。

和对方首次交谈,最能从内心深处感动他的人和事,莫过于他的家庭。所以,我们要拨动的就是他心里最敏感、最脆弱的那根弦。

二、抓住对方最感兴趣的事情。

凡是善于投人所好地交谈的人都有一个秘诀:谈对方最感兴趣、最引以为豪的东西。如果你在和对方交谈之前,能事先了解一下对方的工作、生活、家庭、事业等方面,以及对方感兴趣的话题,那么就会找到双方谈话的投机点,而共同的兴趣爱好是结交朋友最自然也是最有效的方法。

三、多谈对方最得意的事情。

会见对方之前,不妨了解一下他目前最得意的事情。没有谁不喜欢听好话,不管他是多么谦逊的人。每个人都喜欢享受被人承认的感觉,心理上也有被别人认可的需要。所以人的成就越大,就越希望别人能够看到。试想一下,跟对方谈论他最引以为自豪的事情,会是什么情况呢?如果对方刚刚被提拔,那么恭喜升迁、夸奖对方的能力和官运无疑就是他最愿意听,同时也是他最愿意谈的。

胡雪岩商道箴言

每个人都有自己的爱好,这是每个人的特点,也是每个人的软肋。胡雪岩明白,只要打中这些人的软肋,这些人就会乖乖地帮助自己做事情。这就是投人所好的奥秘之所在,在满足别人的同时也满足了自己。从商术的角度来看,投人所好是追求"双赢"的另外一种模式。

多为别人着想

"前半夜想想自己,后半夜想想别人",胡雪岩经常把这句俗语挂在口头上,他自己也的确是一个很能为别人着想的人。

胡雪岩帮助王有龄解决解运漕米的难题,需要松江漕帮帮忙,因为松江漕帮在上海有一家很大的通裕米行,现存十几万担大米,胡雪岩需要说动漕帮首领把这十几万担大米借垫给浙江海运局,以完成他的就地买米之计。胡雪岩以他的见识和懂"门槛",深得松江漕帮行辈最高的魏老头的赏识,被尊为"门外少爷",自然请漕帮借垫大米的要求也得到满口答应。

不过,从言谈当中,胡雪岩也发现漕帮这时管理具体事务的"当家人"尤五有没有说出口的难处。漕帮的难处,根子在此时朝廷已经提出的漕米由河运改海运的动议。江南苏、松、太一带向朝廷输送粮食,一直是由南起杭州、北抵京师的运河水运,因此称为漕运。负责漕运的船都是官船,分驻各地,称为漕帮。漕帮自然是靠漕运吃饭。不幸的是,黄河淤积逐年加重,有些河段成为名副其实的地上河,"春水船如天上行",已经无法治理,而运河受到黄河影响,航运状况也越来越糟,天旱时节常常断流,由此,道光初年朝廷就有了漕米改海运之议,到此时海运已经在浙江试行了。

漕米改海运,自然是断了靠运河运送漕米的漕帮的生路。对于松江漕帮来说,目前正处于非常艰难的时期。一方面无漕可运,收入大减,帮里已经拉下很大的亏空需要填补,同时帮里弟兄的生计也要维持,另一方面还要设法活动取消海运,恢复河运,到处打点托情,也需要大笔资金。原本那十几万担大米早已定下脱货求现的原则,以敷帮内急用,如今垫付给浙江海运局,虽有差额可赚,但将来收回的仍是大米,事实上完全违背了脱货求现的宗旨,只是尤五这时碍于魏老头的面子,加上他自己也是一个"江湖上走走"的汉子,故而不愿意将难处说出口罢了。

至于胡雪岩,则绝不愿意已经知道别人有难处还要装假卖糊涂。他的原则是,第一,不能只要别人帮自己的忙而不顾别人的难处,"不好只顾自己,不顾人家"。假如别人有难处,则宁可另想办法,也不能勉强别人。

第二,要把别人的难处当自己的难处;知道了别人的难处,就要尽力帮忙解决。也正是出于这两个原则的考虑,胡雪岩坚持弄清了漕帮面临的艰难,并请信和向漕帮贷款,以帮助漕帮渡过难关。事实上,由于漕米改海运,很多钱庄怕担风险,已经不愿意向漕帮放款了。

这就是胡雪岩常说的将心比心、为别人着想。

其实,从商务经营的眼光看,为别人着想,很多时候常常也是为自己的生意铺平道路的一种方式,至少客观上能够收到这种效果。比如,胡雪岩能够主动为漕帮着想并且帮助其解决困难,就既有他个人品性的作用,也有他作为一个生意人从生意的眼光看问题的作用。胡雪岩知道,漕帮当家人尤五固然宁愿克己,不谈自己的难处而爽快帮助自己,但假如自己知道别人有难处而不为别人着想,那自己就成了"半吊子";自己与漕帮的合作,也就仅此一回,再不会有第二回了。实际上也正因为胡雪岩没有做"半吊子",他也由此与漕帮结成了牢不可破的伙伴关系。胡雪岩其后的丝茶生意、军火生意,假如没有漕帮的合作与支持,基本上都是很难成功的。从某种意义上说,想想别人或为别人着想,实际上也就是在为自己着想。

胡雪岩商道箴言

做事总要将心比心、为别人着想。"前半夜想自己,后半夜想想别人",这也是一句流行于江浙一带的俗话,是说一个人做事,不要只想到自己事情的成功圆满,还要能为别人考虑,要能体谅别人的难处,要能为别人分忧。一句话,一个人不能不想自己,但想自己的时候也不能不想别人。

交人交心，获得真心相助

与王有龄情同手足

王有龄初遇胡雪岩的时候，是在一家叫"梅花碑"的小茶店。当时王有龄已是三十几岁的人了，潦倒落拓、无精打采，叫人看了就反感。他的架子还非常大，经常两眼朝天，于是越发没有人爱理他了。唯一的例外是个二十岁左右的少年，王有龄只知道他叫"小胡"。小胡生得一双四面八方都照顾得到的眼睛，加上一张常开的笑口，而且为人仗义，所以人缘极好。不过，王有龄跟他只是点头之交，也识不透他的身份，有时很阔气，有时似乎很窘迫，不过跟王有龄身上那件打过补丁的青布长衫一比，小胡真可以说是"公子哥儿"了。这个人倒是有意结交王有龄，王有龄却自惭形秽，淡淡地不肯跟他接近。

这一天下午的茶客特别多，小胡跟王有龄"拼桌"。他去下了两盘象棋，笑嘻嘻地走回来说："王有龄，走，走，我请你去'摆一碗'。"摆一碗是杭州的乡谈，意思是到小酒店去对酌一番。

"谢谢，不必破费。"

"自有人请客，你看！"他打开手巾包，里面包有二两碎银子。得意地笑道："第一盘'双车错'，第二盘'马后炮'，第三盘小卒'逼宫'，杀得路断人稀。不然，我还要赢。"

盛情难却，王有龄跟着去了。一路走到"城隍山"——"立马吴山第一峰"的吴山，挑了个可以眺望万家灯火的空旷地方，一面喝酒一面闲谈。

酒到半酣，闲话也说得差不多了，小胡忽然提高了声音说："王有龄，我有句话，老早想问你了。我看你不是没本事的人，而且我也懂点'麻衣相法'，看你是大贵之相，何以一天到晚'孵'茶店？"

王有龄摇摇头，拿起一块城隍山上有名的油饼，慢慢咬着，双眼望着远处，是那种说不出来的茫然落寞。

"叫我说什么？"王有龄转过脸来盯着小胡，仿佛要跟他吵架似的，"做生意要本钱，做官也要本钱，没本钱说什么？"

"做官？"小胡大为诧异，"怎么做法？你同我一样，连'学'都没有'进'过，是个白丁。哪里来的官做？"

王有龄看出他心里的意思，又几杯酒在肚里，便不似平时那么沉着了，"小胡！"他说，"我告诉你一句话，信不信由你，先父在时，替我捐过一个'盐大使'。"

小胡一看他的神情，就知道绝非假话，随即笑道："唷！失敬，失敬，原来是王老爷，一直连名带姓叫你，不知者不罪。"

"不要挖苦我了！"王有龄苦笑道，"说句实话，除非是你，别人面前我再也不说，说了反惹人耻笑。"

"我不是笑你。"小胡放出庄重的神态问道，"不过，有一层我不明白，既然你是盐大使，我们浙江沿海有好几十个盐场，为什么不给你补缺？"

"你只知其一，不知其二……"

于是王有龄就给小胡讲了一些捐官补缺的程序："我所说的要'本钱'，就是进京投供的盘缠。如果境况再宽裕些，我还想'改捐'。"

"改捐个什么'班子'？"

"改捐个知县。盐大使正八品，知县正七品，改捐花不了多少钱。出路可就大不相同了。"

"怎么不一样呢？"

"盐大使只管盐场，出息倒也不错，不过没有意思。知县虽小，一县的父母官，能杀人也能活人，可以好好做一番事业。"

这两句话使得小胡肃然起敬："那么，这一来，你要多少'本钱'才够呢？"

"总得五百两银子。"

"噢！"小胡没有再接口，王有龄也不再提，五百两银子不是小数目，小胡不见得会有，就是有也不见得肯借。

两人各有心事，吃闷酒无味，这时，天也快黑了，王有龄推杯告辞，小胡也不留他，只说："明天下午，我仍旧在这里等你，你来！"

"有事吗？"王有龄微感诧异，"何不此刻就说？"

"我有点小事托你，此刻还没有想停当，还是明天下午再谈。你一定要来，我在这里坐着等你，不见不散。"

看他如此叮嘱，王有龄也就答应了。到了第二天下午，依约而至，但不见小胡踪影。王有龄顿感进退两难，不等是自己失约，要等，天色已暮，晚饭尚无着落。待了半天，越想越急，顿一顿足，便往山下走去。走了不多几步，听见后面有人在叫："王有龄，王有龄！"

转身一看，正是小胡，手里拿着手巾包，跑得气喘吁吁，满脸是汗。见着了他的面，王有龄的气消了一半，问道："你怎么这时候才来？"

"我知道你等得久了，对不起，对不起！"小胡欣慰地笑着，"总算还好，耽迟不耽错。来，来，坐下来再说。"

王有龄也不知道他这话是什么意思？默默地跟着他走向一副设在橱下的座头，泡了两碗茶。小胡有些魂不守舍似的，目送着经过的行人，手里紧捏住那个手巾包。

"小胡！"王有龄忍不住问了，"你说有事托我，快说吧！"

"你打开来看，不要给人看见。"他低声地说，把手巾包递给了王有龄。

他避开行人，悄悄启视，里面是一叠银票，还有些碎银子，约摸有十几两。

"怎么回事？"

"这就是你做官的本钱。"

王有龄愣住了，一下子心里发酸、眼眶发热，尽力忍住眼泪，把手巾包放在桌上，却不知怎么说才好，半天才想出来一句话："小胡，你为什么待我这么好？"

"朋友嘛！"小胡答道，"我看你好比虎落平阳，英雄末路，心里说不出的难过，一定要拉你一把，才睡得着觉。"

"唉！"王有龄终于忍不住了，两行热泪，牵连不断。

"何必，何必？这不是大丈夫气概！"

这句话是很好的安慰，也是很好的激励，王有龄收拾涕泪，定一定神,才想起一件事,相交至今,受人绝大的恩惠,却是对他的名氏、身世,一无所知,岂不荒唐?于是他微有窘色地问道:"小胡,还没请教台甫?"

"我叫胡光墉,字雪岩,你呢,你的大号叫什么?"

"我叫雪轩。"

"雪轩,雪岩!"胡雪岩自己念了两遍,抚掌笑道:"好极了,声音很近,好像一个人。咱们不如结拜吧。"

王有龄被胡雪岩的真情所打动,于是二人结为生死之交。王有龄谋得官职后,对胡雪岩自然是照顾有加。

后来,胡雪岩偶遇因父亲入狱被卖入"梨花春"的官宦人家千金小姐芸香,并被其美貌所吸引,二人虽然一个是郎有情一个是妾有意,但胡雪岩深知以当时自己的身份,根本配不上芸香。他在万般懊恼之时,灵机一动,把芸香做顺水人情送给了王有龄。这样做,胡雪岩虽然失去了芸香,但却得到了王有龄的器重,得到了芸香这个忠心的眼线,从此掌握了王巡抚的行踪,在某种意义上可以说是控制了王有龄,使其为自己所用。

在我们看来,胡雪岩与王有龄的结合应该说是优势互补。两人年纪相差不多,一个是落魄的穷书生,一个是钱庄的小伙计。从知识、常识、胆识、见识这四方面比较来看,王有龄只在知识上占据优势,其他三方面都是不如胡雪岩的。所以王有龄对胡雪岩一直十分佩服,几乎是言听计从。胡雪岩曾问王有龄为什么如此听信他的建议,是不是因为对当年借钱给他投供的事心存感激。王有龄告诉他:如果仅仅是因为你帮过我的忙,我就听你的话,那我一定不是个好官。因为公私一定要分明,私人的恩怨只能用私事来了结,不能用公事去处理。你给我的建议如果是为朝廷好、为百姓好,我自然会听;如果只是对你我有益而危害百姓,我根本不会去做。

做人要知恩图报,但是私人的事情,绝对不可以拿公家的事情来了断。王有龄出身书香世家,家教良好,他很懂得这些道理。老实讲,王有龄是个好官,他无愧于自己的祖先门庭。胡雪岩和王有龄两个人可以算得上是志同道合的朋友，真诚相待、互相帮助，在各自的领域里都有了很大的发展。

广交义友

在胡雪岩生活的时代，经商必然要面对一种特殊的势力，那就是江湖帮派力量。在晚清乱世中，江湖帮派力量因社会管理的混乱和社会矛盾的激化与复杂而生，渐渐成为社会上一种不可忽视的重要力量。在当时，要行商，必须与江湖势力打交道。

胡雪岩面临的帮派势力，既包括漕帮这样的旧势力，也包括像小刀会这样的新势力。胡雪岩从来没有以改造天下为己任，所以他对漕帮，是以取得信任、共同活好的态度处之；对小刀会，则像对待太平军一样，是通过官府、帮助官府来镇压他们，以保证自己的商业利益不受损害。他在漕帮中层层渗透，放出交情，获取他们的信任和支持。后来有相当大的几笔生意，都多亏了漕帮势力出手帮忙，才得以顺利做成。有了漕帮的认可，胡雪岩也就在乱世有了"黑"社会力量的靠山，这也是胡雪岩保证其商业能顺畅发展的一个重要举措。

而胡雪岩是如何结交上江湖力量的呢？他善于对症下药，抓紧一个"义"字，给予对方充分尊重，并晓以利害，设身处地地为别人着想。

胡雪岩在江湖上办事，很注重情、义二字，他做生意的原则就是有情有义。在生意往来中，他经常替对方的难处窘境着想，对方见胡雪岩如此义气，也把他当作朋友、视为知己，对他的口碑甚好，乐意和他在生意中往来。正因为他广结江湖朋友，所以在生意场中屡屡成功。而他在江湖中做生意的成功，则是从他赴上海买商米代垫漕米开始的，那时他才初涉江湖。

自从王有龄担任"海运局"坐办后，抚台交托王有龄去上海买商米来代垫漕米，以期早日完成浙粮京运的任务。漕米运达的速度，与江南诸省地方官的官命关系非常。至于买商米的银款，由胡雪岩出马，到他原来的钱庄去争取垫拨。

在松江，胡雪岩听到他们的一位朋友说，松江漕帮已有十几万石米想脱价求现，于是他乘舟登岸，进一步打听这一帮的情况，了解到松江漕帮中现管事的姓魏，人称"魏老五"。胡雪岩知道这宗生意不容易做，然而一旦做成，浙江粮米交运的任务随即就可以完成，减免很多麻烦。所以他决定亲自上门谒见魏老爷子。

胡雪岩在他的两位朋友刘老板和王老板的带领下，来到了魏家。当时魏老爷子不在家，只其母在家，她请三人客厅候茶。只看见魏老爷子的母亲，刘、王二老板颇觉失望，然胡雪岩细心观察，发现这位老妇人慈祥中透露一股英气，颇有女中豪杰的味道，便猜定她必定对魏当家的有着很深的影响力，心下暗想，要想说动姓魏的，就全都着落在说服这位"老巾帼"身上了。

胡雪岩以后辈之礼谒见，魏老太太微微点头，用谦逊中带着傲岸的语气请三人喝茶，一双锐利的眼光也直射胡雪岩。当三人品了一口茶以后，魏老太太开门见山地问道："不知三位远道而来，有何见教？"

胡雪岩十分谦卑地说道："我知道魏当家的名气在上海这一带是响当当的，无人不晓，这次路过，有幸拜访，想请魏大哥和晚辈小饮几杯，以结交结交友情。"

寒暄过后，在魏老太太的要求下，胡雪岩也不再拐弯抹角了，便把这次的来意向魏老太太直说了。听完胡雪岩的话后，魏老太太慢慢地闭上眼睛。胡雪岩感觉到整个空气似乎凝固了，时间过得很慢。许久，魏老太太又缓缓地睁开眼睛，紧紧地凝视着胡雪岩说道："胡老板，你知不知道，这样做是砸我们漕帮弟兄的饭碗？至于在裕丰买米的事，虽然我少于出门，但也略知一二，胡老板有钱买米，若裕丰不肯卖，道理可讲不通，这点江湖道义我还是要出来维持的。倘若只是垫一垫，于胡老板无益可得，对于做生意的，那可就不明所以然了。"

听了魏老太太的话，胡雪岩并没有灰心，相反，却更是胸有成竹地大声说道："老前辈，我打开天窗说亮话。如今战事迫急，这浙米京运可就被朝廷盯得紧了，如若误期，朝廷追究下来不但我等难脱罪责，我想漕帮也难辞其咎吧！为漕帮弟兄想想，若误在河运，追究下来，全帮弟兄难脱干系，很有可能被扣上通匪的帽子，魏老前辈可对得起全帮弟兄？"

江湖中，"义"字当头。胡雪岩以帮里义气相激，正巧击中魏老太太的要害之处，使得魏老太太不得不细细思量。

胡雪岩再三强调其中道理，魏老太太听完之后，终于心中暗肯，于是令手下人将儿子魏老五叫来。

不久，一男子风尘仆仆地冲了进来，只见他四十上下，个头不高，但浑身肌肉饱满黝黑，两眼目光也是如鹰一样，内行人一看便知是个厉害角色。此人正是漕帮现在的执事魏老五。魏老五向魏老太太请安后，魏老太太引见了胡雪岩和刘、王二位老板，看着老人家对胡雪岩三人的尊敬劲儿，魏老五也十分客气地称呼胡雪岩为"胡先生"。

魏老太太说："胡先生虽是道外之人，却难得一片侠义心肠。老五，胡先生这个朋友一定要交，以后就称他'爷叔'吧。"

老五很听话地改口叫道"爷叔"。

"爷叔"是漕帮中人对帮外至交的敬称，漕帮向来言出必行，虽然胡雪岩极力谦辞，但魏老五喊出第一声"爷叔"，其余的人也就跟着齐呼"爷叔"。

当晚，魏家杀鸡宰鹅、华灯高掌。魏老太太、魏老五、胡雪岩、刘、王二位老板频频举杯，以祝友谊。就这样，胡雪岩凭着三寸不烂之舌，很快就与漕帮的龙头老大魏老五由初识到结成莫逆之交。以魏老五的威信，胡雪岩买米的事已不成问题。

在与魏老五的关门弟子尤老五，也就是现行的漕帮老大商谈买米一事中，胡雪岩见尤老五面露难色，只是迫于师父魏老五的面子不好讲，所以口头上固然答应了，心里面却是十二分的不愿意。见此情景，胡雪岩并没有趁人之危，买了米就走。他打开天窗说亮话，告诉尤老五，有什么难处只管讲，不然我胡雪岩就不买这批米了。尤老五见胡雪岩这样直爽，也没什么顾虑了，就把自己心中的隐衷对胡雪岩一吐为快。原来自从官粮海运以后，漕帮的处境非常艰难，当前正是缺银少钱的时候，他们需要的是现钱，而胡雪岩的"买"只是一时的权宜之计，待官粮收齐后，又要退还漕帮，现在买，只不过是一时的周转之计，以后到漕帮手里的还是米，这使尤老五十分为难，但魏老五已经答应下来了，他也不敢有所怨言。

胡雪岩了解到这种情况后，马上与出资买米的钱庄总管张福康协商，看钱庄能不能待漕帮以后把退还的米卖掉后再收回现在支出银两，而不是退米之后,就急于收回银两。张福康知道胡雪岩是值得信任的人,二话没说就答应了。

尤老五的难处解决了,他自然非常高兴,也极为欣赏胡雪岩的为人。就这样,买米的事很快就谈妥了。

胡雪岩这次买到的不只是米,还买到了与尤老五的"情"。从此以后,尤老五对胡雪岩"唯命是听",只要是胡雪岩的货,漕帮绝对是优先运输。所以胡雪岩的货运一向是畅通无阻、来往迅速。不仅如此,尤老五还把他在漕帮中了解到的商业信息,及时向胡雪岩汇报。胡雪岩有此商业"密探",自然增加了对商场情况的了解,在商业活动中抢占了不少有利时机。

紧抓一个"义"字,给予对方充分尊重,并晓以利害,设身处地地为别人着想。

做足人情

胡雪岩通过与漕帮诚心结交,处处照顾到漕帮的利益,而且尽己所能放交情给漕帮,给漕帮的印象是"此人仗义,值得信任",成了漕帮的"门外小爷",被漕帮尊称为"爷叔",使漕粮的差事办得无比顺当。

在胡雪岩那个时候,尽管漕帮的势力已大不如前了,但是在地方运输安全诸方面,还非得漕帮帮忙不可。这是一股闲置的、有待利用的势力。运用得好,自己生意做得顺当,处处受人抬举,忽视了这股势力,一不小心就会受阻。

有了漕帮里的关系,对胡雪岩把生意做大可说是不无裨益。后来的事实也表明,尤五这股江湖势力给胡雪岩提供了极大方便。胡雪岩通过已当上浙江巡抚的王有龄做了多批军火生意。在负责上海采运局时,又为左宗棠源源不断地输送新式枪支弹药。如果没有尤五提供的各种方便和保护,这些根本无法做成。而有了漕帮的交情,胡雪岩就算在乱世有了"黑社会"的强硬靠山,寻常的江湖帮派谁也不敢轻易打他的主意。

对待江湖势力，胡雪岩有着正确的态度，在他的眼里，江湖势力并非都是蛮不讲理，随意黑吃黑的，他们也有江湖道义可讲，所以他对江湖势力一个固定不变的宗旨便是：花花轿儿人抬人。也就是说，我尊崇你，处处替你考虑到了，你自然也会抬举我，总不能无动于衷，做出不仁不义的事来。

那么，胡雪岩为什么要这样做呢？主要就是因为他认为江湖势力与生意成败之间存在着密切的联系，处理得不好，会给自己增添许多麻烦，处理好了，便可使自己在生意场上顺风顺水，大展宏图。胡雪岩在官场和商场，处处通达，这与他懂得做足人情有着密不可分的关系。

商场上虽然存在着一种人与人之间的利害关系，但在这种关系之下也离不开感情的投资，因为自古以来人就是感情的动物，所以，在很大程度上，商场上人的行为也需要将"情"加入其中。如果看不到存在于商场中的感情因素，不了解感情投资在商场中的巨大作用，而仅仅是把眼光盯在"利"上，则很难在商场上更好地获得利益。试想，假如胡雪岩只盯着自己金钱上的进出，而一毛不拔或为自己多留一点，那么最终的结局会是怎样呢？这是可想而知的吧。

胡雪岩的不同凡响之处，就在于他深刻地抓住了"钱财账"和"人情账"之间的辩证关系，不重此轻彼，而是完全根据不同的事情、不同的条件去区别对待，恰到好处地处理好了"钱财账"和"人情账"的关系，有取有舍，能宽能严。

有位社会学者讲得好："关系是民间社会运作的基石，也是某些官场和商场的实际通道和游戏规则，是混迹于中国社会必需的一种'维生素'。离开了它，许多人就像离开了维生素一样无法生存。"这也正验证了中国的那句俗话："没有人情，便没有关系。只有人情做得足，人际关系才会好。"人情是人际关系运作的轴线，人与人之间时时刻刻都有着人情交易。以人情始，以人情终，以人情着眼，以人情为皈依。如果抽掉了人情，人际关系网想要维持一分钟都是困难的。

所以说，如果你能和别人在生意之外多一层人情，那么，这就等于是为你铺好了前进的道路。在你需要使用这份人情的时候，它自然能体现出相应的价值。

但在生活中,很多人虽然做足了人情,但当他这样做之后,总是会认为自己有恩于人,于是心存一种优越感,高高在上。持有这种态度的人是很危险的,因为一旦你有了这样的想法,即使你做足了人情,那么,你高高在上的态度,也未必能增加自己人情账户的收入,反而会把这些人情抵消殆尽。

所以,做人情时应注意以下几点:

第一,不要使对方觉得接受你的人情是一种负担;

第二,做人情要自然,不要让人感觉你很做作,让人觉得不舒服;

第三,做人情时,要心甘情愿,不要让人感觉你心不甘、情不愿。

钱财账背后的"人情",向来比钱财更重要。生意场上的合作伙伴,不仅要有一笔"钱财账",往往还要有一笔"人情账"。胡雪岩深知"钱财账背后的'人情',向来比钱财更重要"。因此,当"钱财"与"人情"发生冲突的时候,胡雪岩向来都是将后者作为第一考虑的,他宁可舍去钱财,也要在人情方面做得漂亮。

慷慨解囊,做好人情投资

大烧冷灶,做好自己的人情投资

要想攀附上权贵,胡雪岩可谓费尽了心计,他不仅尽力结交当时的权贵人士,而且还大烧当时的"冷灶",落魄之人,希望这些人有一天能给自己的事业带来实质性的帮助。

胡雪岩烧的第一个冷灶就是王有龄。

胡雪岩资助王有龄，照胡雪岩的话说就是："我看你好比虎落平阳，英雄末路，心里说不出的难过，一定要拉你一把，才睡得着觉。……吾尝读相人书，君骨法当贵，吾为东君收某五百金在此，请以畀子。"于是胡雪岩擅自做主，将东家的钱借给了王有龄。

当然，王有龄也担心自己一旦用钱，会连累胡雪岩。胡雪岩的回答十分着实："子毋然，吾自有说。吾无家只有一命，即索去无益于彼，而坐失五百金无着，彼必不为。请放心持去，得意速还，毋相忘也。"

除此之外，胡雪岩还积极结交下台政客、失意文人，对他们同样大烧"冷灶"。旗人宝森就是其中之一。

宝森因为政绩平庸，被当时的四川巡抚丁宝桢以"不堪大用"的奏折形式体面地借朝廷之手把他请出了四川。宝森闲居在京，每日呼朋唤友，饮酒品茶泡赌场，表面上很是悠闲，其实心中甚感失落。胡雪岩就特意拜识，劝说他到上海一游，费用由胡雪岩包了。宝森因为旗人身份限制，在京玩得着实不过瘾。就随了胡雪岩游上海，逛杭州，猜拳狎妓，游山玩水，甚是痛快，遂把胡雪岩视为密友，以后每遇大事，必自告奋勇，代胡雪岩在京里通融。

胡雪岩也极力收容和拉拢一些失意的官僚、文人充当谋士。比如当时大权旁落、圣眷已衰的许乃钊，胡雪岩就对他执礼甚恭，专门去函，盛赞他的政绩政声，然后历诉浙江民众疾苦、当时面临的各种窘境，表现出虚心求教的样子，使得许乃钊忠心耿耿为其服务而不自觉。当然，少不了暗中给许乃钊打打牙祭，让许乃钊有知遇之感。

再如落魄文人裘丰言，胡雪岩遇节必送礼金，而且每遇到有好处的事就专门托了他去办，使裘丰言十分感激。

另外，胡雪岩还烧同行的"冷灶"，档手刘不才就是其中之一。刘不才嗜赌，连自己祖传的药堂也搭了进去，胡雪岩专门拿钱把他重新打扮过了，只让他一天到晚陪阔少达官赌博。刘不才见胡雪岩出手豪阔，待己又甚诚，所以逢人便大讲胡雪岩，无形中就把胡雪岩的名声传到了四面八方，这对于胡雪岩的生意也是一种无形的帮助。

毫无疑问，胡雪岩烧的这些"冷灶"也确实给他的生意带来了很多的好处。

在商场之上，"烧冷灶"是指对原本不起眼的产品、企业，进行再度包装、营销，待市场认可、畅销这种商品之时便可大获其利。很多企业主都曾经碰到这样的情况：一种商品出来的时候并不被市场所认可，他们很快放弃了这种商品，可是过一段时间之后，他们会惊讶地发现这些商品开始畅销，便大呼后悔、上当，甚至感叹命运对自己的不公。

当然，这种情况也存在于对企业内部员工上，原本并不看好的一个员工，可是跳槽之后却发挥了很重要的作用。这就说明这些企业主没有烧好所谓的冷灶，或者说他们缺乏长远的眼光。在这一方面，胡雪岩似乎做得很好，无论是在王有龄身上，还是在其他的落魄政客、文人身上，胡雪岩的冷灶都烧得恰到好处。那么胡雪岩为什么能做到这一点呢？在烧冷灶的时候，是不是也有一些诀窍可言呢？这是肯定的。

一、得看清楚谁是"冷灶"。

在任何人的身边，落魄之人都不少，那么这些人都是可以烧的"冷灶"吗？胡雪岩并不这样认为。对此胡雪岩说过这样一句话："'烧冷灶'也不是逢冷灶就烧，而是放出眼光，择其有资望者，或将来必有起用之日者，殷勤接纳。时相探望，慰其寂寥，解其困难，使其心中感动，当你是'雪中送炭'的君子。有朝一日，'冷灶'变热，政客上台，烧灶者便能如愿以偿。先前的投资，便可大获厚利了。"

由此可见，"冷灶"有两个特点：第一，确实有能力或者有可用之处；第二，暂时落魄或者不被重用，日后有机会还是能够青云直上的。相比较而言，前者更加重要，因为对于商人来说，能够帮助获利才是最重要的，至于他是不是能够青云直上并不是非常重要。

那么，当我们面对一种商品或者一个员工的时候，我们该如何判断它或者他就是自己所要寻找的"冷灶"呢？我们还得和胡雪岩一样把握两个原则：第一，它或者他有没有潜力，是不是具备"热灶"的潜力呢？第二，它或者他现在的状况是什么样，如果这种商品已经在畅销，或者说这个员工已经在发挥着自己的潜力，那就不能算是冷灶，我们完全可以采取另外一种方式进行处理。

二、"冷灶"烧热之后，是不是要立刻加以利用呢？

胡雪岩的做法是再等一阵。当年王有龄投供成功之后，胡雪岩并没有在第一时间去寻找王有龄来帮助自己改变生存状况，而是甘于平凡，直到王有龄在无意中找到胡雪岩为止。胡雪岩为什么要这样做？目的性很明确：让王有龄觉得自己并不是在利用对方。任何一个人，都不希望自己被利用，即便是自己的恩人也是如此。而胡雪岩之所以这样做，就是要排除自己在利用王有龄的嫌疑。

烧了冷灶，能得到日后必可飞黄腾达之人，这固然是烧冷灶者最希望看到的结局。但是这并不意味着这些冷灶一旦烧热，就应该在短时间里加以利用。在商业领域，这是"反顾客导向"的一种模式。即当一件商品开始畅销之后，对顾客的要求并不是有求必应。这样做的目的就是激起顾客的兴趣，让顾客更加关注这类商品。

胡雪岩总是将自己送给别人的钱财当成一种人情投资，这种人情不仅仅投资在当红的权贵身上，也投资在当前落魄的政客、文人身上，即所谓的"烧冷灶"。有朝一日，"冷灶"变热，政客上台，烧灶者便能如愿以偿。先前的投资，便可大获厚利了。这也是胡雪岩精明处之一。

要用情来感动每一位伙计

胡雪岩曾对手下的人说过："我请你们帮我的忙，自然把你们当一家人看，祸福同当，把生意做好了，大家都有好处。"

在实际中，他也是这么做的。他非常注意对自己下属的感情投资，他全心帮助郁四处理家务，他细心筹划玉成古应春和七姑奶奶的婚事，他撮合阿珠姑娘与"小和尚"的姻缘，他为漕帮解决困难……所有这些，都是在做感情投资。而这些感情投资收回的"利润"，便是他有了这一大批眼光手腕都相当不错的人全心全意地帮他。

胡雪岩深深懂得，"要得到真正的杰出之士，只凭借钱是不能成事的，关键在于'情''义'二字，要用情来打动他们"。他就是用这样的手法，为朋友王有龄追揽了一名得力的助手嵇鹤龄。

胡雪岩用非常高明的手段收服了嵇鹤龄。他的做法有两个不可忽视的地方：第一，从感情上打动嵇鹤龄。嵇鹤龄丧妻未久，除不多的几个气味相投的知己朋友之外，还没有多少人来吊唁，胡雪岩对于他的亡妻的真诚祭奠，以及由此见出的对于嵇鹤龄中年丧妻的不幸的同情，一下子就打动了他。第二，帮在实处。嵇鹤龄一直没有得到过实缺，落魄到靠着典当过活的地步。帮在实处，便见真情，使嵇鹤龄更没有理由不感动。而且，更绝的是，胡雪岩知道嵇鹤龄有一种读书人的清高，极要面子，是决不肯无端接受自己的馈赠的，因此，他为嵇鹤龄赎回典当的物品，用的是嵇鹤龄自己的名号，并且言明，赎款只是暂借，以后嵇鹤龄有钱归还时，他也接受。这样，不仅为嵇鹤龄解决了实际的困难，而且也为他争回、保住了面子。有此两端，我们也就难怪嵇鹤龄这样一个十分傲气的读书人，会对胡雪岩这一介商人的行事作为刮目相看了。

胡雪岩的做法，其实也就是我们今天常常说到的做人的工作要以情感人的原则。动之以情，要人相信你的情是真的，自然要示之以诚。事实上，胡雪岩如此相待嵇鹤龄，虽然也是为了说服他而"耍"出的手腕，但在胡雪岩的心里，也确实有真心佩服他而诚心诚意地要结识他的愿望。胡雪岩虽是一介商人，但他也的确时常为自己读书不多而真心遗憾，因此也十分敬重真有学问的读书人。从这一角度看，胡雪岩对于嵇鹤龄的真诚，也是不容怀疑的。后来为了解决嵇鹤龄的困难，他还亲自作伐，将王有龄夫人的贴身丫环嫁给了嵇鹤龄。他们两个人也结下了金兰之好。

像嵇鹤龄这样耿介清高的读书人，胡雪岩都能使之心悦诚服地为自己办事，这足以说明他在用人方面手段之高明。高明就高明在胡雪岩不是那种重利轻义的商人，他为人做事很讲究"情义"二字。这使每一位在他手下办事的人，都觉得胡雪岩不仅是老板，还是朋友。

中华古国素为礼仪之邦，不仅仅胡雪岩，还有许多成功的商人都是在生意中体恤下属、视若亲人的。与胡雪岩同时代的著名钱庄总管秦润卿，也是一个对待下属动之以情的典范。他不但对东家忠心耿耿，成为程氏家庭中不姓程的一个重要成员，而且对下属职员，也视同家人。其他钱庄经理，都是自己开小灶的，而他每天都与同人同桌吃饭，过年过节甚至还自己掏钱请客。每当职员生病，他都亲自探望；每当职员家庭发生困难，他都全力接济。因此，职员们都把他当作自己的兄长，他每次外出办事，其他职员总要等他回来一起吃饭。他不管在不在庄里，大家都一样卖力地干活。下属的全力支持,正是他事业成功最重要的基础。

胡雪岩的用人智慧并不只限于他所生活的时代。随着时间的推移,这种对雇员的情感激励法在现实生活中有了越来越重要的作用。

俗话说,下棋看五步,也就是下棋时不能仅仅考虑眼前这一步的得失,而必须着眼于下面几步棋的走法,能想到的步数越多,取胜的希望越大。

做生意跟下棋一样,也必须考虑到今后的变化、应对、得失,既要考虑目前,也要着眼长远,这样才能加大生意成功、事业发展的保险系数。生意的规模越大,涉及的方方面面越多,风险相应越大,眼光就越要放得远。鼠目寸光做不了大生意,即使做了大生意,也是盲人骑瞎马,将是十分危险的。

说起眼光,胡雪岩就是眼光放得很远的商人。当他还是一个小伙计的时候,他就看出要发迹就必须靠官吏支持的现实。要与现成的官吏拉上关系是困难的。他拿出了五百两银子资助穷困潦倒的王有龄买官,为他后来的发迹打下基础。他投资几万两银子在湖州收购生丝,运到上海洋场去卖,就是看到了在太平军逼近、小刀会起事后,等到上海的交通一断,上海的丝价就会涨,因而可大赚一把的行情。他到上海做洋枪的生意,也是看到了各地创办团练、急需军火的形势。

不过,做洋枪的生意,胡雪岩却遇到了一点麻烦。因他只买200支枪,价值一万两银子左右,对洋人吸引力不大。洋人主要想与太平军做军火生意,怕与胡雪岩做了小生意后,失去了太平军这个大主顾。面对这种情况,胡雪岩便劝告洋商哈德逊,眼光要放远些,虽然现在他的生意小,但将来他的生意会做大的。胡雪岩说,在目前留些交情,将来才有见面的余地。这句话透露出胡雪岩的自信,同时也道出了做生意的一般规律:生意的扩大过程中总少不了增加进来陌生的合作伙伴,陌生伙伴的合作总要有一个好的开端,而这个开端往往不会是一笔很大的生意,生意是越做越大的。如果拒绝了这笔小生意,也就是拒绝了合作的开端,使对方不欢而去,另寻他人,这样实际上就堵塞了自己的门路。胡雪岩是生意人,道理是实实在在的,对于生意老手哈德逊来说也是一点就通,因而双方达成了买卖。

在这里,眼光已不仅仅是指对市场需要的识别判断能力,也指对有发展前途的合作者的支持的考虑。合作者发展了，双方的买卖必然扩大，合作关系是以加强，也就意味着自身市场的发展。仅从买卖大小的标准来选择合作者，不仅会失去一批中小合作者，而且也将失去他们将来的发展所能给自己带来的利益，这种做法为有眼光的精明商人所不取。

胡雪岩对下属的管理，不仅仅是物质鼓励，更多的是感情投资。他深知"得人心"的重要，对下属总是设身处地地关心照顾，帮助他们解决实际困难，祸福同当。

情与利的双赢

虽然胡雪岩一向认为：生意归生意，感情归感情，两件事不能混在一起。但他从来不把两者绝对地孤立起来，而是在坚持两者相对独立的前提下，适当而巧妙地相互借鉴，在生意上融合情感，做到以诚待人；在感情上则融入做生意的功利因素，不浪费感情。如此一来，实现了感情和生意上的双赢。

胡雪岩在生意上将心比心、待之以诚的做法，最成功的莫过于以情感打动了杭州"奇绣行"老板阳琪的芳心，不仅娶其为妻，还成功地涉足了地产生意。胡雪岩最初和阳琪相识纯粹是到"奇绣行"购买刺绣，看到阳琪的美貌和智慧，胡雪岩心生好感，于是订购了阳琪店里的所有商品，但胡雪岩并没有感情用事，而是按照生意上的规矩先订货后付款，这样胡雪岩和阳琪一直在生意上保持着友好的关系。后来胡雪岩看见阳琪经营的店面资金紧张，就主动出了一万两银子给她。阳琪并没有把这些钱用来个人消费，而是暗中以胡雪岩的名义购买了一块地皮，结果她的这笔投资很快赚了大钱，后来才告诉胡雪岩自己这样做算是对他关心"奇绣行"生意的报答。

胡雪岩对"奇绣行"生意的关心显然有私情，但他并不是完全出于私人情感，其中还有商业的眼光，后来阳琪用丰厚的利润回报给他就是最好的证明。如果他单纯地出于儿女私情或者单纯地追求商业利润，都不可能在以后成功地控制和掌握"奇绣行"这个生意。

当下商人们往往把生意和情感完全割裂开，只看到两者的区别和差异，而不知道在两者之间进行弥补缝合，要么只讲情感不讲生意规矩，要么见利忘义、唯利是图。如此目光短浅，当然无法赢得有利于生意发展的真心朋友。

以情感俘获他人，把同行甚至竞争对手发展成为朋友，才能实现情感和生意的双丰收。遵循这个原则，胡雪岩在生意上将心比心，待之以诚，从而为自己赢得了无数的朋友。

第六章
要想成功，学会变通

很多时候，思维定式固然会给我们打下一种习惯性的基础模式，它在我们的生活中也有一定的作用，但是，如果一个人不懂得打破思维定式，只以常识性、否定性的眼光来看待事物，不敢有所突破，那么最终白白浪费掉大好时机的就是你。所以说人应当改掉墨守成规的偏差习惯，改变我们观察世界的视角，从一个全新角度来观察事物，不破不立，这是成功的硬道理。胡雪岩经商就有不破不立的性格，所以他相信：做生意必须手腕活络，不可固守成法。

灵活经营，不可板滞

活络是做好生意的妙法

为自己开拓财源，要有精明的生意人的眼光，要能看得准，看得远，同时还要眼界开阔，头脑灵活。所谓眼界开阔，头脑灵活，简单地说，就是不要死守住一个自己熟悉的行当，而要善于在其他行当中发现可以开发的财源，说到底，也就是要时刻想着去不断地寻找新的投资方向，不断地扩大自己的投资经营范围。一个生意人如果只能看到自己正在经营的熟悉的行当，最终只会是抱残守缺，连正在经营的行当都不一定经营得好，更不用说为自己广开财源了。

因此，做生意一定要做得活络。做生意要活络，应该有两层意思：一是不要死守一方天地，要能根据具体情况做出灵活反应；二是反应要迅速，想到了就立即着手去做，不放过任何一个机会。

胡雪岩的生意就做得活络。在他驰骋商场一步步走向鼎盛的过程中，他灵活机动，四下出击，真可谓一步一个点子，一路一趟拳脚，一动一套招式，而招招式式都能为自己点化出一条财路。

胡雪岩为自己的蚕丝生意和帮王有龄办湖州官府的公事，几下湖州，结识了湖州颇有势力的民间把头、正做着湖州户房书办的郁四。胡雪岩凭着自己的仗义和见识，也因为自己帮助郁四妥善处理了家事，深得郁四敬服。为了报答胡雪岩，郁四做主，为胡雪岩娶了寡居的芙蓉姑娘做外室。

芙蓉姑娘的娘家本来也是生意人，祖上开了一家很大的药店，牌号"刘敬德堂"。刘敬德堂传至芙蓉姑娘父亲一辈时也还有些规模，不想她父亲十年前到四川采办药材，舟下三峡，在新滩遇险船毁人亡。她的叔叔外号"刘不才"，本来就是一介纨绔，极尽挥霍还特别好赌，接下家业不到一年就无法维持，药店连房子带存货都典给了别人，自己落得以告贷为生。不过这刘不才也有一个特别之处，就是俗话说的"瘦驴不倒架"，还有那么一点顾及脸面的硬气。比如自己潦倒到了极点，却还死活不同意侄女芙蓉给人做偏房，说是我们刘家穷是穷，但也没有把女儿给人做偏房的道理。芙蓉再嫁，他死活都不想认胡家这门亲戚。再如潦倒归潦倒，但即使到了告贷无门的地步，他都不肯押出自己手上的几张祖传秘方，以为只要秘方还在，家底就还在，心里还想着有一天要重振家业。

胡雪岩娶了芙蓉姑娘，这位不想认他这门亲戚的刘不才自然也是一个麻烦：不能不管，在一般人看来又确实是没法管。这时胡雪岩可以有两个选择：一是按郁四的想法，送刘不才一笔银子打发了，不再与他有任何关系；二是按芙蓉的想法，由芙蓉劝动刘不才拿出那几张祖传秘方，胡雪岩帮忙卖它万把银子，让他自己去过活。

胡雪岩却不这样想。他一定要认了这门亲，他要借刘不才开一家自己的药店。他凭着自己的眼光，一下子就看出药材生意在此时也将是一个相当不错的财源。这乱世当口，其一，军队行军打仗，转战奔波，一定需要防疫药；其二，大兵过后定有大疫，逃难的人生病之后需要救命药。因此，只要货真价实，创下牌子，药店生意就不会有错。而且，开药店还有活人济世、行善积德的好名声，容易得到官府支持，在为自己赚钱的同时，还能为自己挣得好名声，何乐而不为？自己不懂这行生意不要紧，刘不才懂，只要能够将他收服，迫他改掉身上的毛病，他就可以当起大用，而且他手上的那几张祖传秘方也正好可以充分利用。想妥这些之后，胡雪岩请郁四帮忙，摆了一桌"认亲"宴，就在这认亲宴上便谈妥了药店开办的地点、规模、资金等事项。

胡雪岩的胡庆余堂也就这样立起来了。在其后的几十年中，胡庆余堂成为名闻天下的老字号药店，不仅成为胡雪岩的一个稳定财源，也为他挣来了"胡大善人"的好名声，对他的其他生意也带来了极好的影响。

一个钱庄老板，在本业之上还要去做蚕丝生意销洋庄，在做着蚕丝生意的时候又想起开药店，胡雪岩这四面出击，不断为自己广开财源的灵活，确实不能不让人叹服。事实上，做生意最没出息的，大概就是死守着一方天地。一笔生意再大，也只能有一次的赚头，一个行当再赚钱，也只是一条财路。显然，要广开财源，死守着一方天地是绝对不行的。胡雪岩说，做生意要做得活络，这里的活络，自然包括很多方面，但不死守一方，灵活出击，而且想到就做，决不犹豫拖延，应该是这"活络"二字的精义所在。

胡雪岩商道箴言

一个不善于改变自己经商性格的人，往往是走进了死胡同，才如梦初醒。胡雪岩经商特别推崇"活络"两字。所谓活络就是善变。胡雪岩有一句至理名言："天变了，人应变。""天"即指时势时局之意。"天变了，人应变"，其意是指时势时局变化了，人也应该做出与之相应的改变与调整以顺应时势与时局。

经商活络，借鸡生蛋

美国亿万富翁马克·哈罗德森说："别人的钱是我们成功的钥匙。把别人的钱和别人的努力结合起来，再加上你自己的梦想和一套奇特而行之有效的方案，然后，你再走上舞台，尽情地指挥你那奇妙的经济管弦乐队。其结果是，在你自己的眼里，会认为这不过是雕虫小技，或者说不过是借别人的鸡下蛋。然而，世人却认为你出奇制胜，大获成功。因为人们根本没有想到，你竟能用别人的钱为自己做买卖赚钱。"

因此，依靠借别人的钱，直接由负债经营入手，便是像胡雪岩这样经营高手的成功捷径。

胡雪岩曾说，他知道如何"铜钱眼里翻跟斗"。而从他的迅速发迹的过程来看，他的确是一个善于在"钱眼里翻跟斗"的高手。胡雪岩在自己事业的初期，其实是身无分文的，然而他的事业之所以能做得如火如荼，很重要的原因就是他知道如何在"钱眼里翻跟斗"。从他最初开办阜康钱庄，到胡庆余堂，再到胡记典当行的每一项事业，都是一项接着一项地"翻"出来的。

胡雪岩一上手就要开自己的钱庄，对外号称拥有本钱二十万两银子，其实，此时胡雪岩的真实情况却是身无分文。虽然其朋友王有龄已回浙江任海运局坐办，但除了让胡雪岩有了点官场势力之外，银钱方面事实上也还没法帮他多少，而胡雪岩的钱庄要开办得有点样子，至少需要五万两银子。怎么办呢？胡雪岩的打算就是凭借他的信誉和本领，因人成事。

胡雪岩销"洋庄"，为求当时担任江苏学台的何桂清的帮助，特意去了一趟苏州，在苏州为解决阿巧的事情，又结识了苏外富家公子潘叔雅、吴季重和陆芝香等人。当时正是太平军大举进攻苏、浙之时，苏州市面动乱，一方面官军打仗，保民不足却骚扰有余；另一方面太平军也是步步逼近，因此这帮富家公子都有心到上海避难。虽然他们在苏州的房屋、田产是不能带到上海去的，但他们手中却有大量的现银，估计有二十多万两。他们知道胡雪岩是钱庄老板，因而想借胡雪岩的钱庄，把这些现银带到上海去。

胡雪岩当然求之不得，于是他当场就为这些阔少做了筹划，他建议将这些现银存入钱庄，一半做长期存款，以求生息；另一半做活期存款，用来经商。存款以及生意的筹划，都由胡雪岩一人操办，总的原则是动息不动本。这样，胡雪岩等于给自己吸纳了一笔可以长期动用的资金。

俗话说"舍不得孩子套不得狼"，做生意需要资金，谁能做没有本钱的生意呢？由于个人资金有限，最方便的办法便是找最亲近的人合伙，这也是家族企业盛行的原因之一。等到有了一些信用，把身边了解情况的朋友的资金也吸引进来，如果成功做到企业公开上市，买股票的人才不会去管和经营者认不认识，只要股票被看好，那么资金就会像潮水一般涌来。小本生意可以自己投资，大宗生意必须擅用他人的资金，借力使力，力量才会大。

做生意既是一种资金和实力的较量，更是一种智力的比拼。有些人想创办自己的公司，可又不停地埋怨自己没有钱，无法涉足商场。是的，涉足商场，需要的是"三军未动，粮草先行"。初涉商场的经营者创业时，须有一定的资金才能使自己的事业有效地运转起来，不论是多么好的目标、设想和计划，如果没有一定的经济力量作为支撑，只能是纸上谈兵。难怪许多的经营者认为，资金是维系事业生命的血液。但如何为自己弄到本钱，却是要靠智力，要靠精明的头脑和灵活变通的手腕的。现实生活中，筹措资金的方法有多种，借贷是筹措的主要方法之一。可总是有许多经营者不愿意借贷，把"一分钱闯天下"作为自己的志向，这个志向固然值得嘉奖，但完全靠自己一分钱一分钱地积累，这个发家过程无疑会十分漫长，甚至可能永远达不到，从而耽误了许多赚钱发财的机会。

美国著名的小商品经营大王格林尼说过，真正的商人敢于拿自己妻子的结婚项链去抵押。这实际上是从另外一个角度鼓励人们创业时去借贷。事实上，如果一个创业者只是小心谨慎地做自己的生意而不敢借贷，这样的人往往在商界中成不了大气候。如果你大胆地向前迈出一步，勇敢地向银行、向他人借贷，就有可能取得更大的成功。因为做生意讲究一个机遇，机遇一旦抓住了就能成功，否则就会失败，而机遇就强迫着我们去贷款、借钱，这样才能够帮助我们达到获取利润的目的。

事实上，如果我们静下心来想一想，在创业的过程中，我们借贷不是为了消费，而是为了赚钱，那为什么不敢贷一笔钱，去赚更多的钱呢？你把贷来的这笔钱投入你自己经过精心选择看准了的投资项目上，一两年以后，当你向银行或者他人还清本息，你会发现你的账户上还留有一笔更大的钱，这就是你用贷款、借款赚来的钱，这笔钱就是你创业赚来的第一桶金子，是你事业的开始。

爱默生说过："我最需要的就是让别人来强迫我做那些我自己能做，并且该做的事情。"换句话说，人都需要一种压力。我们知道，压力有时候会转变为动力。你从银行贷了一笔款，银行会向你收取相当数量的利息，这相当数量的利息就可能转化为你的动力，因为谁也不会任由自己的钱不停地流向他人的腰包，所以，它会强迫你抓紧时间，去赚更多的钱。

同时，相当数量的利息也能够使你改掉自己懒散的工作和生活习惯，使你手中的资金真正地运转起来，你会自觉地投入生意的繁忙之中。

但是，有一点你也必须了解，这也是成功创业者的经验之谈，即借贷是一把双刃剑，你若小心运用会使你致富，你若不小心，就会适得其反。

可见借贷也有其不利的一面，但关键是看为什么借贷。如果你是要借贷来消费，那你就要尽量地避免，如果你要投资性的借贷，那就是另外一回事了。

所以，现代人要有现代的理财观，赚钱是一种本事，借钱花更是一门学问。

胡雪岩商道箴言

任何一个不会借钱的人都不是做生意的高手,任何一个不会借钱的老板都不是好老板。快速获得第一桶金的最佳方法就是"借鸡生蛋",缺钱时要做好大生意,就必须学会"借鸡生蛋"。

移花接木,善用资金

胡雪岩在把湖州收到的生丝运到上海时,正值小刀会在上海起义。小刀会占领了上海县城,不仅隔断了租界和上海县城之间的联系,也封锁了苏、松、太地区进出上海的通道,断绝了上海除海路之外与内地的一切联系。上海与外部交通断绝,上海市场生丝的来源也随之断绝,仅能买上年囤积的陈丝,而此时也传来信息,驻在上海的洋商由于战事在即,生意前途未卜,更加急于购进生丝以备急需。这在胡雪岩看来,无疑是个绝好的商机。因为如此一来,生丝的价钱会上涨,完全可以乘此机会赚上一票。这一情况坚定了胡雪岩生丝销洋庄的打算。

要做销洋庄的生意,第一步是要控制垄断价格。要做好这一步,有两个办法。第一个办法就是说服上海丝行同业联合起来,让预备销洋庄的丝客公议价格,彼此合作,共同对付洋人,迫使洋人就范。第二个办法则是拿出一部分资金,在上海就地买丝,囤积起来,使洋人要买丝也无处可买,只能找胡雪岩买,以达到垄断市场、提高价格的目的。不过,就胡雪岩当时在上海生丝市场的地位来说,由于他的生意只是刚刚起步,在同行中的威信还有待建立,因此第一个办法不一定能够达到理想的效果。而且从市场运作的角度而言,即使胡雪岩凭自己的影响力说服上海丝行同业联合起来,彼此合作,共同对付洋人,他也应该在上海就地买丝,尽可能多地为自己囤积一部分生丝。这可以收到一箭双雕的效果。这既是控制市场,垄断价格的基础,也是能使自己实现控制市场的设想,迫使洋人就范后能够获得更大利润的条件。同时,生丝囤积量的增加也可以提高他在上海丝商中的地位,为联络上海同业的运作增加影响力。

不过，在上海就地买丝不是随便想一想就行的，这需要调度大量资金。胡雪岩此时只有价值十万两的生丝存在上海裕记丝栈，而他的生意合作伙伴尤五为漕帮粮食生意向"三大"借贷了十万两银子。这笔贷款在周转过一次后又已到期，按常规已经不能再行续转。为还上这笔货款，尤五最多只能筹集到七万两银子。如此算来，胡雪岩在上海就地买丝又可以说是没有一分的本钱。本钱虽没有，生意还是要做的，总不能眼睁睁地看着白花花的银子不赚。

胡雪岩用手头裕记丝栈开出的那批十万两生丝的栈单变了一次戏法。首先将这一栈单拿给"三大"看，说是"三大"的货款已经可以归还，不过要等这批生丝脱手之后才能还。让他们将尤五那笔十万两的贷款再转一期。有栈单为证，货又明明摆在那里，他们必然相信而且放心，这样就生出了十万头寸可供调用，先解决松江漕帮借款到期的问题。然后，可以将这张栈单再使用一次，向洋行借款，这样就把栈单变成了现银。洋行有栈单留存，不会不给贷款，而栈单也不会流入钱庄，"三大"方面也不会知道栈单已经抵押出去了，戏法也就不会被揭穿。这样，十万两银子也就做成了百万两银子的生意。

这就是一次典型的"八个坛子七个盖"。一张栈单，"托"了中外两家。一转一亮，就盖住了两个"坛子"，这实在是一种高明的戏法。

做生意既是一种资金、实力的较量，更是一种智力的较量。做生意要有本钱，但如何为自己弄到本钱，却是要靠智力，要靠精明的头脑和灵活的手腕，要破常规，敢于推陈出新。一个成功的商人，总是能够凭自己的智慧为自己弄到本钱。

俗话说"人是两条腿，钱是四条腿"，人追钱不如钱追钱，在可预测风险的范围内，借鸡生蛋，利用一切可利用的资源，不失为走向商业成功的一条捷径。

胡雪岩说："八个坛子七个盖，盖来盖去不穿帮，就是会做生意。"会这样盖来盖去，也就学会了在"铜钱眼里翻跟斗"，也就可以用十万两银子，做出百万两银子的生意。

精益求精,商机通畅

品牌就是财富

第一步先要做名气,名气一响,生意就会热闹,财宝就会滚滚而至。

假如说金钱、银子、房产是有形的势力,那么,名气与形象则是无形的势力。有形与无形之势力两者是相辅相成、缺一不可的。因此,胡雪岩在不断张扬有形之势力的时候,更关注无形势力的张扬。

我们都知道,一个企业的名气、形象的良好,能够给企业带来巨额的财源。良好的形象(名气)就是万两黄金。

在现代社会中,我们所说的企业形象,是指社会大众(包括用户)和企业职工对企业的整体评价。它包括两个方面的含义:从外部看,企业给消费者以可以信赖的印象,对其他行业及社会的贡献为外界所公认;从内部看,企业让全体职工在工作中产生"和公司荣辱与共"的观念,重视职工利益,工作分层负责,赏罚分明,量才施用,企业内部"通风"良好,气氛和谐,拥有强劲的活力和凝聚力,发挥最高的工作效率。

良好的企业形象能够给公司带来具有更多利润的无形资产。但是在不同经济发展时期,企业对其形象内涵的理解及在形象开发的侧重点上是有非常大的差别的。早期的企业一般还是把良好的形象押在外部形象的单项指标上。例如,怎样靠优质产品打开销路,怎样靠优质服务取信用户,等等。但作为明天的成功企业,它会更加重视外部形象和内部形象相结合的整体塑造。这中间,体现每个企业的各个层次都共同认可的价值观念的企业文化则是连接外部形象的纽带。

在这一点上,一百多年前的胡雪岩从某种意义上说,他比我们现代的很多企业家认识得更清楚。

按照胡雪岩的看法,步入商界,"第一步先要做名气。名气一响,生意就会热闹，财宝就会滚滚而至"。也正因这样，胡雪岩才不放过任何一次可以扬名气的机会。

一次，为了弥补军费粮饷的不足，朝廷决定由户部发行官票。官票大体与现今国债类似，只是它是一种能够上市流通的银票，能够兑换现银，也能够代替制钱"行用"——用它抵交应按成缴纳的地丁钱粮和一切税课捐项，称为"户部官票"。户部官票的发行自然少不了钱庄，发行方式也就是由各钱庄认购。认购户部官票无疑要担风险，尽管官票上明文写有"愿将官票兑换现银者，与银一律"的字样，但假如官票发行太多太滥而现银不足，以票兑银就将是一句空话。因此，刘庆生在与胡雪岩商量认购官票事宜的时候，也认为将来官票一定不值钱。阜康刚刚开张，实力还谈不上，就遇上这一档子事，刘庆生对认不认购官票也心存犹豫。

但胡雪岩不这样看。

在胡雪岩看来，世上随便什么事情都有两面性，这一面占了便宜，那一面就也许会吃亏，而做生意更是这样，买卖双方，天生是敌对的。一桩生意能不能做，关键是生意人自己的眼光，生意做得越大，眼光越要放得远。乱世之中，生意的确越来越难做了，不过越是难做，越是机会。就拿眼下认购官票来说，假如朝廷章程定得不完善，滥发起来，它的价值当然会大打折扣。但就算是这样，也要认购，而且还要主动认购，要认购得有气魄。这里有两个原因：

第一，这是在帮朝廷的忙。只要是帮朝廷打胜仗的生意，哪怕亏本，也都要做。短期看，这是亏本，长远看却不是亏本，而是放了资本下去。放下去资本自然是要收回的。只要官军打了胜仗，时世一太平，百业待兴，什么生意都能够做。那个时候，也就可以收回先前投下去的资本了。自己为朝廷帮过忙，出过力，朝廷自然会给以回报，到处提供做生意的方便，哪里还有不能发达的道理？

第二，认购户部官票，也是显示阜康气魄，为阜康挣得名气的机会。目前杭州城里各大小钱庄同行都心存犹豫，小同行看大同行，大同行互相看，都怕被派购官票太多，包袱太重，假如这时阜康站出来大胆认购，一方面能够在同行中显示阜康临事不惧的气派，显示阜康的实力，另一方面也能显示同行的义气。阜康在同行中的名气和地位，一下子就起来了。

驰骋商场,名气总是非常重要的,它其实就是一种无形的价值、一笔无形的本钱。一个商号有了名气,客户会不远千里,慕名而来,而只要有了名气,就能够真正树立起来自己的形象。自我形象真正树立起来了,生意自然也就好做了,黄金也自然来了。

铸就形象,实利落怀

有一次,有位同人向胡雪岩请教人生哲理和做生意的经验,胡雪岩说:"人生世上应该先求名,还是先求利?……别的我不知道,做生意是要先求名,不然怎么叫'金字招牌'呢?……这话大有道理,创出金字招牌,自然生意兴隆通四海,名至实归,莫非名利就是一样东西?"

杜邦公司的兴盛就是一个典型的例子。杜邦为树立良好的企业形象,采用了他们所能想到的所有办法。

1970年9月一个暖和的秋天,正当杰西·鲍尔·杜邦在特拉华被安葬在她丈夫的邻穴时,成千上万的人也聚集在南边千里以外的佛罗里达州举行哀悼。在佛罗里达州最繁忙的杰克逊维尔港,下了半旗为这位杜邦家族的女王志哀,佛罗里达州不但失去了拥有亿万财产的首富,而且也失去了该州最主要的慈善家。

1936年9月,杰西建立了杜邦财团从事慈善事业的机构——尼莫尔基金。两年后,一所三层楼的医院在离威尔明顿不远的尼莫尔庄园中的22英亩空地上破土动工了,从此该院驰名于世界。到1963年为止,这所医院为残疾儿童免费治疗各种病例达50万人次。

办这所医院是杰西的主要活动。这一活动,与她把5500万美元赠给学院、大学包括像斯特罗姆、瑟蒙德基金会一样,都表明了杜邦财团慈善的一面。

对于各种慈善事业的资助,杜邦家族是较为讲究的。他们不得不这样。19世纪以来的100多年里他们积累了巨额的家族财富,也引起了一连串的骂名。有人说杜邦可能是美国人最痛恨的名字。战争给人类带来了巨大的灾难,却给杜邦带来了数不清的财富。

一个企业没有一个良好的形象,很难想象它能继续发展下去。特别像杜邦这样的与"鼓励暴力死亡"相联系的企业,假如不重新塑造自己的形象,就算它改头换面建立杜邦工业帝国,它也很难在用户的心与金钱交合的世间找到自己的位置。

为了重新塑造杜邦的良好形象,杜邦家族采用了他们所能想到的所有办法。根据这一思想,杜邦的宣传对象主要有三种:

(1) 雇员、顾客、股东、供应厂商、企业协会、工厂所在的城镇;
(2) 作家、新闻广播电视工作人员、大学知识分子;
(3) 政府官员。

以上这些人员或多或少都对杜邦有所了解,再集中在他们身上大做宣传,那么根据布雷曼的估计,由杜邦公司常常广泛发布的消息所引起的"公众"效应的微波就会变成巨浪。

布雷曼回忆说:"在几百万人的心中造就了一个新的印象,它为我们找到了新的立足点。"

杜邦公司在新闻宣传方面花钱一点也不心痛。杜邦公司的无线电和电视试播节目"美国纪实"也给杜邦以慷慨的回报。多年来通过阿瑟·密勒、斯蒂芬、文森特·贝尼特这类优秀作家所写的获奖喜剧的渲染,杜邦公司的形象已经有了变化。1937年,心理研究公司曾经向杜邦家族汇报过调查情况。在受到询问的一万名对象之中,对杜邦公司抱有好感的仅占6%,而占80%以上的人对于军火制造商杜邦明显地怀有恶意,通过20多年的精心设计,死亡贩卖商的形象明显已经被淡忘,代之而起的是笑容可掬的化学家、工业家。1958年,心理研究公司发现,调查对象中有79%赞许杜邦公司,而漠不关心的人不到3%。杜邦家族心满意足,就在那一年,他们结束了每年一度的心理调查。

皮埃尔还为杜邦家族开创了一个良好的传统,积极向教育界捐款,杜邦家族成立了专门的家族基金会向美国经济特权阶层的教育事业提供捐款。仅在1966年一年内,小伊雷内·杜邦就向宾夕法尼亚的公立学校捐赠了50万美元，向布林·马尔学校捐赠了30万美元，向特拉华的航空学院捐赠了9.4万美元。在特拉华，杜邦家族也向特拉华工学院捐款。光皮埃尔一人就向特拉华的公立学校资助了1200万美元。杜邦家的人给学校捐款的目的非常单纯，那就是让孩子们从小就形成一种意识，杜邦是一个非常友善的名字，是一个名气响亮的企业。

无独有偶，比杜邦公司早一个世纪的胡雪岩也是一个善于为企业树立良好形象的精明人，并为之而不遗余力，丝毫不比杜邦家族的人逊色。

胡雪岩在阜康钱庄开张之初通过认购户部官票，树立了钱庄的良好形象，实实在在地达到了名声扬起、实利落怀的效果。

而胡雪岩的药店胡庆余堂则更是这样，由于胡庆余堂在创业时期就定下的以诚实无欺做名气的宗旨，也由于胡雪岩向有病无钱的穷人免费送药和向军营捐药的两招，让胡庆余堂很快就名声大振。由于药材地道，成药灵验，经营也一直旺盛不衰，遇到春夏时疫流行的季节，上门的主顾经常排起长龙等药，胡庆余堂自然也是大为赚钱。胡雪岩的生意后来因为种种原因走向衰败，最终全面倒闭，他的其他生意如钱庄、典当、丝行以及私人财产如房产、田地，后来都落入他人之手，唯有胡庆余堂却完整地保留不动。事实上也是在胡雪岩彻底衰败以后，为他保存了一笔不菲的家业。

究其原因，与他在药店生意上做出的名气，与胡庆余堂的"金字招牌"有着非常大的关系。就连他的药店档手也非常清楚这一点。在阜康发生挤兑风潮且开始波及胡雪岩的其他生意，败局已定，胡雪岩面临查封家产的时候，他的药店档手为安抚店员所作的分析，就非常有道理。他对店员们说，胡大先生办得顶好的事业，就是这胡庆余堂。胡庆余堂不但赚了钱，也为胡大先生挣得了好名声。假如说亏空了公款，要拿胡庆余堂抵债，货色生材都可以入官，但这招牌是不会被摘下的。胡庆余堂这样好的名声，官府一定不会把它封掉，胡大先生也仍然是胡庆余堂的大老板，药店档手要求店员要格外认真，照常经营，抓药要地道，对待客人要和气，这只饭碗一定捧得实，不必担心。

这就是所谓名至实归！名气可以做出这样的效果，名气的效果可以发挥到这个份上，也算是一种极致了。这是胡雪岩做市面的又一绝。

资本可以是有形的，也可以是无形的，无形的资本也是可以创造利润的。良好的形象就是企业的无形资本。

善于借力，乘势而起

在胡雪岩看来，势有三种，即人势、商势、局势，他的名言是"有势就有利"，"势"是为"利"服务的。胡雪岩确实是乘势高手，因为"势"对他来说，无处不在、无处不有。一个生意人如果能像胡雪岩这样察势、造势、顺势，必为大商人。胡雪岩帮助左宗棠筹办船厂和筹措军饷向洋人借款成功，就是乘势的最好写照。

胡雪岩是中国历史上第一个以商人身份代表政府向外国引进资本的人。而在他之前，清政府从来没有向洋人借过款，并且严格规定任何人都不能代表政府向洋人贷款。例如，曾是首辅军机大臣的恭亲王就曾拟向洋人借银一千万两用于买船，所获谕批却是："其请借银一千万两之说，中国亦断无此办法。"胡雪岩提出向洋人借款的想法，甚至让一向果敢有加的左宗棠也心存犹豫。最终，在胡雪岩一番关于当下时势以及办大事要懂得乘势而行的剖析下，左宗棠才同意其想法。

胡雪岩说："做事情要如中国一句古话说的'与其待时，不如乘势'，许多看起来难办的大事，居然都顺顺当当地办成了，就是懂得乘势的缘故。"虽然都是向洋人借款，但恭亲王那时要办一定会遭到否定，而此时却不一样，这时提出这个想法获得获准可能性极大，这是时势使然。第一，恭亲王向洋人借债买船，受到洋人多方刁难，朝廷大多数人持保留意见，恭亲王也随之开始打退堂鼓，事情自然难以办成；而此时洋人已经看出朝廷决心镇压太平天国运动，收复东南广大地区，在这种情况之下，他们主动借款帮助朝廷，朝廷自然不大可能拒绝。第二，恭亲王时朝廷军务并不紧张，向洋人借款买船还可以暂缓，而现在军务重于一切，重中之重又是镇压太平天国，为解决军务之急而向朝廷提出向洋人借款的请求，朝廷自然不会拒绝。第三，现在带头向朝廷上奏的左宗棠本人手握重兵，并且因平定太平天国有功而深得慈禧太后信任，由他向朝廷提出借款之事，其分量自然就不一般了。凭借这三个条件形成的大势，向洋人借款不办则罢，只要办就一定会成功。结果事情的发展也果真如胡雪岩所料，几乎一点不差。

胡雪岩在这里所说的"势"，就是指那些促成某件事成功的各种外部条件同时具备，即恰逢其时、恰在其地，几好合一，好的机会汇集而成的某种大趋势。具体说来，这种"势"，也就是由时、事、人等因素相互作用形成的一种可以助"毕其功于一役"的合力。这里的"时"即时机。所谓"此一时，彼一时也"，同样一件事，此时去办，也许无论花多大的力气都无法办成，而彼时去办，可能"得来全不费工夫"。这里的"事"是指具体将办之事。一定的时机办一定的事情，同样的事情此时该办亦可办，彼时却也许不该办亦可不办。可办则一办即成，不可办则绝无办成之望。这里的人即具体办事的人。一件事不同的人办会办出不同的效果，即使能力不相上下的两个人，这个人办得成的某件事，另一个人却不一定能办成。所谓乘势而谋，也就是要在恰当的时机由恰当的人选去办理该办的事情。

当然，作为一名出色的商人，要想做大生意更应该清楚，在诸多因素中，对时机的选择与把握是至关重要的，它可以说是"乘势"的灵魂。这就犹如我们平常发表对某件事情或对某个决策的看法一样。在许多事情的处理与运作过程中，特别是在商场的行事中，即使你是一个身居高位、举足轻重的大人物，即使你的意见很富有科学性、意见绝对正确、决策十分果断准确，如果你想让你的意见或决策起到更大更有力的作用和影响，你也必须选择恰当的时机，乘"势"而发。否则，说早了没用，说迟了徒然自误；说的场合不对，难以生效，更有甚者还会带来副作用。其中的诀窍，就是"乘势"的奥妙之所在。

一招之出，能顺乎大势而使事情圆满，这样的招术，大约应该可以称之为"仙招"了。胡雪岩游刃官商之间，之所以能左右逢源、纵横捭阖，与他深得"乘势"之妙、精通"仙招"之理是分不开的。

生意场上，求名是为了求利。自我形象树立起来了，名气作响了，"金字招牌"擦亮了，生意也就自然会兴隆起来，这就是所谓名至实归。名声扬起来了，自我形象好了，那么财富就会落入你的怀中。

借势打开自己的实力之门

关于商人的性格，这是一个非常陌生的课题。这不是说我们没有注意到，而是说研究商人的性格是非常困难却非常实用的一门经商绝学。

我们关注"红顶商人"胡雪岩的时候，就会发现一个商人的成功绝非仅靠自己的经营术，而是需要从他自身找出许多成功的原因。例如，思维能力、性格、习惯等。毫无疑问，离开这些，要谈经商、成功，是非常滑稽可笑的事。根据本书主题，我们以性格为要点来分析胡雪岩赢得财富人生的问题是非常有必要的。好了，现在让我们切入本节主题。

性格是成功的第一财富。很多商人总想一夜暴富，想起一堆堆白花花的银子，就高兴得站不能站、坐不能坐；但在实际的商场上却屡遭挫败，怨天尤人。其实，任何失败都是自己造成的，尤其是被某些性格弱点所耽误。譬如过于封闭自守的性格，就很难做到借势打开自己的实力之门，因此主动开放的性格绝对是大商人的一种优质性格。在胡雪岩的商业经营活动中，他十分注重借势经营，与时相逐。在他的商业活动中，十有八九是围绕取势用势而展开的，他也从不放弃任何一个取势用势的机会，从而不断地拓展自己的地盘，张扬自己的势力。没有势，就没有利；没有利，就没有势。势，就是力量，就是走向。积蓄起来的力量为势，找到走向的道理也是势，正如古人所说："理有所至，势所必然。"

对此，胡雪岩有自己的一套经商理念，即"势利，势利，利与势是分不开的,有势就有利。所以现在先不要求利,要取势。"可以看出,胡雪岩呈现出主动开放的性格,积极地去借势经营,把自己摆在主动者的位置上,所以大有收获。

对于胡雪岩来说,积极求势的主动性格主要有四种,他说:"权场的势力,商场的势力,江湖的势力,我都要。这三势要到了,还不够,还有洋场的势力。"综合胡雪岩经商生涯看,其突出特点就在他的"借势取势"理论。权场势力、商场势力、洋人势力和江湖势力他都要,他知道势和利是不分家的。有势就有利,因为势之所至,人们才马首是瞻,这就没有不获利的道理。另外,有势才有利,社会上各种资源散溢着,就像水白白流走一样,假若不予蓄积,没有成熟,就也无法形成一种力量,一种走向。蓄势的过程,就是积聚力量,形成规模,安排秩序,形成走向的过程。积聚力量和安排调度,正是一个大商人积极主动性格的主要体现。

在胡雪岩看来,凡事总要超出别人一截,眼光总比别人放得远,才能步步得势——权场的势、商场的势、江湖的势、洋场的势,进而因势取利,水到渠成。

胡雪岩经商的一大特点是主动发挥权场的作用,并以此来打开成功的商道。对于胡雪岩来说,"某些人"在社会中起着十分重要的作用,把他们组织起来充分利用,就是积累财富的过程。明明是个九品芝麻官,胡雪岩却能够把他利用了,派他购丝、办货;明明是个尚无多大权势的人,胡雪岩能把他鼓动起来,让他尽己所长,安定地方。权场和江湖有嫌,洋人和官府有隙,胡雪岩却非要他们前嫌尽弃,沟壑尽平,大家携手来做生意,求利益。这种作为,一般人想不到,胡雪岩想到了;一般人做不到,胡雪岩做到了,所以人们称赞他神,称赞他奇。这种神奇,在胡雪岩身上所表现的,就是与众不同的性格。

胡雪岩善于借取商场势力。胡雪岩借商场势力的典型一例是他垄断上海滩的丝生意,体现了胡雪岩在商业谋略上的与众不同。

第一批丝运往上海时,适逢小刀会肇事。胡雪岩通过权场渠道了解到,两江督抚上书朝廷,因洋人帮助小刀会,建议对洋人实行贸易封锁,教训洋人。

只要官府出面封锁,上海的丝就可能抢手,所以这时候只需按兵不动,待时机成熟再行脱手,自然可以卖上好价钱。

要想做到这一点,就必须能控制上海丝生意的绝对多数。和庞二的联手促成了在丝生意上获得优势。庞二是南浔丝行世家,控制着上海丝生意的一半。胡雪岩派玩技甚精的药房合伙人之一刘不才专和庞二联络感情。起初,庞二有些犹豫,因为他觉得胡雪岩中途暴发,根底未必雄厚。随后,胡雪岩在几件事的处理上都显示出了能急朋友所急的义气,而且在利益问题上态度很坚决,显然不是为了几个小钱而奔波,在丝生意上联手,主要是为了团结自己人,一致对外。有生意大家做,有利益大家分,不能自己互相拆台,好处给了洋人。庞二也是很有担待的人,认准了你是朋友,就完全信任你。所以他委托胡雪岩全权处理他自己囤在上海的丝。胡雪岩赢得了丝业里百分之七十的生意,又得庞二的倾力相助,做成了商业上的绝对优势,加上官场消息灵通,第一场丝茧战胜了。接下来,胡雪岩手上掌握的资金已从几十万两到了几百万两,开始为左宗棠采办军粮、军火。

就这样,胡雪岩所希望的商场势力已经完全形成。这种局面的形成和他在权场的势力配合甚紧,因为加征蚕捐,禁止洋商自由采购等,都需要官面上配合。尤其是左宗棠外放两江总督,胡雪岩更觉得如鱼得水。江湖势力方面,像郁四等人,本身的势力都集中在丝蚕生产区,银钱的调动,收购垄断的形成,诸事顺遂。因为他们不只行商,而且有庞大的帮会组织做后盾,虽无欺诈行为,但威慑力量隐然存在,不能不服。

在胡雪岩的其他生意方面,商势促成了经营这一点也很突出。比如钱庄,从杭州发展到宁波、上海、武汉、北京,在同治光绪年间已经位居江南诸钱业同行之首,与北方的山西帮票号遥相犄角,声名大振,信誉日上。又借官款为后盾,成为客户心中不倒的金字招牌。

典当行的发展更为迅速,全国已开设到二十九家。和阜康的钱业、胡庆余堂的药业一样,都成为胡雪岩在商场立足发展的巨大支柱。

胡雪岩敢于借取江湖势力,这是他经营的第三种重要手段。

胡雪岩借取江湖势力自有章法。王有龄初到海运局,便遇到了漕粮北运的任务。粮运涉及地方官的声望,所以督抚黄宗汉催逼甚紧,前一年为此还逼死了藩司椿寿。

按照胡雪岩的主意，这个任务说紧也很紧，说不紧也不紧。办法是有的，只需换一换脑筋，不要死盯着漕船催他们运粮，这样做出力不讨好，改换一下办法，采取"民折官办"，带钱直接去上海买粮交差，反正催的是粮，只要目的达到就可以了。

通过关系，胡雪岩找到了淞江漕帮管事的曹运衰，漕帮势力大不如前了，但是地方运输安全诸方面，还非得漕帮帮忙不可。这是一股闲置的、有待利用的势力。运用得好，自己生意做得顺遂，处处受人抬举；忽视了这股势力，一不小心就会受阻。

而且各省漕帮互相通气，有了漕帮里的关系，对王有龄海运局完成各项差使也不无裨益。一旦有个风吹草动，王有龄也不至于受捉弄，损害名声。

所以和尤五打交道，不但处处留心照顾到松江漕帮的利益，而且尽己所能放交情给尤五。加上胡雪岩一向做事一板一眼，说话分寸特别留意，给尤五的印象是此人值得信任。

有了这个印象，"民折官办"购粮一事办得很顺利，尤五把他尊为门外兄长，凡事请教。

后来表明，尤五这股江湖势力给胡雪岩提供了很大方便。胡雪岩在王有龄在任时做了多批军火生意。在负责上海采运局时，又为左宗棠源源不断地输送新式枪支弹药。如果没有尤五提供的各种方便和保护，就根本无法做成。

胡雪岩很注意培植漕帮势力，和他们共同做生意，给他们提供固定的运送官粮物资的机会，组织船队等，只要有利益，就不会忘掉漕帮。胡雪岩有一个固定不变的宗旨就是："花花轿儿人抬人。"我尊崇你，你自然也抬举我。势的做成就是这样。

江湖势力在晚清渐趋衰落，主要是由各种社会经济因素变化引起的。比如洪门和漕帮，当年借重的是连接南北的运输河道。河道一旦冲淤堵塞，财路一步步衰微，江湖势力也就一步步减退。再如镖局，当年押银护款，呼啸南北，哪一个钱庄不需要借重镖师？后来银票兴起了，划汇制度也形成了，镖师就逐渐由有人尊敬到无人借重，势力就自然江河日下。

不过，即使大不如前，江湖势力也还一直以各种形式重新组合，发挥着自己的作用。比如国民党时期上海的青帮，蒋介石还曾投帖门下，借重他们以求在上海滩的立足和发展。

所以，在胡雪岩生活的时代，江湖势力仍是影响社会生活的一支重要力量。胡雪岩把这支力量组织起来，和自己在官场的势力、在洋场的势力结合起来，做出了花团锦簇的市面来。

胡雪岩借取的最后一个"势"是"洋场势力"。

我们都知道，胡雪岩的成功在很大程度上得益于太平天国农民运动和清朝政府被迫对外开放，因为这两者使得当时的中国成了一个乱哄哄的局面。而在这之中，胡雪岩善于应对，认得准方向，把握得准秩序。他对洋场势力的借取，也正是得益于他的这种宏观把握的能力。

起初，胡雪岩尚未投入做丝生意时，就有了与洋人抗衡的准备。按他的话说做生意就怕心不齐。跟洋鬼子做生意，也要像收茧一样，就是这个价钱，愿意就愿意，不愿意就拉倒，这么一来，洋鬼子非服帖不可。而且办法也有了，就是想办法把洋庄都抓在手里，联络同行，让他们跟着自己走。至于想脱货求现的，有两个办法：第一，你要卖给洋鬼子，不如卖给我。第二，你如果不肯卖给我，也不要卖给洋鬼子。要用多少款子，拿货色来抵押，包他将来能赚得比现在多。凡事就是开头难，有人领头，大家就跟着来了，具体的做法因时而转变。

在胡雪岩首次做丝茧生意时，就遇到了和洋人打交道的事情，并且遇见了洋买办古应春。二人一见如故，相约要用好洋场势力，做出一番市面来。

胡雪岩在洋场势力的确定，使他主管了左宗棠为西北平叛而特设的上海采运局。

上海采运局可管的事体甚多。牵涉和洋人打交道的有：第一是筹借洋款，前后合计在1600万两以上；第二是购买轮船机器，用于由左宗棠一手建成的福州船政局；第三是购买各色最新的西式枪支弹药和炮械。

由于左宗棠平叛心坚，对胡雪岩的作用看得很重，凡洋务方面无不要胡雪岩出面接洽。这样一来，逐渐形成了胡雪岩的买办垄断地位。

洋人看到胡雪岩是大清疆臣左宗棠面前的红人，所以也就格外巴结。这也促成了胡雪岩在洋场势力的形成。

胡雪岩在丝茧生意上和洋人打商战，时间持续了近二十年。其间，胡雪岩节节胜利，中国人扬眉吐气。

19世纪末20世纪初，西方先进的丝织机已经开始进入中国，洋人也开始在上海等地开设丝织厂。胡雪岩为了中小蚕农的利益，利用手中资金优势，大量收购茧丝囤积。洋人搬动总税务司赫德前来游说，希望胡雪岩与他们合作，利益均分。胡雪岩审时度势，认为禁止丝茧运到上海，这件事不会太长久的，搞下去两败俱伤，洋人自然受窘，上海的市面也要萧条。所以，自己在这方面应该从中转圜，把彼此不睦的原因拿掉，叫权场相信洋人，洋人相信权场，这样才能把上海弄热闹起来。但是得有条件，首先在价格上需要与中国这方面的丝业同行商量，经允许方得出售；其次，洋人须答应暂不在华开设机器厂，和中国丝业同行商量，其实就是和胡雪岩他自己商量。因为胡雪岩做势既成，在商场上就有了绝对发言权。有了发言权，就不难实现他因势取利的目的。

势力一旦形成，别人就不易进入。就像自然保护区一样，在保护区内是受保护的动物的天下，外类不得涉足。想涉入也是不大可能，因为洋人认准了胡雪岩，不大相信不相干的来头。江南制造总局曾有一位买办，满心欢喜接了胡雪岩手中的一笔军火生意，却被洋人告之，枪支的底价早已开给了胡雪岩，不管谁来做都需要给胡雪岩留折扣。

胡雪岩商道箴言

在胡雪岩经营性格中，包含了一种积极主动的成分，他总是善于动脑筋，找渠道，形成一股强大的商势，打开了自己的经商人生之门。相反，如果胡雪岩是一个性格内敛、不善用势的人，这些利益恐怕就属于别人了。所以积极主动的性格告诉商人们这样一个好处：可以借势打开自己的实力之门！

转换思路，柳暗花明

从变化之中求发展

中国兵法曰："兵无常势，水无常形。"商战与兵战一样，其环境与态势全是瞬息万变的，它时而天高云淡，风和日丽，秋月映湖；时而山雨欲来风满楼，黑云压城城欲摧；时而电闪雷鸣，急风骤雨，天昏地暗。久经沙场的军人或历经起落的商人对此往往是习以为常，他们深知变化是绝对的，不变是相对的，只有无穷的变化，才会有无穷的机缘；无穷的魅力，才能引来无数英雄竞折腰。

然而变化之中有机缘，只表明了机会的存在。而更重要的在于在变化之中发现机缘、把握机缘。古人云："识时务者为俊杰。"何谓时务？不难解释，时务就是指世事的发展变化态势。识时务，就是指根据这种发展变化态势去寻找、把握机缘，决定自己何去何从。

心理学家曾提出 $B=f(P·E)$ 的人行为公式。其中 B 表示行为，f 表示对这一行为的重视程度，P 表示内在因素，E 表示外部条件。人的行为是内外因素的复合，这内外因素的有机复合一定是人行为的最佳效果。而这内外因有机复合的前提便是独具慧眼识时务。只有识时务者才可能产生最有利于成功的行动。

时务学理论认为，任何世事的构成或运动变化全是由系统内外条件和多种因素决定的。当某些条件和因素达到一定的排列组合和结构状态时，只要从系统外部再加入一定的能量、信息或物质，整个世事就会发生结构上的极大变化，而身处局内之人可能就会因此而被卷入这一变化之中。即将发生变化的这一转折点可以称为"事机"。世事的事机对应着的时间数轴上的某一点，被称为"时机"。事机和时机统归于"时务"的涵盖之下。时务在事机和时机之上更具有待选择、决策和行动的意味。把握时机和事机的选择、决策和行动,能出现更高的工作效率,不只时效高,效能大,运动的势能强,而且实现预期目标的可能性最大。任何世事在其发展过程中都存在时机和事机,对人生选择、经营决策、计划实施等至关重要。能够较准确地识别时机和事机的到来,并根据这做出人生抉择,即为识时务的俊杰。

当年胡雪岩的生意正在蒸蒸日上之时,太平军攻占杭州,就让他经历了一次大的变故,而且这次的变故几乎将其逼入绝境。

这次变故有三个方面:

第一,胡雪岩的生意基础如最大的钱庄、当铺、胡庆余堂药店及家眷都在杭州,杭州被太平军占领,等于他的所有生意将被迫中断。不仅这样,他还必须想办法从杭州救出老母妻儿。

第二,由于胡雪岩平日里遭忌,如今战乱之中,霎时谣言四起:说他以遭太平军围困的杭州购米为名骗走公款停留上海;说他手中有大笔王有龄生前给他营运的私财,如今死无对证,已遭吞没。还有人谋划向朝廷告他骗走浙江购米公款,误军需国食,导致杭州失守。这意味着胡雪岩不仅会被朝廷治罪,并且即使杭州被朝廷收复之后,他也无法再回杭州。

第三,就算不被朝廷治罪,他也不能顺利返回杭州,因为失去了王有龄这个官场靠山,他的生意也将面临重大的困难。他的钱庄本来就是由于王有龄这一官场靠山得以代理官库发迹,而他的蚕丝销"洋庄"以及他做军火,都离不开官场大树的保护。胡雪岩那个时代做生意,尤其是做大生意,本来就不能没有官场靠山。

不过,面对这一变故,胡雪岩并不惊慌失措。之所以这样,是他从表面对他不利的因素中,准确预见出了可利用的因素:

其一,如今陷在杭州城里的那部分人,其实已经在帮太平军做事,他们之所以造谣生事,是因为太平军也在想尽办法诱胡雪岩回杭州帮助善后,而那些人不愿意放他回杭州。他们造谣虽为不利,但却并不是不可以利用。胡雪岩依据这一分析,确定了两条计策:首先,他不回杭州,避免与这些人正面交锋,他知道他的这一态度一旦明确,这些人就不会进一步纠缠;其次,胡雪岩不仅满足他们不让自己回到杭州的愿望,而且他还决定自己出面,向闽浙总督衙门上报,说这些陷在杭州城里的人实际上是留作内应,以便日后相机策应官军。这更是将不利转化为有利的极高妙的一招——表面上是给了这些人一个交情,暗地里却是把这些人推上一堆随时可以引爆的火药,如果这些人不肯就范,加害胡雪岩,他可以随时将这一纸公文交给此时攻占杭州的太平军,说他们勾结官军,这些人无疑会受到太平军的责罚。

其二,胡雪岩此时手上还有杭州被太平军攻陷以前为杭州军需购得的大米一万石。当初这一万石大米运往杭州时无法进城,只能转道宁波,赈济宁波灾民,并约好杭州收复后以等量大米归还。这也是一个可以利用的有利因素。胡雪岩决定,一旦杭州收复,马上就将这一万石大米运往杭州,这样既可解杭州赈济之急,又显胡雪岩做事的信义,诬陷他骗取公款的谣言也可以不攻自破。事实上,胡雪岩不仅在杭州一被官军收复,便将一万石大米运至杭州,并且直接向带兵收复杭州的将领办理交割。这样不单是收到了预期的效果,更一下子得到了左宗棠的信任,将他引为座上客,并委他尽力承办杭州善后事宜。由此,胡雪岩又取得了一位比王有龄还要有权势的官场靠山。胡雪岩的红顶子,也就是这一举措的直接收益。原来看似不利的因素,其实成了胡雪岩日后重新崛起的机会,真可谓把不利之中的有利因素充分利用到了顶峰。

能如胡雪岩从变化中找出机缘者,可不就是有一等一的本事,可不就是一等一的俊杰?

胡雪岩是个善于从商场变化之中找寻出机缘,识时务的俊杰。他说:"用兵之妙,存乎一心,做生意跟带兵打仗的道理是差不多的……随机应变之外,还要从变化中找出机缘来,那才是一等一的本事。"

迂回侧击,善用手段打击对手软肋

王有龄坐镇杭州的时候,推行改革旧弊。杭州各衙门的差役有一项陋规收入:凡是开设商铺,必须向地方衙门的差役缴纳规费。缴纳数目由店铺大小而定，缴清规费，方得开张，其名称为"吃盐水"。王有龄公正办事，认为此税不该收，于是贴出告示，永远禁止。

钱塘、仁和两县的差役，心存顾忌，不敢乱来，一时敛迹无声。但巡抚、藩司两衙门，自觉得靠山很硬，不买知府的账，照收不误。不过自己不便出面，便指使张秀才去收这种费，讲明三七分账。

张秀才是杭州城内一个很特别的角色，此人本是"破鞋党"，自认为衣冠中人，可以走动官府，平日经常包揽诉讼事宜，欺软怕硬、为非作歹，是个地地道道的无赖。岂知张秀才运气特差，恰逢有天他正在盐桥大街向一家刚开张的裁缝店讲斤头讲不下来的时候，王有龄坐轿正好经过，发现此事，停轿询问。裁缝店的老板见有王有龄知府过问，便照实陈述。王有龄大怒，于是决定拿张秀才"开刀"，立个榜样，以起"杀一儆百"之效。

王有龄当即传张秀才走到轿前，先训斥一顿，疾言厉色给予警告，声称一定要革去他的功名。这下张秀才知道遇到了阎王爷，一革秀才，自己便成白丁，不但见官要磕头，而且可以被翻在地打屁股，锁在衙门里靠墙边"枷号示众"。

张秀才左思右想，终于想到胡雪岩与王有龄是密不可分的好友，有心求胡雪岩为自己保住秀才的功名。于是带着老婆儿女到胡雪岩处跪地求助。

胡雪岩为人宽厚，认为张秀才能够知错就改就善莫大焉了，于是就答应张秀才，保举他无事。可是王有龄却为了建立自己的威信，硬是要革去秀才的功名，不过看在胡雪岩的分上，可以免掉他的皮肉之苦、出乖露丑。

因为没有得到自己要想要的结果，张秀才便认为胡雪岩在搪塞敷衍。于是就暗地里和胡雪岩干上了，不仅怀恨在心，还处处与胡雪岩为难。

左宗棠收复杭州之时，需要一个人作为内应，打开城门。胡雪岩就想到了张秀才，可是此时的张秀才正在气头上，如何能帮忙呢？为此，胡雪岩决定采用迂回侧击的办法，从张秀才的软肋下手，收服张秀才，为自己所用。

说起张秀才的软肋，有两个：第一个是张秀才的儿子小张，小张吃喝嫖赌抽，五毒俱全。张秀才的几个血汗钱，都被宝贝儿子挥霍一空。第二个软肋就是张秀才曾经帮助过太平军，而胡雪岩就握有证据。

为了达到目的，刘不才的那套本事又被使了出来。他首先从小张身上下手，因为只要收服了小张，张秀才就不得不就范。

果然刘不才的一套老办法屡试屡爽，在赌场上一下子赢取了小张的好感。然后刘不才假意输给了小张50两银子，但借口身上没有现银。就在第二天还清现银的同时，刘不才又热情地对小张说："张兄，我有几样小意思送你，我们交个朋友。"那些"小意思"长短大小不一，小的是一只金表、一盒吕宋烟，还有一支做工非常精巧的防身短剑，机关巧妙，惹人喜爱。小张果然爱不释手，但他也懂得人情世故，便问刘不才是否有事情需要自己帮忙。等到刘不才说明来意，再加上刘不才带来了胡雪岩保举张秀才的"护书"，凭此张秀才便可抵消过去帮"太平军"的罪证，而且还可获得一官半职。

就这样，张秀才果然被胡雪岩所收服，诸事顺利。在左宗棠的部将蒋益澧攻城之时，张秀才父子因为打开城门迎接官军有功，使小张获得了一张七品官位的奖礼，并被派为善后局委员。

打击对手的软肋是打倒对手最好的方式。可是对于企业主来说，首先不是该如何选择打击对手的方式，而是该如何判断哪里是对手的软肋。只有找到了软肋才能实施打击。胡雪岩之所以能收服张秀才，就是因为他把握了张秀才的两个软肋："小张"和"助逆"。那么胡雪岩为什么要迂回侧击地收服张秀才呢？

一、收服张秀才的目的是什么？

收服张秀才的目的是让他做杭州城的内应，帮助官军打开城门。此事自然是机密之事，不能大肆声张。试想，如果胡雪岩不通过迂回侧击的方式进行收服，那么很容易就会被城内的太平军所获知，那么所有的事情也将功亏一篑。

联系到现代企业经营上面，我们很多时候之所以要拉拢同行，目的是扩大产品销售的力度，达到打击同类产品的目的。比如说很多企业之间进行产品捆绑销售，目的何在？提高产品的知名度，提高销售，从而扩大市场份额。当然，在做出捆绑销售决定的时候一定要守住机密，否则被对手探知，自然会功亏一篑。

二、张秀才和胡雪岩之间有隙，直接收服效果不佳。

无论是张秀才不对，还是胡雪岩做事情不严谨，胡雪岩和张秀才之间有隙是既定的事实。如果胡雪岩采取手段直接收服，按照张秀才天不怕地不怕的个性，很难达到预期的目的，甚至他还会破罐子破摔，帮助太平军，以此来报复胡雪岩。但是通过小张，找到了他"助逆"的软肋，张秀才就应该冷静地思考一下，该如何去做了。

在企业经营过程中，如何拉拢同行也是有技巧可言的，这技巧就是为对方寻找利益点。同行为什么要和你合作？目的还是利益，所以只要你给对方明示利益点，那么对方就没有不合作的理由。

每个企业都有每个企业自身的软肋，关键就看你能不能找到。其实现代企业的软肋不外乎以下几个方面，企业主不妨一一对照：

一、对国家政策了解不够。

特别是对于新生企业来说，这一点尤为明显。主要表现在对于一些项目上，新生企业可能会有点缩手缩脚，不敢大规模地去做，为的就是不触犯国家的法律。立足不稳、政策不明就是新生企业最大的软肋。

二、缺乏行业的有效管理，企业之间长期处于恶性竞争。

同类产品的企业，长期以来缺乏行业的有效管理和协调，企业之间相互拆台，陷入价格恶性竞争之中等情况，也是企业的软肋之一。很多企业为了达到牟取微利、挤掉对手的目的，结果把产品做砸、做烂，使企业、行业的利益都蒙受损失，甚至还有许多企业不择手段购买、窃取竞争对手的客户资料。对于这些企业来说，一有风吹草动，企业就会遭遇灭顶之灾，因为他们的行事方法本身就是一个巨大的软肋，只要稍微用力，就会风吹墙倒。

三、常年抱着劳动密集型的产品不放，缺少研发、技术、设备的投入。

大部分企业几十年来，只忙于眼下的订单和利润，忙于与同行业的激烈竞争，根本无暇在产品的技术革新、升级换代上下功夫；不愿意增添现代化的加工、检测手段和设备，更不愿意在研发新产品、创造企业自主品牌的产品上下功夫。很多企业一直处于商品价值抛物线的底端。所以如果企业主能在技术上加一把火，自然能将这些竞争对手抛在脑后。

四、缺乏诚信、不注重企业自身的形象。

真正能做大做强的企业都是非常注重自身企业的形象和信誉的。可惜的是现在的很多企业在产品的质量、包装、交货期等方面往往达不到客户的要求；或者同样的产品，批批都有差别，时好时坏，包装粗制滥造，交货期一拖再拖。那么企业主如果能在这方面做得比对手好，是不是就等于给对手致命一击呢？

胡雪岩商道箴言

在打击对手的时候，胡雪岩主张不要以硬碰硬，这样必然两败俱伤。最好的办法莫过于迂回侧击，寻找对方的软肋，再施以重力，对手必然倒下。虽然这种方法不乏"厚黑"色彩，但是在打击对手方面，从来都是容不得心慈手软的，只有对手倒下了，自己才能站起来。

变化之中有商机

《孙子兵法·势篇》中指出："善战者，求之于势，不责于人，故能择人而任势。任势者，其战人也，如转木石。木石之性，安则静，危则动，方则止，圆则行。故善战人之势，如转圆石于千仞之山者，势也。"所以善于营造有利于自己的态势，这就是所谓的"势"，胡雪岩商海行船一帆风顺，此乃是扩展自己实力与势力的一个绝招。

有一次，胡雪岩在南京的丝栈里积压了几千轴丝绢，但当时的行情并不乐观，就算勉强卖出去，也卖不了多少钱。可是如果囤积不卖，不仅成本难以收回来，而且还有可能影响到钱庄的银根，更不用说其他生意了。

正在发愁的时候，胡雪岩脑子一转，突然想到一个办法。胡雪岩将这些丝绢制作成漂亮的单衣，然后给南京那些身居要职的官员以及很有名望的富绅每人赠送一件，并告诉他们外出时一定要穿在身上。

生活中的很多事情就是这样，如果仅仅是一两个人穿在身上，可能不会引起人们太多的注意。可是，如果很多有名望、有地位的人都穿在身上，就不能不引起人们的注意了。渐渐地，人们发现这成了一种流行趋势，于是，南京城里的其他官员和读书人都跟着效仿起来。很快，丝绢单衣在南京城成为风行一时的时尚服装，丝绢的价格也随之大涨。

胡雪岩看到时机已到，就派人把仓库里的丝绢都拿到市场上去卖，每轴丝绢竟卖到了一两黄金的高价。

我国古代遗篇《投笔肤谈·家计》中说："夫兵不贵分，分则力寡；兵不贵远，远则势疏。是不惟寡弱在我，而强众在敌也，虽我众，亦防敌之乘我也。苟能审时而行，因机而变，则敌亦焉能乘我哉？"这段话的意思是说，作战应根据实际情况的变化来采取相应的方案和行动方式。因机而变就是灵活机变的意思。

胡雪岩就非常懂得根据环境的变化来采取相应的应对措施，他依靠这种办法达到了取利的目的，同时，他的这种变通还引领了流行趋势，这样不仅商品的销售问题会迎刃而解，而且在一定程度上还抬高了商品的价格，这种随机应变的举措的确称得上是巧妙至极。

不仅如此，随机应变地把握时机，无论是对于个人的人生决策，还是对企业都是十分重要的，司马迁说："是以无财作力，少有斗智，既饶争时，此其大经也。"意思是说，没有任何资产的人首先应该凭借自己的力气去赚取第一桶金；小有资产的人应该凭借自己的智慧去尽快拓宽渠道、增加财富；财富颇丰的人要懂得随机应变，继续扩大财富。这是人们改善生存条件必须共同遵守的规则。

因此，我们必须明确，在任何一个市场中，如果一个企业不是最好的，那它就不属于这个市场。市场千变万化，市场充满生机，市场是经济发展的舞台，但即使市场鲜活，如果我们的市场意识不强、观念落后仍然会败下阵来，一个公司的兴衰固然与客观因素有关，但观念意识跟不上发展，不能适时地改变和调整自己的经营模式、策略，是导致公司失败的主要原因，正所谓没有疲软的市场，只有落后的观念和思想。

所以，如果想要走入这个市场，就需要坚持创新，这样可以事半功倍，更容易、更快捷地达到成功的目的。

在经商中，随机应变是一个生意人必备的素质能力，如果你能做到这一点，那么再大的困境也不能阻碍你，相反，如果你不懂得变通，那么再好、再大的机会于你来说也是无用。

人情练达，长袖善舞

深谙人情，处处为别人着想

王有龄在胡雪岩的帮助下，顺利地解决了漕米解运的大难题，博得了上下的一致好评，也替巡抚大人去了一块心病。巡抚大人为此允诺为王有龄请功。王有龄自然喜不自禁，谁知一等再等，却不见有什么消息，心中虽然着急，却又不好开口向巡抚大人问及此事。

王有龄在百思不得其解的情况下去找胡雪岩一起商量此事。胡雪岩立刻去找巡抚大人身边的一位何姓师爷，通过他了解了这位巡抚大人的真实想法。

原来这位巡抚大人黄宗汉为人十分贪婪、刻毒，虽然王有龄办事得力，但想要外放州县，不给那位巡抚黄大人一点好处，这件事恐怕只能成为无果之花。

胡雪岩掌握了巡抚大人的这一嗜好，就对症下药，主动以王有龄的名义给黄宗汉家里送了两万两银子。果然是有钱能使鬼推磨，没几天王有龄便得以外放湖州知府，而且同时兼任原海运局坐办一职。

王有龄在四月下旬接到任官派令，身边左右人等无不劝他，速速赶在五月初一接任。之所以会有这等建议，理由很简单：尽早上任，可以恰好得到端午节的"节敬"。

那么这又是怎么回事呢？

清代吏制昏暗，红包回扣、孝敬贿赂乃是公然为之，蔚然成风。风气所及，冬天有"炭敬"，夏天有"冰敬"，一年三节另外还有额外收入，称为"节敬"。浙江省本来就是江南膏腴之地，而湖州府更是膏腴中的膏腴，各种孝敬自然不在少数，这就是王有龄手下的各路聪明才智之士无不劝他赶快上任的真正原因。

王有龄想听听胡雪岩对此有什么看法，胡雪岩说道："银钱有用完的一天，朋友交情却是得罪了就没得救了！"他劝王有龄等到端午节之后，再走马上任。

胡雪岩之所以这样建议是有多方面考虑的，王有龄不是湖州第一任知府，在他之前还有前任，这些前任在湖州府知府衙门混了那么久，就指望着端午"节敬"了。王有龄虽可名正言顺地抢在前头接任，抢前任的"节敬"，可是，这么一来，无形中就和前任结下积怨，暂时可能会相安无事，但这个不稳定因素说不准什么时候就会发作。要是将来在关键时刻发作，墙倒众人推，落井下石，那可就划不来了。只要王有龄推迟一段时间上任，就相当于给自己的前任送了一顿"节敬"，前任自然感恩戴德，处处给予王有龄方便。从这一件事当中，就体现出了胡雪岩凡事都为别人着想的原则。

其实，除了此事之外，胡雪岩还做了一件让别人感动的事情。

王有龄做了湖州的知府，同时还兼管乌程县和海运局，纵使有三头六臂，也感觉力不从心。此时，胡雪岩想走捐官的路子，只弄到了身份，还没有具体的职务。王有龄想把杭州城里的海运局让出来，委任胡雪岩为海运局委员，相当于王有龄在海运局的代理人。

在一般人看来，这无疑是个一箭双雕的好办法，胡雪岩却认为不可。他对王有龄说："海运局里有个周委员，资格老、辈分高，人家苦等这个职位已经很久了，原地踏步了多少年，终于有了升官的机会，我又怎么可以不顾周委员，去当这个代理呢？这从道义上根本说不过去。"

果不其然，好心终有好报，周委员当代理后，凡事都与胡雪岩商量。这就等于还是胡雪岩做幕后代理，权力仍然掌握在他的手中。

正是因为胡雪岩有了这个仗义的举动，等于有王有龄、周委员两个人在海运局替他抬轿子，要是直接委以胡雪岩代理职务，那就等于为他树立了一个潜在的敌人。

胡雪岩的商德之所以为人称道，有很重要的一条，就是不仅不抢同行的饭碗，而且凡事以道为先，处处为别人着想。

现代商场上竞争相当激烈，任何一个企业，要想做一个项目，总是给人障碍重重的感觉，要想做成这个项目，似乎非得有"过五关斩六将"的魄力不可。那么我们可以试想一下，为什么现代商场之上竞争如此激烈，障碍如此之多？除了同行增多之外，是不是也与某些企业主不懂得为别人着想的举动有关联呢？然后我们再联想到胡雪岩，他所做的生意，自然也是同行林立，高手如云。那么他为什么就能事事马到成功，轻而易举呢？这是不是和他深谙人情，懂得为别人着想有关呢？很显然，这是非常肯定的。为什么这么说呢？不妨深入分析一下：

一、胡雪岩为什么认为王有龄的"节敬"不能拿？

正如案例中所言，"节敬"是当时官吏捞取外快的重要形式之一，如果王有龄在端午之前上任，无异于从前任知府口袋里拿钱，而眼看着到嘴的鸭子飞了，换谁谁都会含恨在心。从大的方面来说，王有龄不懂得官场潜规则；从小的方面来说，王有龄过于飞扬跋扈，不把对方看在眼里。那么一旦你的把柄落在别人手里，别人还能轻饶你？

做官和做生意是一样的，好比一个项目，本来你都谈定了，就等着签合同了。突然间半路杀出一个程咬金，抢走了这笔生意，那么你会怎么想？对于这个半路杀出的程咬金，你会报以什么样的态度？如果这个程咬金某一天落在你手上了，你会怎么处置？这些问题不说已经很明白了。这就是人情、人性。作为一个要想在商场上混好的人来说，这一点不能不懂，不能不小心谨慎。

二、胡雪岩为什么不同意做海运局的委员？

在古代官场之上，升官晋爵有点"论资排辈"的潜规则，但并不完全如此。对于胡雪岩来说，有了王有龄做自己的靠山，完全有资格当好海运局的委员，但是如果胡雪岩这么做了，就得罪了诸如周委员一类"排队"排了很长时间的人。自然而然，这些人也就不服胡雪岩，甚至会拆胡雪岩的台。也就是说，即便胡雪岩坐上了委员的位置，工作也不会好展开，更不用说做好生意了。

虽然说在商场之上讲究公平竞争，但是也不能不顾商场潜规则去拆别人的台，抢夺别人已经快要到手的生意，这么做虽然出尽风头，但是也有可能会吃尽苦头。无论如何，还是胡雪岩那句话：商场之上，多个朋友多条路，多个敌人则多堵墙。

在商场上,胡雪岩有句名言说,做生意的人要学会"前半夜想想自己,后半夜想想别人"。"前半夜想想自己"是指反省自己有没有对不起别人的地方,而"后半夜想想别人"是站在别人的立场上替对方考虑。简简单单的两句话,便折射出了胡雪岩做生意、为人处世的原则。

为人不可太绝

胡雪岩有一点很难得,那就是,即使在完全有理由打击生意对手,且完全有条件将对手置于死地的时候,他也不肯存了害人之心放出"黑"手。

胡雪岩到苏州,到永兴盛钱庄兑换二十个元宝急用,这家钱庄不但不给他及时兑换,而且还凭白诬指阜康银票没有信用,使他很受了一点气。

这永兴盛钱庄原来就来路不正。原来的老板节俭起家,干了半辈子才创下这份家业,但四十出头就病死了,留下一妻一女。现在钱庄的档手是事实上的老板,他在东家死后骗取那寡妇孤女的信任,人财两得,事实上已经霸占了这家钱庄。永兴盛的经营也有问题,他们贪图重利,只有十万两银子的本钱,却放出二十几万两的银票,已经岌岌可危了。

胡雪岩在这家钱庄无端受气,当然要狠狠整它一下,起先他想借用京中"四大恒"排挤义源票号的方法。京中票号,最大的有四家,招牌都有一个"恒"字,称为"四大恒"。行大欺客,也欺同行。义源本来后起,但由于生意迁就随和,信用又好,并且专跟市井细民打交道,名声一下子做得很盛,连官场中都知道了它的信誉,所以能生意蒸蒸日上。"四大恒"同行相妒,想打击义源,于是出了一手"黑"招,他们暗中收存义源开出的银票,又放出谣言说是义源面临倒闭,终于造成挤兑风潮。

胡雪岩仿照这种办法,实际上能够比当年"四大恒"排挤义源时做起来更方便也更狠。浙江与江苏有公款往来,胡雪岩能够凭自己的影响,把海运局分摊的公款、湖州联防的军需款项、浙江解缴江苏的协饷几笔款子合起来,换成永兴盛的银票,直接交江苏藩司和粮台,由官府直接找永兴盛兑现,这样一来,永兴盛不倒也得倒了,并且这一招借刀杀人,一点痕迹都不留。

只不过,胡雪岩最终还是放了永兴盛一马,没有去实施他的报复计划。他放弃计划,有两个考虑:一个考虑是这一手实在太辣太狠,一招既出,永兴盛绝对没有一点生路;另一个的考虑则是这样做,非常可能只是徒然搞垮永兴盛,自己却劳而无功。这样一种损人不利己的事情,胡雪岩也不愿意做。

从这件事情中,我们的确可以看到胡雪岩为人宽仁的一面。说起来这永兴盛既来路不正又经营不善,事实是一个强撑住门面唬人的烂摊子,就算把它一击倒地,大约也不会有多少人同情,可能还为钱庄同业清除了一匹害群之马。即使是这样,胡雪岩还是下不得手去,足见他所说的"将来总有见面的日子,要留下余地,为人不可太绝",并不是口头上说说而已,而是确确实实是这样去做的,这其实可以看作胡雪岩的一条为人准则。

这期间自然有胡雪岩出于自我利益的考虑在起作用,所谓将来总有见面的机会,事情做得留有余地,也就为将来见面留有了余地。实际上,对于生意人来说,这样考虑也是十分必要的。生意场上,没有永远的朋友,也没有永远的敌人,不管多么激烈的对手,竞争过后都会有联合的可能,所以,竞争总是存在,而"见面"的机会也总是存在的。生意场上有一句话,叫作"留人一条活路,等于留给自己一条财路",无论从哪个角度看,都是有道理的。

　　将来总有见面的日子,要留下余地,为人不可太绝。人不能有害人之心,同时还应该注意,待人做事,都要想着留有余地,无理要让人,得理也不能不让人,这就是所谓的"为人不可太绝"。

放下成见，把敌人变成朋友

如果你大度，容忍别人的一次小过失，别人就会以他的一技之长来回报你。如果你宽宏大量地消除别人与你之间的恩怨，别人就会拼了死命来报答你。

相比之下，那些爱挑毛病，爱记仇的人，岂不是十二分的愚蠢吗？

对于别人的过失是给予宽容，还是穷追不舍？这不只是一个人的品德问题。对于一个领导人来说，更是一个如何做领导工作的"权术"问题。如果你能够常常抱有一颗宽容之心，宽容别人对你犯下的过失，其获得的收益往往比放高利贷还合算。对方冒犯了你，而你大度给以宽容，对方于是欠了你的人情高利贷，但凡有机会，他将以十倍百倍的回报来偿还你的恩情。

可惜，人是情绪的动物，有多少人能做到宽宏大量？其实很少有人能够想到，这也是一种"感情投资"，而且是最有效的投资。

这个世界是所有存在者的世界，不是任何一个人可以独享的世界。当你如一滴水，加入波涛汹涌的大海之中时，就会随同大海一道上下翻滚，左冲右突，百般变迁。在这个变化多端而又漫长的过程中，你凭什么能保证自己永不出危险，不被甩到岸上让太阳烤干？

故此，有进有退，在退却中谋求进取，在挺进中考虑退路。这是任何人面对事业或人生必须解决的难题。

以德报怨，给人退路，也正是给自己一条退路，何乐而不为呢？过怨两忘，须知来日方长。世界上最可靠安全的路，是筑在"人心"上的路，假如你能在这一项"产业"上长期投资并获得成功，你的事业就有了可靠保障。

有一段时间，胡雪岩与庞二合伙做丝业收购生意。两人齐心协力，逼压洋人，抬高国人丝价，为了这件事，胡雪岩费了很大精力，做得实属不易。谁知到了临近交货时还出了一个乱子，那就是朱福年暗地捣鬼。

作为庞二副手的朱福年，外号"猪八戒"，他自己野心勃勃，想借庞二的实力，在上海丝场上做江浙丝帮的首脑人物，因而对胡雪岩表面敷衍，暗地里却处心积虑，总想打倒胡雪岩。但是，他不敢明目张胆地跟胡雪岩对着干，一切都在暗中操作。所幸的是尤五最先发现问题，派人告诉古应春，古应春又来告诉当时身在苏州的胡雪岩。听古应春细说原委后，胡雪岩很快想出了制服朱福年的办法。

其实很容易，只需将庞二请出来，几个人合伙给他演一出戏，慢慢揭穿他的把戏，朱福年就没有饭碗了。

在对待吃里爬外的朱福年时，胡雪岩还是牢牢记住"饶人一条路，伤人一堵墙"的道理。因此，胡雪岩对这件事的处理是极为漂亮的。

朱福年做事不地道，不仅在胡雪岩与庞二联手销洋庄的事情上作梗，还拿了东家的银子"做小货"，他的东家庞二自己不能容忍。依庞二的想法，他是一定要查清朱福年的问题，狠狠整治他一下。但胡雪岩觉得不妥。胡雪岩说："一发现这个人不对头，就彻底清查，之后请他走人，这是普通人的做法。最好是不下手则已，一下手就叫他心服口服。让他死心塌地替你出力，才算本事。"

胡雪岩的做法是：先通过关系，摸清朱福年自开户头，将丝行的资金划拨"做小货"的底细，然后再到丝行看账，在账目上点出朱福年的漏洞。然而他也只是点到为止，不点破朱福年"做小货"的真相，也不让朱福年感到自己似乎已经被抓到了"把柄"。同时，他还给出时间，让朱福年检点账目，弥补过失，等于有意放他一条生路。最后，则明确告诉朱福年，只要尽力，他仍然会得到重用。

这一下，朱福年心惊不已，自己的过错自己知道，却不明白胡雪岩何以了如指掌，莫非他在恒记中埋伏了眼线？照此看来，此人高深莫测，真要步步小心才是。胡雪岩看到朱福年的疑惧流露在脸上，便开诚布公地说出了这样一席话："福年兄，你我相交的日子还浅，恐怕你还不知道我的为人，我的宗旨一向是有饭大家吃，不但吃得饱，还要吃得好。所以，我决不会轻易敲碎人家的饭碗，不过做生意跟打仗一样。总要齐心协力，人人肯拼命，才会成功。过去的都不用说了，以后看你自己，你只要肯尽心尽力，不管心血花在明处还是暗处，我说句自负的话，我一定看得到，也一定不会抹杀你的功劳，在你们二少爷面前帮你说话，或者你若看得起我，将来愿意跟我一起打天下，只要你们二少爷肯放你，我欢迎之至。"

这番话说得朱福年激动不已："胡先生，胡先生，你说出这样的金玉良言，我朱某人再不肯尽心尽力，就不是人了。"他对胡雪岩是毕恭毕敬，显然是对胡雪岩彻底服帖了。

浪迹社会，你的对手就是你的帮手，他能使你不轻易懈怠。要想在社会上过好，就要主动向你的敌人握手。有了这种胸怀，你的成就往往比不能容忍敌人的人高出许多。爱敌人的人也是最易在社会上取得成就的人。

朋友和敌人，从来都不是绝对的。只要有共同的利益、共同的目标，甚至是同病相怜，都可以结成朋友。而结成朋友的根本目的，就是壮大自己的力量，以便在社会的奋斗和交往中能够做到游刃有余，左右逢源，为自己、为他人创造更多的物质财富和更多的机会。敌人也许是我们的错觉所致，或是我们目光短浅、孤陋寡闻所致，使他在心理上印下了仇恨的烙印。而你一旦想改变这种先入为主的第一印象，却是难上加难。所以，这一切全靠你的勇气和远见卓识，与朋友团结，与敌人握手。

总之，冷眼看世间冷暖，笑谈人生得失，与敌人化干戈为玉帛，也不失为一种心满意足、春风得意的心境。

胡雪岩面对将自己赶出钱庄的大伙，不是以官府压人，伺机报复，而是胸襟宽广，做到了过怨两忘。因为他相信来日方长，你能宽容别人的过错，别人就能够更加尊重你，视你为朋友。事实也正是这样，日后正是这个"大伙"张胖子在钱庄的生意上帮了胡雪岩很大的忙，使他的事业有了一个良好的开端。

常言说："怨仇易结不易解。"为人宽容大度，往往会海阔天空，所有矛盾迎刃而解。让人感激，宽宏大量，以德报怨，就会赢得敌人的尊重，就会使你的事业"柳暗花明又一村"。胡雪岩在社会交往中能够做到胸襟宽广，过怨两忘，变敌人为朋友。

广结善缘，如鱼得水

《论语·颜渊》里说："君子成人之美，不成人之恶，小人反是。"成人之美，就是帮助别人做成事情或实现其愿望。《西厢记》里的红娘，同情并促成张生和莺莺的爱恋，事发遭责难，仍仗义执言，促成有情人终成眷属。《水浒传》里的武松，不平于蒋门神霸占施恩的快活林酒店，行侠仗义，挺身而出，"醉打蒋门神"，夺回快活林。这些都算是成人之美的壮举。

每一个人的成功，都需要别人的帮助。苏秦、张仪本是要好同学，苏秦深知张仪的学问在自己之上，可是，苏秦却先成功了，成了大国的宰相，张仪则依然落魄，张仪投奔苏秦。谁知，竟遭到苏秦无端奚落，于是决心单身赴秦，自找出路。苏秦暗中派人沿途照料，补给张仪之所需，直到张仪出任秦相，才明白苏秦当初的用意，张仪对苏秦感激不尽。这种办法，是为了不使张仪依赖苏秦而埋没他的才干。苏秦和张仪凭他们高超的政治智慧导演了战国一幕幕惊心动魄、荡气回肠的历史事件，成为战国时最引人注目的外交家、政治家。

人与人之间是竞争又合作的关系，人与人之间没有彼此信任则没有互助互利；没有较深的感情则没有彼此的信任。在人际交往与关系中重视感情的储蓄，就是注意聚积信任度，保持和加强亲密互惠的程度。打一个很功利的比喻：与朋友的交往实际上也是一本账。只有那种肯吃眼前亏的人，才能争取到长期客户。你在感情的账户上储蓄，就会赢得对方的信任。那么当你有什么过错，也容易得到别人的理解；当你遇到困难，需要帮助的时候，别人也能雪中送炭；即使你没把话说清楚，有点小脾气，别人也能理解。反之，不肯增加储蓄而只想大笔支取的人是无人理会的，这样的银行账户是根本不存在的。你毫无储蓄，到需要用钱的时候当然无钱可用，只有欠账，但欠账总是要还的，到头来还是要储蓄。这就是社会与人生的大海上平等互利、收支平衡的灯塔。

中国自古就是个喜欢组团结社的国家，有出于政治上的原因，有出于经济上的原因，也有出于文化上的原因。社团方式有文的，如吟诗作赋，也有武的，如打家劫舍。清朝是我国黑帮团体最活跃的朝代，形成这种情况的原因很复杂。明朝灭亡后，大量的前明复兴之士或隐逸民间，或啸聚山林，抱着反清复明的理想，结成帮派团体，起初这些团体还比较正规，后来便演化成帮派等江湖组织了。清代外国宗教的传入，在一部分人心目中产生了很大的影响，于是自结社团，而政府对此又是极力禁止的，于是这些宗教组织开始转入地下，形成帮派组织。由于外国入侵，大批农民破产，而城市又无法消化和容纳这股庞大的无业游民，他们中的一些人也组成帮派。清末开始有了独立的商业、航运业、煤矿业，这些行业之间形成友好的联系，久而久之，行业内部便形成帮派，为了自己行业的利益而与其他行业的人明争暗斗。

面对这种特殊的社会情况，任何一个人，都或多或少受到帮派的影响。作为一个走南闯北，生意远及西洋的商人，胡雪岩从一开始便与帮派结下了不解之缘，但胡雪岩知道为商与行走江湖不同，江湖人士往往言必信，行必果，凡事以义为先，方能为人信服。而为商则当以利为先，没有利益则交不到合作伙伴，对江湖上的各帮各派大肆拉拢。当然，胡雪岩并不想做黑帮的盟主，胡雪岩在这方面有自知自明。他知道自己精于算计，而且崇尚一种既有所成就，又不为之束缚的生活。他知道从利益上去管束别人，而不能用义气、帮规之类的东西来管束他。

正因如此，胡雪岩宁可做一个各帮各派的边缘人物，而不想被别人推为盟主。其实，以他的经济实力，如果养一帮如狼似虎的手下，在江湖上自然也是呼风唤雨的人物，但胡雪岩放弃了，他宁肯多花些钱，表示对江湖朋友的敬意，对他们的帮规、人格都景仰。胡雪岩能对帮派表示自己的敬意，而且作为晚清第一富商对帮派的态度如此谦恭，自然使帮派人士对他另眼相看，而且胡雪岩在官场中先以王有龄为靠山，再以左宗棠为靠山，官场势力不可谓不大；在商场，胡雪岩则以利为饵，结交了一大批名商巨贾。

江湖、官场和商场三种势力互相制衡，胡雪岩广施善缘，在黑白两道都吃得开，所以如鱼得水、如虎添翼，为自己事业的发展减少了许多人为的阻力。当今,虽然社会安定团结,但商场依然变幻莫测,作为商人还是把眼光放远些,放弃局部利益,经营长远利益,成人之美、广结善缘,才是正道。

所谓"己欲立而先立人",经营事业是同样的道理。广结善缘,不计较回报,总有一天会得益于自己的善行。

第七章
明智睿达，审时度势

与其说商场是一个名利场，不如说商场是一个进退场。一个心智敏锐的商人懂得审时度势，知道何时该进、何时该退，并且在进退之间，收获自己的利益。对此，胡雪岩有着深刻的理解，在他经营生意的过程当中，经历了无数次的进进退退，几乎每一次，他都能获得盈利，为自己的"胡氏商厦"添砖加瓦。

明哲保身，进退有道

明哲保身，进退有道，化解前嫌旧怨

在王有龄"投供"成功，回到杭州的时候，原本打算替胡雪岩好好出一口恶气，但是却被胡雪岩制止了。因为他觉得这样做不仅会伤害原来的钱庄，也会给自己树立一个敌人，对自己以后的生意不利。

王有龄捐官成功后，他一回到杭州，就听说胡雪岩为了他的前途丢掉了钱庄的饭碗，现在靠给人打零工糊口，便四下寻找胡雪岩的下落。几经周折，终于在杭州城里寻到了胡雪岩。

听说胡雪岩的经历后，王有龄感到非常气愤，决意要为胡雪岩好好出一口恶气。他当时就要还上信和钱庄的五百两银子的贷款，一是为胡雪岩洗刷冤屈，二是让张胖子下不了台。

王有龄弄清了借据的内容和利息算法，立即就在海运局支出了六百两银子，要去还了这笔账。他穿上官服，吩咐跟班备轿，让人准备鸣锣开道，要和胡雪岩一同前往。按他的想法，自然是要以自己的威风，为胡雪岩扬一扬名，达到为胡雪岩出气的目的，但被胡雪岩阻止了。他不仅不与王有龄同去，还特意叮嘱王有龄捧信和几句，也不要告诉他们已经见到了自己。

对胡雪岩这样的做法，王有龄心中暗生佩服，不禁称赞道："此人宅心仁厚，而且手段漂亮。换了另一个人，像这样可以扬眉吐气的机会，岂肯轻易错过？他愿意忍下自己的委屈，保全别人的面子，好宽的度量！"

王有龄理解了胡雪岩的用心，单独去还这笔借款时，也做得漂亮。他特意换上便服，也不鸣锣开道，且将官轿换成一顶小轿前往信和。由于信和当初就将这笔500两银子的单子当作一笔收不回来的死账，因此他们也没把胡雪岩代王有龄写的借据当一回事，不知扔到哪里去了。此时王有龄来还钱，居然拿不出借据来。钱庄张胖子只好实情相告，王有龄不仅没有为难他，而且二话没说，拿出该还的连本带息五百五十两银子，只要求对方写一个已经还清的收据，至于原来的借据，以后找到，销毁就是了。

不过几日之后，正好赶上钱庄"大伙"张胖子过生日，前来祝寿之人络绎不绝。胡雪岩不计前嫌，特意准备了一个纯金的"寿"字，前去给"大伙"拜寿，还将王有龄引见给"大伙"。在一群商客和伙计中，官府人士给其祝寿，实在是大大扬了"大伙"的脸面，当时就感动得"大伙"双目垂泪，拉着胡雪岩的手直拍自己的胸脯保证"以后有事，必当两肋插刀"。

在现代企业竞争模式之下，很多企业之间互相结怨、恶性竞争的情况并不少见。这或许是因为利益的冲突，也或许是企业主之间意气使然，总之，对方都想让对方下不了台。这原本是人的本性使然，但是胡雪岩在面对同样境地的情况下，却能够做到"超然物外"，不为内心的"本性"所动。那么胡雪岩是怎么做到这一点的呢？他为什么要这么做呢？细细分析之下，理由立刻显现了出来：

一、让王有龄看到自己的"潜力"，从而全力支持自己。

虽然胡雪岩在王有龄身上烧了一把冷灶并且成功了，但是王有龄和胡雪岩之间还并不熟悉。特别是王有龄，并不真正了解胡雪岩，自然在帮助胡雪岩的时候会有一些顾虑。而胡雪岩要做的就是打消王有龄的顾虑，于是借着王有龄给信和钱庄还款的事情，胡雪岩好好地"表演"了一番，让王有龄看到他的宅心仁厚和宽阔的胸襟，从而让王有龄死心塌地地支持自己。

和做人一样，一个真正有潜力的企业是不会在乎诸如面子等身外之物的，他们要做的就是实实在在的产品和服务、实实在在地给顾客带来好处。至于这样做是不是有损名声，是不是会觉得丢面子，他们并不考虑。当然，一旦顾客认识到了企业的这些行为，自然而然全力支持，那么这些企业就会发展有望。

二、给别人留个面子，也给自己留条路。

胡雪岩这种以德报怨的行为无疑为别人留一条退路，而实际上他也是为自己打开了一条出路。因为他相信来日方长，自己这一次为张胖子保全了面子，就会使张胖子对胡雪岩不胜佩服之至，在其后自己创业的过程中，张胖子才会真心实意以自己掌管的钱庄为力量，替自己解决难题。而事实上也是如此。比如为海运局垫付漕米款项，胡雪岩出面为漕帮作保向信和钱庄借款以便使漕帮渡过难关等，都是张胖子为胡雪岩解决的难题。

一个聪明的商人，不会因为图一时之快，而不给别人留情面的。正所谓"得饶人处且饶人"，只有懂得进退有度，才能把路越走越宽、越走越广。做人是如此，做企业亦是如此。用一句通俗的话来说就是"不要因为一粒米而折断了脖子"。

三、胡雪岩现在还没有能力和信和钱庄对抗。

王有龄投供刚刚回到杭州，无论是他自己，还是胡雪岩都没有足够的实力和一个老牌的钱庄来对抗。信和钱庄之所以能撑到现在，自然有他的过人之处。比如说和一些达官贵人之间的关系、信和本身的信誉等。所以聪明的胡雪岩决定不和信和作对，而是要利用信和钱庄来帮助自己创业。

新生企业要想立稳脚跟，并不是通过打倒老牌企业来进行的。正确的做法应该是尽量依靠老牌企业，让老牌企业作为自己的靠山，甚至可以借着老牌企业的优势来经营，从而让自己的企业走上正轨、站稳脚跟。举个很简单的例子，一个小孩，要想自己走路，并不是通过推倒父母来实现的，而是依靠父母，在父母的帮助下慢慢成长。对于信和钱庄来说，胡雪岩现在就是一个小孩，而自己则是父母。

一个企业的诞生到做大做强，最难的莫过于诞生伊始，既要防范同行的排挤，又要避免卷入行业矛盾当中，还要注重企业自身的发展，可谓困难重重。那么如何做才能让新生企业避开行业矛盾和同行排挤，迅速地站稳脚跟？

一、摆正心态，不要急着做大。

小企业千万不要想着做大池塘里的小鱼，一定要做小池塘里的大鱼。因为一些大企业看不上这些小池塘，不愿意跟你竞争，而这正可以成为让你赢利，甚至发展壮大的巨大空间。

二、建立属于自己的渠道。

撒豆成兵，迅速扩张渠道即血管，抢在别人前面把血运送到需求者的眼前，就是胜利。渠道同样是个重要的传播过程。但是在做渠道的时候，千万不要陷入亲情误区，即找老同学、老战友、老熟人、老朋友或三亲六眷。结果是产品没有推出去，货款也收不回来，最终友情也受到破坏，赔了夫人又折兵。

三、做好自己的差异化。

对于小资本运作的小型企业来说，只要项目有特色、有需求，利用连锁迅速扩张市场，获取利润并非难事。也就是说要让自己的产品和同类产品不一样，有自己的差异性，才会打造出自己的品牌。

四、打造自己的前瞻力。

所谓前瞻力就是往前看，看看企业发展的前景、市场前景、政策前景等，这是为企业把握一个大的方向，也是让企业在进退之间寻找更好的立足点。

胡雪岩商道箴言

> 胡雪岩讲究做人做事应该把握一个"度"，有度，才能知进退，而只有懂得进退，才能给别人留一个面子，也给自己留一条路。

留条退路给自己

"人的认识过程是无限的，但是人的认识能力却是有限的。"

正因为人的认识能力的局限性，才使得人们对事物的认识有限，这便使人们考虑问题难以周全；另外，人在社会生活中的地位和处境是不断变化的，有些变化能够预见，可以把握，但更高更深的变化并非如此。因此，人在考虑问题时就应该多做几手准备，为自己留下退路。

在历史上，为自己留下退路的典范就是战国时期的孟尝君"狡兔三窟"的例子。在生意场上也是如此，生意场上瞬息万变，许多事情都难以预料，所以，再有本事、实力再强的人，都不敢说自己做生意从不会失手。生意场上基本上没有生意是可以不冒任何风险的，获利多少与所冒风险的大小成正比，生意规模越大，获利越大，风险也就越大。

承担着风险，就要做好"万一出事"的思想准备，所以，一桩生意投入运作之前，要想着为自己留下退路。

胡雪岩在他的生意由创业而至鼎盛的过程中，每桩生意的运作，就都既敢于冒险，也尤其注意为自己留"后路"。

他常说："凡事总要有个退路。即使出了事，也能够在台面上说得过去。……我们的生意，不管是啥，都是这个宗旨，万一失手，有话好说，这样子，别人能够原谅你，就还有从头来的机会，虽败不倒！"

比如钱庄生意主要是通过兑进兑出来赚钱。兑进自然是吸收存款作为资本，而兑出则是放款。兑出是赚借贷人的利息，自然是利息越高越好，兑进要付出利息，自然是越低越好，最好是不要利息。表面看来这样的生意只要把握好时机，随银价的起落浮动调整好兑进兑出的利率，就可以稳稳当当坐收渔利。这种将本求利、平平淡淡的运作方式当然也可以，但终归不是做钱庄生意的"大手笔"。而要做出"大手笔"，兑进兑出都会有风险。

从兑出说，放出的款要高利收回，就要找大主顾。大主顾做大生意要大本钱，能有大利润也就不在乎借款利率的高低，向这种主顾放款，当然收回的利也就高。但借贷者的生意获利越大，所担风险也大，款放给他们，自己也要担风险。万一对方生意失手，血本无归，自己放出去的款也就可能无法收回，一笔放款也就等于放"倒"了。如在朝廷与太平军交战的兵荒马乱年月，米商借款贩运粮食，获利就非常大。获利极大，风险也极大，放款给他们就不能不考虑考虑。

从兑进说，当然最好是储户存款不要利息。这种情况不是没有，甚至有些可以不担太大的风险，如胡雪岩代理官库；有些则会担非常大的风险，比如太平天国失败之际，接受太平军逃亡兵将隐匿私财的存款，太平天国被镇压以后，朝廷自然要追捕"逆贼"，按惯例也必要抄没他们的家产。万一追查"逆产"到钱庄，钱庄不能够不报不缴，不说还有可能被以"助逆"治罪，如果被捕的太平军遇赦开释，来钱庄要取回自己的存款，按规矩钱庄必须照付，这样一来也就必然要鸡飞蛋打吃"倒账"了。

兑进兑出都要冒险，因而也都事先就要想好退路。像在兵荒马乱年月贩运粮食的米商放款，胡雪岩自然也做，但他确定了一个原则，那就是要先弄清楚，他的米要运到什么地方。运到官军占领的地方，可以放款给他，但要是运到有太平军的地方去，就不能放款给他。这就是为自己留下退路。因为放款让对方运米到官军占领的地方，万一放倒，别人可以原谅，自己不至于名利两失，还留有重新来过的余地，而假如放款让对方将米运到有太平军的地方，万一放倒，别人会说你帮"太平军"，吃"倒账"活该，那也就一点退路都没有了。胡雪岩也做了从太平军逃亡兵将"兑进"的生意，做这生意时，他也想好了退路，那就是万一官府追查，自己也有话可以对付："他来存款时隐匿了身份，头上又没有'我是太平军'的标志，我哪里知道他是逃亡兵将？"这样至少可以开脱自己，不至于走上连坐治罪的绝路。

概括起来说，为自己留下的"退路"应该具有两方面的作用：

第一，它应该是可以在万一出事之后还有部分挽回的余地，也就是一种可以让自己东山再起的余地。有这一余地，就能够使自己虽败不倒。用胡雪岩的话说，起码别人可以原谅你。败则败矣，但可以得到别人的原谅，自己"就还有从头起来的机会"。

第二，它应该是一种可以预见的冒险的担保。也就是当可以预见的险情真的到来的时候，自己不至于因没有应对的手段而举措失当。比如胡雪岩想到的应对官府追查时的说法，就有这种功能。不知者不为罪，有意"助逆"匿产的罪名，自然也就能够开脱了。

> 凡事总要有个退路。就算出了事，也能够在台面上说得过去。……我们的生意，不管啥，都是这个宗旨，万一失手，有话好说，这样子，别人可以原谅你，就还有从头来起的机会，虽败不倒！

无为而治，不争而争

老子说："夫唯不争，故天下莫能与之争。"这句话的意思是，正因为不与人相争，所以遍天下没有人能与他相争。这是一句充满大智慧的哲音圣语。可惜的是，两千多年来，能参悟和运用这一心术的人如凤毛麟角。在名利权位面前，人们忘乎所以，一个个像乌眼鸡似的，恨不得你吃了我，我吃了你。可是到头来，这些争得你死我活的人，大都落得个遍体鳞伤，两手空空，有的甚至身败名裂，命赴黄泉。

三国时的曹操，统兵用帅横扫千军如卷席，统一了北方，建立起强大的政治军事集团。随着年龄的增长，曹操很注重接班人的选择。曹操认为曹丕虽贵为世子，但次子曹植更有才华，更适合治国，且曹植文名满天下，很受曹操器重。根据曹操一贯的"惟才是举"的选材和用人标准，曹操产生了换世子的念头。

曹丕得知消息后十分恐慌，忙向他的亲信贾诩讨教，贾诩说："愿你有德性和度量，像个寒士一样做事，兢兢业业，不违背做儿子的礼数，这样就可以了。"曹丕听后，仔细想了想，觉得贾诩的话很有道理。

一次，曹操亲自带兵出征，曹丕和曹植等文武百官都来为曹操壮行。曹植又拿出自己最擅长的本事来，高声朗诵自己做的歌功颂德的文章来讨曹操的欢心，并显示自己的才能。而曹丕却伏地而泣，跪拜不起，一句话也说不出。曹操问他什么原因，曹丕便哽咽着说："父王年事已高，还要挂帅亲征，作为儿子心里又担忧又难过，所以说不出话来。"

一语既出，满朝肃然，都为世子如此仁孝而感动。相反，大家倒觉得曹植只晓得为自己扬名，未免华而不实，有悖人子孝道，立为一国之君恐怕难为百姓表率。毕竟写文章和治国不一样，文章写得好不能代替道德高尚和治国才能卓越，结果还是按"既定方针办"，世子还是原来的世子。曹操死后，曹丕顺理成章地登上魏王的宝座。

其实刚开始时，曹丕是极不甘心自己的世子之位被弟弟曹植夺去的。他想拼死一争，即又明知自己的才华远在曹植之下，胜数极微，一时竟束手无策。但曹丕毕竟是个聪明人，经谋臣贾诩的点化，脑袋突然开窍：争是不争，不争是争。与其争不赢，不如不争，只需恪守世子的本分，让曹植一个人尽情去表演争太子的丑态，公道自在人心。最后，这场兄弟之争，以不争者胜而终。

不争而胜是为上，在官场如此，商场也如此。商场如战场，孙子云："兵者，国之大事也，生死之地，存亡之道，不可不察也。"战场如此，商场也如此。经商与行兵打仗是相通的，把一些兵法用于商场作为经商谋略能取事半功倍之效。孙子云："百战百胜，非善之善者也；不战而屈人之兵，善之善者也。故上兵伐谋，其次伐交，其次伐兵，其下攻城。"在战场应避免两军直接交锋，在商场上，应避免与对方直接相争。商人重利趋利是千古不易的常理，但是如何获利是千差万别的。在商场上最怕的莫过于与对方展开恶性竞争，最后彼此都元气大伤，被第三者乘虚而入，造成"鹬蚌相争，渔翁得利"的局面。

胡雪岩在纵横驰骋之时，总是能不与对方争就不争。胡雪岩听说有一批军火质高价廉，便亲自与洋商谈判，以胡雪岩在军火界的地位和影响，自然是水到渠成，不费吹灰之力就把这笔军火生意做成。后得知另一名军火商早已与洋人谈好，只是未付给洋人现钱，被胡雪岩的高价买走罢了。于是，胡雪岩找到那军火商，提出补给那位军火商的差价。那军火商见胡雪岩如此侠义，自然对胡雪岩敬佩有加。

胡雪岩是个商人，商人行止之间自然以利益为出发点，但胡雪岩虽然重利好利，却深谙取利获利的方法，不像一般商人那样如苍蝇闻着鸡蛋臭味就一哄而上那般见利就追逐，一般商人获得的是蝇头小利，而胡雪岩获得的却是富甲全国的大利。一般庸商和名商的手段高下就在此泾渭分明。

在我们这个物质还不太丰富的社会里，物欲横流的时代里，争名夺利的事情每天都在发生，有人为的圈套，有自然的陷阱。它们如同一个巨大的漩涡，把无数的人都卷了进去。

对此，最聪明的做法是，像胡雪岩那样不与人争，迅速远离它。因为在横渡江河时，只有远离漩涡的人，才会最先登上彼岸。

胡雪岩商道箴言

做生意如同做人，太过刚直，必然会导致失败。做事讲究策略，用迂回的方法达到自己的目的，这样才会稳步前进而不至于事情半途而废。

洞察时事，乘机生财

做事之前胸中必须装有大局

没有相应的社会环境气候，就没有英雄成长的土壤和其他条件，真正的英雄人物必须能够驾驭时局，胡雪岩正是驾驭时局的典范。胡雪岩所处的时代为其成功奠定了一个前提环境。

胡雪岩生于1823年（道光三年），卒于1885年（光绪十一年），历经清代道光、咸丰、同治、光绪四朝，适逢一个新旧嬗变、纷纭复杂的大变动时代。

首先，内忧外患交相煎迫，国库极度虚乏，时势需要商人扶危纾难。

近代以前，华夏民族虽与周边异族几经逐鹿，但整个国家的生存、发展并不因此受到威胁，相反，在与异族的冲突中不断维护和扩大了大一统的局面。这使封建统治者滋长了文化优越感，故步自封。近世前期二三百年间，明清专制政权实行闭关和抑商政策，中国错过了从封建社会向资本主义社会过渡的有利时机。到18世纪末19世纪初，进入"悲风骤至，日之将夕"（龚自珍语）的封建末世，与经过资产阶级革命和工业革命而国力大增的欧美资本主义国家相比，整整落伍了一个时代。

胡雪岩18岁那年，即1840年（道光二十年），鸦片战争爆发。大不列颠军队挟坚船利炮打败了中国装备落后的八旗、绿营，于1842年8月29日（道光二十二年七月二十四日）逼迫清政府签订中国近代第一个不平等条约——中英《南京条约》。第二年，又订立中英《五口通商章程》和《五口通商附粘善后条款》（又称"《虎门条约》"）。通过这些条约、章程和条款，英国侵略者强占香港；勒索2100万元赔款（不包括600万元广州"赎城费"）；逼迫中国开放广州、福州、厦门、宁波、上海五口为商埠；规定"值百抽五"的低税率；还攫取了领事裁判权（又称"治外法权"，即外国人在华犯罪由本国处理，不受中国法律制裁）和片面最惠国待遇。继英国之后，美、法两国分别胁迫清政府签订中美《望厦条约》和中法《黄埔条约》，扩大领事裁判权的范围，并获得在通商口岸自由传教的特权。"墙倒众人推"，中国遭遇国难时，西方其他一些国家如葡萄牙、比利时、瑞典、挪威、荷兰、西班牙、普鲁士、丹麦等，也乘虚而入，与英、法、美"共同分享"侵略特权。

此后的十年间，本来就深受封建统治之苦的百姓又加上了帝国主义压迫这一重负，生活境况更加恶化，纷纷铤而走险。仅《清实录》道光、咸丰两朝所载，1842~1852年，全国武装起义就有92起。1851年1月11日，广东花县人洪秀全，在广西桂平县发动中国历史上最大的一次农民起义——太平天国革命运动。在不到三年的时间内，太平军势如破竹，先在永安建国，继而迅速挺进两湖，定都南京，接着又溯江西征，挥师北伐，在相当长时间内，占有大片地盘，与清廷分庭抗礼。在此期间，上海与福建的小刀会、两广天地会、红巾军、北方捻军、贵州苗民、云南彝民和回民、陕甘回民、山东白莲教、浙江天地会也纷纷举起反清大旗。

中国内战使列强有隙可乘，他们趁火打劫，先后迫使清政府签订《天津条约》和《北京条约》。经此变故，外来势力从沿海扩大到长江流域，从华南伸展到东北，中国的领海和内河主权、海关和贸易主权、司法主权受到侵害，特别是公使驻京一条，意味着官派入京的洋人再不是"康乾盛世"时行面君之礼的"贡使"，而是以条约为护符、恃武力为后盾的公使，这对以"万邦来朝"的"天朝大国"自居的清王朝不能不说是个致命的打击。

道光以后内战外祸的结果使社会生产遭受严重破坏。

与此同时，全国各地的旱、涝、蝗、饥、疫等自然灾害也相当频繁；鸦片走私、战争赔款、内战军费加之各地官员贪污成风，使得清政府财政状况极端恶化。

国库罄悬必使百业受困。19世纪中下叶正是举办洋务、筹边固防之时，常有请款之奏，而清政府财政捉襟见肘。任何一个政权都需要物质基础做统治基础，晚清财政的窘态为拥有殷实资本的商人介入国事提供了客观前提。

另外，商品经济发展和欧潮澎湃东来冲击着传统的农本商末观念，为商人施展抱负创造了较前宽松的氛围。

中国封建社会大一统的专制政权是建立在小农经济基础之上的,这一本质决定了封建政府对极易引起人口流动、破坏小农经济稳定性的商品经济采取苛刻的态度,奉行以农稼为本、以工商为末的政策。

自汉朝以来,都有轻商的传统,以后各朝均奉行不变。传统的崇农抑商的政策和儒家"不患寡而患不均"的教化,导致了"商为末业""商人为四民之末"的观念深入人心,无论政府立国施政还是民间世俗生活一直被"末修则民淫,本修则民悫"的原则所左右。

但是,商品作为一种特定的社会经济载体,起着沟通人与人之间、地区与地区之间联系的纽带作用。社会发展需要商品经济,谁也无法回避这个客观事实。加上封建政权租赋仰给农田,往往竭泽而渔,导致种田勤苦而利薄,经商安逸而利厚,受实际功利的驱使,总有那么一批人会不顾政府的贬黜去闯荡商海,所以商品经济在封建高压下依然有缓慢的发展。到明朝中后期,已在磨难中出现资本主义萌芽,中国封建社会母体内的变革因素已悄悄萌动。进入晚清,偏离传统轨道的进程借着鸦片战争的爆发而呈现跳跃式的轨迹。战后,由于门户洞开,各国大量输销工业品、掠夺农副产品和工业原料,中国被迫卷入世界市场,男耕女织的自然经济结构首先在东南沿海和长江流域受到冲击。第二次鸦片战争以后,列强通过控制海关、航运、财政、金融等经济枢纽,把经济活动拓展到中国广大腹地,并深入穷乡僻壤,从而进一步加速了中国封建经济的解体。19世纪60年代以后,中国举办洋务新政,开办一批近代军事、民用工业,这就促使传统的以手工劳动为基础的自然经济向以大机器生产为基础的社会化商品经济过渡,社会出现力田稀、服贾繁的局面。

此外,晚清以来,西方物质文明、生活习俗、自然科学和社会科学知识通过洋货输入、传教布道、租界展示、出洋考察和大众传播等各种渠道传入中国,这至少从以下两个方面对中国产生了潜移默化的影响:

一方面,欧潮东渐与商品经济联合冲击传统社会安贫乐道、黜奢尚俭的固有观念,致使去朴从艳、斗富竞奢成为愈演愈烈的社会时尚。因而导致了从商获利成为了一种趋向。

另一方面,西学,即西方资产阶级民主主义文化,包括那时的社会科学和自然科学,广泛传入中国,伴随着民族危机日益加深,人们通过考察中西政教、探究强弱之本，越来越感到学习西方的必要，其中有一条即借鉴西方国家以商立国的经验。

人创造了环境，环境也造就了人。晚清的局面是胡雪岩游走商界的一个社会平台。但仅有这一条是不够的。重要的是，胡雪岩能在这个时代中把握变幻莫测的时事大局，这一点是胡雪岩成为商界巨子的重要因素。

胡雪岩驾驭时局，首先体现在与洋人打交道这件事情上。

随着交往的增多，他逐渐领悟到洋人也不过利之所趋，所以只可使由之，不可放纵之，最后发展到互惠互利，其间的过程都是一步一步变化的。

但胡雪岩的确有一种天然的优势，就是对整个时代的走向有先人一步的了解和把握，所以能先于别人筹划出应对措施。有了这一先机，胡雪岩就能开风气，占地利，享天时，逐一己之利。

当我们说胡雪岩对时事有一特殊驾驭时，我们的意思是，胡雪岩因为占了先机，故能够先人一着，从容应对。一旦和在纷乱时事中茫然无措的人们相比照，胡雪岩的优势便显现出来。

一个人不能没有宏大性格，不能没有大局观念，更不能将自己陷于不起眼的地方拔不出来，而应看准大局，做出一番大事。常言道："时势造英雄。"胡雪岩也说："做生意，把握时事大局是头等大事。"

关注时局，抓住机会

做生意，把握时事大局是头等大事。

每个人都被机会包围着，机遇是个人的奋斗精神与社会环境条件的一种契合，是一种对目标的努力追求和时代、环境等外部条件碰撞后的火花。机遇是现实生活中存在的一种普遍现象，但是它们只是在被看见时才存在，而且机会只有在被寻找时才会被看见，关键在于你如何认识机会、利用机会、抓住机会和创造这些机会。工作与生活中,只要你抓住它的真谛,它就能给你提供更上一层楼的台阶。能够抓住机遇不撒手的人,更像是一个抓住战机不放松的将领,只有捕捉到战机,才能让这样的人战功彪炳。总之,机遇不是命运,只有捕捉机遇、把握机遇、善用机遇,才能使你在自己的人生道路上一次次地取得成功。所以说,机遇面前,百舸争流,加快发展,时不我待。空谈坐等只会贻误时机,求稳怕难只会落后于人。我们要勇于在困难面前增强必胜信心,关注时局,并在时局当中捕捉发展机遇。

要知道,一个人的事业是时代、环境和个人禀性共同作用的结果,胡雪岩从钱庄伙计到成为富裕显赫的商界巨擘,除了他能把握时代契机,还与他卓有成效地关注时局分不开。

一次胡雪岩与朋友古应春聊天,谈起一桩早该办却一直没有机会去办的往事,就发了一番很有意味的感叹。他说,有许多事情该办而没有办成,其实并不是不想去办或没有想好如何去办,而只是因为没有让他去办这件事的机会。想到了,但可惜"不是辰光不对,就是地点不对",终于没法去办。"譬如半夜里醒过来,在枕头上想到了,总不能马上起来办这件事,这是辰光不对;再如在船上想到了,也不能马上回去办,这是地点不对。凡是这种时候,这种地方想到了,总觉得日子还长,有朝一日一定可以了了心愿。想是这样想,想过忘记,等于不想,到后来日子一长,想起这件事来,也就无动于衷了。"

胡雪岩的这一番发自肺腑的话,着实透彻地分析了机会在能否最终办成一件事的过程中起到的至关重要的作用。

胡雪岩做成的第一桩军火生意,从某种意义上看,就是适逢其时所产生的结果。那时上海小刀会乘势开始起事,一方面江浙未失之地正在积极筹办团练以抵御太平军的进攻,另一方面两江总督以及江苏巡抚也在想办法调动兵力以平息小刀会。在这种情况之下,军火的需求量自然会上升,而驻在上海的外国军火商也正在此时开始向太平军输出军火,也就是说他们已经开始明目张胆地在中国国内做起了军火生意。一边有人卖,一边又有人买,这不是适逢其时,还能是什么呢?当时的洋商大都集中在广州、上海两地。要与洋人谈生意自然在这两个地方最为合适。而此时,胡雪岩也正为蚕丝生意来到上海,这在冥冥之中又给胡雪岩创造了条件。不仅如此，在人际方面胡雪岩也已经打通关系，在此前，胡雪岩由于想做"洋庄"生意，已经结识了在洋行做事的古应春，与洋人建立了联系，而且，此前在帮王有龄解决漕米调动的公务时，他还结识了漕帮首领尤五等人，与漕帮建立了两相托靠的"铁"关系，借助漕帮的内河航运上的势力，军火自上海运往杭州的安全也有了保障。在这桩生意上，胡雪岩真正是机缘巧合，古人所说的天时、地利、人和，都让他占全了，于是他的第一桩军火生意也就几乎没费多少周折便顺利做成了。

胡雪岩说，他做生意靠的是眼光、手腕、精神力气，这话确实不假。从把握机会来说，靠眼光，就是能够发现机会；靠手腕，就是能够牢牢抓住机会；靠精神力气，就是舍得投入心力，把那一个一个被自己发现的或遇到的机会，经营成一个一个实实在在的财源。中国有句成语，叫"谋事在人，成事在天"，实在是有些道理。一件事能否办得成，既需要人的精细谋划，也需要有能够成事的条件，还需要某种成事的情势或者说机缘、机会。有些事经过必要的谋划，看起来好像并不难办，但由于缺少办事的机缘，就无法成事。而有些看起来难关重重的事，由于机缘巧合，却很容易就办成了。

试看，胡雪岩为什么能做出如此明智的选择呢？因为他经商之余，时刻不忘关注时局的变化，对各种行业前景在新形势下面临的机会和挑战，都有一定了解，也形成了一套自己的看法，并借以在关键时刻做出正确的判断。

正所谓："天下大势，顺之者昌，逆之者亡。审时度势，是为商者最重要的素质。"机会来了，许多人都能发现，但并不是每个人都能把握住，成功者并没有天生把握机遇的能力，他们只不过是在平时多留心、多观察、多思考时局而已。所以，他们的成功自是必然。

市场是千变万化的，要想真正取得成功，就必须顺应形势，善于把握变化的趋势，在日常的平淡生活中努力培养自己的非凡洞察力和远见卓识的能力。

在经商的过程中，没有永远的失败，你必须善于观察分析市场的航向，把握住良机。在关键时刻看准了，迅速出手，有时就可以化危机为赚钱的机会，或许你的境遇就会因此而改变。

就经商而言，了解了天下大势，就能顺势取势。但抓住最佳成功时机的关键是：能够看准时机，并把握时机。而有的经商之人即使忙忙碌碌一辈子，由于没有把握好时机，那么一生也只能是碌碌无为。因此，抓住机会对于一个经商之人来说是非常重要的，因为机会不仅可以让人更省力地达成目的，而且还可以为人带来利益。

把整个局势全部藏在心中

胡雪岩在他的鼎盛时期能纵横商场保持不败，很大程度上就在于他有于复杂局势中见出必不可易的大方向的过人眼光。比如在蚕丝销洋庄的生意中，就显示了他这种过人的眼光。

为了结交丝商巨头，联合同行同业，以达到能够顺利控制市场、操纵价格的目的，胡雪岩将湖州收购的蚕丝运到上海后，一直囤到第二年新丝上市之前都还没有脱手，而这时出现了几个情况：一是由于上海小刀会的活动，朝廷明令禁止将丝、茶等物资运往上海与洋人交易；二是外国使馆会衔，各自布告本国侨民，不得接济、帮助小刀会；三是朝廷不顾英、法、美三国的联合抗议，已经决定在上海设立内地海关。

这些情况对于胡雪岩正在进行的生丝销洋庄的生意来说，应该是有利的。一方面新丝虽然快要上市，但由于朝廷禁止运往上海，胡雪岩的现有囤积也就奇货可居；另一方面，朝廷在上海设立内地海关，洋人在上海做生意必然受到一些限制，而从洋人布告本国侨民不得帮助小刀会，和他们极力反对设立内地海关的情况看，他们是迫切希望与中国保持一种商贸关系的。此时胡雪岩联合同行同业操纵行情的工作已经大见成效，继续坚持下去，迫使洋人就范，将现有存货卖出一个好价钱，一定不会太难。

但正是在这个节骨眼上，胡雪岩毅然决定将自己的存丝按洋人开出的并不十分理想的价格卖给洋人。

做出这一决定，就在于胡雪岩由当时出现的各种情况，看出了整个局势发展必然会出现的前景。当时太平天国已成强弩之末，洋人也明显地看到这一点，从他们的态度看，他们事实上已经决定与朝廷接续"洋务"了。同时，虽然朝廷现在禁止本国商人与洋人做生意，但战乱平定之后，为了恢复市场，复苏经济，"洋务"必得继续下去，因而禁令也必会解除。按历来的规矩，朝廷是不与洋人直接打交道从事贸易活动的，与洋人做生意还是商人自己的事情。正是从这里，胡雪岩看出了一个必不可易的大方向，那就是，他迟早要与洋人长期合作做生意。在胡雪岩看来，中国的官僚们从来不会体恤为商的艰难，不能指望他们会为商人的利益与洋人去论斤争两，因此，与洋人的生意能不能顺利，最终只能靠商人自己的运作。既然如此，也就不如先"放点交情给洋人"，为将来留个见面的余地，因此，即使现在自己暂时无法实现控制洋庄市场的目标，也在所不惜了。

这就是胡雪岩眼光精明之所在。这一票生意做下来，他确实没有赚到钱，但由于有这票生意"垫底"，胡雪岩也确实为自己铺就了一条与洋人做更大生意的道路。事实上，胡雪岩将这一笔生意"卖"给洋人的交情，马上就为他赚来了与洋人生丝购销的三年合约，为他以后发展更大规模的洋庄生意，为他借洋债发展国际金融业，总之为他驰骋十里洋场，留下了一个很好的开端。

一项投资能否最终经营成自己的一道财源，要做出准确的判断，并非是一件轻而易举的事。这其中的关键是要有全局判断的能力，要有能在整个局势的盘算中看出必不可易的大方向的眼光。能够"盘算整个局势"，能够看出整个局势发展的大方向，并知道如何"照这个方向去做"，才能使自己立于不败之地。这才叫看得准。

戒贪戒满，和气生财

不图小利，照顾同行

钱有用完的一天，但朋友交情却是得罪了就没得救！

我们知道，商场上充满尔虞我诈、弱肉强食，在这种环境下还要照顾到别人的利益，很多人认为这是不可能的事，但胡雪岩却做到了。在经商中，胡雪岩一直奉行"不抢人之美"的做人处世的基本准则，这样既博得了同行衷心的好感，又在同业中树立起了极高的声誉，巩固了自己在商界中的地位，从而为他带来更长远、更巨大的商业利益。

即使对利润极丰的军火生意，胡雪岩也执行"宁可抛却银子，也不得罪同行"的准则。

一次，胡雪岩打听到一个消息，说外商运进了一批先进、精良的军火。以商人的敏感性，胡雪岩马上意识到，这又是一笔可以赚大钱的好生意。刻不容缓，于是，他马上找外商联系，结果他凭借自己老道的经验、高明的手腕，以及他在军火界的信誉和声望，很快将这笔军火生意做成了。

然而，正当他感到高兴的时候，他听商界的朋友说，有人在指责他做生意不仁义。原来在胡雪岩做这桩生意之前，外商已拟定把这批军火以低于胡雪岩出的价格卖给军火界的另一位同行，只是那位同行付款稍稍晚了一步，结果就被胡雪岩以较高的价格买走，最终，使那位同行丧失了赚钱的好机会。

胡雪岩得知此事后，对自己的贸然行事感到惭愧。于是，他马上找来那位同行，希望通过彼此的协商，将这件事圆满解决。那位同行知道胡雪岩在军火界的影响，担心胡雪岩在以后的生意中与自己为难，致使生意更加难做，所以只好推说这笔生意既然让胡老板做成了就算了，只希望以后留碗饭给他们吃。

在一般情况下，很多人认为话说到这个份上，问题就算是解决了，但胡雪岩却没有这样想，而是主动要求那位同行把这批军火"卖"给他，这样同行就吃个差价，而不需出钱，更不用担风险。事情一谈妥，胡雪岩马上把差价补贴给了那位同行。那位同行甚为佩服胡雪岩的商业道德。

"不让人赚钱的买卖人，不是好买卖人。"这是皮货大王古耕虞经常说的一句话。在商业社会，做生意总要有合作伙伴、有帮手、有朋友。你照顾了别人的利益，实际上也就照顾了自己的利益。因此，古耕虞又反复解释："同人来往，事先一定要好好算计，如何使自己能获得最大利益。但无论怎样算计，一定要算得对方也能赚钱，不能叫他亏本。算得他亏本，下次他就不敢再同你打交道了。不仅如此，这样还会激化矛盾，增大了自己管理金钱的难度系数。所以，生意人绝对不能精明过了头。如果说做商人的真理是赚钱，那么精明过头，这个真理同样会变得荒谬。你到处叫人吃亏，就会到处都是你的冤家，你到处打碎别人的饭碗，最后必然会把自己的饭碗也打碎。"

所以，经商推崇以小谋大的智慧。引用到经营管理上来说，就是要做到目光长远、注重大局、能舍能取、能进能退。只有这样，才能在激烈的竞争中获得胜利；相反，如果紧紧地盯在眼前的利益上，这样的商人不仅是一个见识浅薄的人，而且也会因争利而得罪同行，树敌过多，最终只能是自取灭亡。

俗话说：香饵之下，必有死鱼。所以，商人为了更好地赚钱，适当的时候要懂得故意损失一些钱，进而与对方建立和谐的关系，减少商场上的风险。这对于一个商人来说堪称一种智慧的解决问题的办法。

胡雪岩商道箴言

聪明的商人要学会让些利润给同行，这虽然听起来好像是自己在吃亏，但从长远来看，这种方法不仅不会让同行因利益问题而与你相敌对，反而会为你的仁义行为而动容，信任于你。在商场上，赢得信任是不容易的，尤其是赢得同行的信任更是可贵的，因为这样你既得到了一个商业上的合作伙伴，同时也赢得一种良性的竞争环境。

善忍者，成大事

胡雪岩经商一生，主动容忍礼让、为了大局迁就他人的事例非常多，但是最为人称道的是胡雪岩拉拢并成全张秀才这件事。

在杭州城中，张秀才可以说是个人物，平日里以衣冠中人自居。可以与官府来往，往日里包揽讼事，调解是非等，典型一个欺软怕硬的货色，行为很是无赖。曾有一件事情使他对胡雪岩十分嫉恨，从此就总是明里暗里找胡雪岩麻烦。当时胡雪岩回到了杭州，恰好是杭州即将被收复的时候，胡雪岩这时候考虑的就是收服这个人，把他当作一个攻城时候的内应。想要收服一个人首先就必须弄清楚这个人的脾性，于是胡雪岩把这个任务统统交给开路先锋刘不才去办。

谈起二人结仇的事，事实上不过是张秀才不满胡雪岩，而胡雪岩却对张秀才并无半点怪责。当初王有龄主政杭州，实施旧弊革新。那时候有一项对新开店铺征收规费的税，王有龄锐于政事，认为这个税不应当征收，因此他贴出告示，永远禁止征收这个税。钱塘县和仁和县的差役们，尽管心中存有顾忌，不过却不敢乱来，因此一时敛迹，不敢征收这项税了。不过巡抚、藩司两个衙门，自以为靠山很硬，不把知府看在眼里，照样征收这项税。但是自己不方便亲自出面，于是就指使张秀才出面去收这种费，说好了和张秀才三七分账。没想到运气实在是差，张秀才收税的时候正好碰到知府大人王有龄的轿子经过，王有龄发现有人争吵，下了轿自一问缘由，居然是这种事。而且还是在他贴布告的当天就敢这么大胆，所以勃然大怒，决定要严厉惩罚张秀才，王有龄声色俱厉地把张秀才斥责了一顿，一定要革去他的功名。这可把张秀才吓破了胆，因为一旦被革去了秀才的功名，那他可就成了一名白丁了。

张秀才思来想去只有一个办法，那就是去托胡雪岩，因为王有龄对胡雪岩总是言听计从。于是张秀才带着老婆儿女前去胡雪岩处跪地求助。胡雪岩当时也是有些大意，以为这只是一件小事，于是便顺口答应了下来，保他不会有事。没想到的是王有龄坚决要依照自己的意思办，声明此事与他的威信有关。这时候的王有龄正处于建立自己威信的关键时期，怎么会就这样虎头蛇尾？在胡雪岩反复劝说之下，王有龄总算是退让了一步。原本说是要革去张秀才的功名，并打上两百板子，枷号示众三个月。如今看在胡雪岩亲自劝说的情面上，打板子和枷号示众被免掉了，不过秀才功名却无论如何也要革掉。

没想到的是，对胡雪岩的出力帮忙张秀才毫不知情，之前说好了包他无事，谁曾想居然是这种结果。因此张秀才就认定胡雪岩不肯尽力，敷衍塞责自己。于是就对胡雪岩怀恨在心，总是和胡雪岩为难。

好在根据刘不才的调查，这张秀才尽管胆大包天，但是还有一怕官二怕他儿子小张，小张吃喝嫖赌样样精通。张秀才费尽辛苦弄来的一些钱，一转手就被这个宝贝儿子挥霍得精光。

据此，胡雪岩琢磨出了一个法子，叫刘不才在小张身上下功夫，只要掌握了小张，那么张秀才就只能就范。于是，刘不才就在赌场上关照小张，赢得了小张的好感。随后又找借口与小张单独会了面。会面的时候，刘不才带上了最时兴的从上海带回的奇巧物品，令小张顿时爱不释手，刘不才于是顺水推舟，将物品慷慨相赠。不过却说是一个朋友赠送的，随即关键人物胡雪岩就出场了。胡雪岩之后还托刘不才给张秀才带消息，叫为自己的前途做好准备，同时还送去了保举书，并允诺事成之后保举他一官半职。又对张秀才解释了当初的那场误会，等到张秀才弄清楚了事情的原委，登时一肚子的怒火就烟消云散了。

一切事情都很顺利，等到蒋益澧攻城的时候，张秀才父子由于打开城门接应官军有功，于是小张就获得了一张七品的奖札，随后被派为善后局委员。

在张秀才这件事上，胡雪岩首先委屈自己，派人由张秀才的儿子小张入手，以大局为重，讲明了各种利害，一般人可能对张秀才这样的"梗子"是不会考虑要请他做内应的。然而胡雪岩不但做了，而且做得非常好。又收了一个帮手小张，和他一起处理杭州城内的善后事宜。

从大局出发，就会看到私人的恩怨确实算不上什么，以大局利益为重，向对方讲明利害，通常也会把一切误会和歧见消弭于无形之中。在这个世界上，不识大局、不识大体的人终究只是极少数。

历史上有一件众所周知的以大局为重、主动忍让的故事，即廉颇与蔺相如的"将相和"。

在战国时期，中国大地有七个大国称雄，分别是齐、楚、燕、韩、赵、魏、秦，史称"战国七雄"。"战国七雄"中，以秦国最为强大，秦国经常欺侮紧邻的赵国。某次，赵王派遣一个大臣的手下蔺相如出使秦国前去交涉。蔺相如到了秦国之后，以自己的机智与勇敢，帮赵国在外交上取得了主动。秦王见到赵国居然有如此优秀的人才，因此就不敢再轻视赵国了。赵王发现蔺相如居然这么出色，于是就先封他为大夫，后来又封为上卿（职位与后世的宰相相当）。

赵王对蔺相如如此看重，这使得赵国大将军廉颇非常气恼。廉颇觉得自己为赵国拼杀疆场，莫非功劳还不如蔺相如吗？蔺相如只不过嘴皮子利索而已，又不是什么实实在在的过人本领，地位居然比自己还高！廉颇越想越不服气，于是怒气勃发地说："如果我遇到了蔺相如，一定要当面给他点难堪，瞧瞧他能把我怎么样！"

蔺相如很快就听到了廉颇的这一番话，他当即吩咐自己的手下人，让他们以后遇到了廉颇的手下人，一定要让着点，千万别和他们争吵。以后，他自己乘车外出，一旦听说廉颇从前面经过，就会立刻让马车夫将车子赶进小巷子里，等廉颇过去了自己再走。

廉颇的手下人，发现上卿如此让着自己的主人，越发得意忘形了，遇到了蔺相如的手下人，就肆无忌惮地嘲笑他们。蔺相如的手下人受不了这个窝囊气，就告诉蔺相如说："您地位高于廉将军，他辱骂您，您却躲着他，让着他，他却越发看不起您啦！长此以往，我们可实在受不了了。"

蔺相如淡定自如地问他们："你们觉得廉将军和秦王，谁更厉害一些呢？"手下人说："自然是秦王更厉害了。"蔺相如于是就说："是啊！就算是秦王我都不怕，我反倒怕了廉将军吗？要明白，如今秦国之所以不敢贸然攻打赵国，原因是国内文官武将团结一致。我和廉将军就像是两只老虎，两虎相争，必有一伤甚或一死，如此一来就为秦国造成了攻打赵国的大好良机。那么你们认为，是国家大事重要，还是私人面子重要？"

这一番话令蔺相如的手下人异常感动，于是，之后当他们看见了廉颇的手下人，一个个都小心谨慎，始终谦让着他们。

后来，蔺相如的这番话终于被廉颇听到了。廉颇内心异常惭愧，于是他脱掉一只袖子，裸露出肩膀，身后背着一根荆条，前往蔺相如家请罪。蔺相如赶紧出来迎接廉颇。廉颇拜倒在蔺相如面前，手捧荆条，恳请蔺相如责罚自己。蔺相如一把将荆条扔在了地上,急忙将廉颇用双手扶起,帮他穿好了衣服,并牵着廉颇的手请他坐下。

从此,蔺相如和廉颇就成了非常要好的朋友。他们二人一文一武,齐心协力为国家办事,于是秦国就更加不敢轻易欺侮赵国了。

蔺相如用容忍谦让来取得胜利,故此名垂青史。在此处,容忍礼让不但是一种权术或策略,而且还是一个人思想高度和个人道德修养的体现,能够切实做到谦让宽容的人,必定怀有坚强厚实的智能、品德与权位。自然,谦让容忍的对象也必须是识大体的明理之士,对于得寸进尺或愚顽不化的小人,就完全不需要这么宽容了。

常言道:"忍一时风平浪静,退一步海阔天空。"忍让不一定代表着怯弱。以退为进,其实是一种具有深远宏大眼光的策略。更遑论"让"在中华文化传统中一直是一种美德,"孔融让梨"的故事尽人皆知,即是一个明证。"让"是中华传统智慧的结晶。一般想要做大事的人,首先就要学会以大局为重,高屋建瓴地看问题,自然就能培养出善于容忍的胸怀和气度。

自奉俭约,嗜欲能忍

中国传统文化历来是尚俭黜奢的,《论语·八佾·述而》说:"礼,与其奢也,守俭。""奢则不逊,俭则固,与其不逊也宁固。"墨子在《墨子辞过》中则说:"节俭则昌,淫佚则亡。"管子在《管子·八观》中说:"审度量,节衣服,俭财用,禁侈泰,为国之急也。"崇俭是古代思想家的共识,对后世人们,包括商人在内,影响甚巨。

商人对奢俭问题是什么态度呢?商人经商致富后往往有两种心态:一种是奢侈挥霍,用钱如泥沙;一种是俭朴自守,一钱掰作两半花。成功的商人应属于后一类型。在中国历史上,白圭是一个节俭型商人的表率。《史记·货殖列传》称白圭"能薄饮食,忍嗜欲,节衣服,与用事僮仆同苦乐"。白圭从自己的实际经营中很懂得"不勤不得，不俭不丰"这个朴素的道理。在开始经商时，资本微薄，做生意只能靠勤力劳作；在有了一定的成就后，还必须追加投资，把买卖做得更大更活，这就得把先赚的钱省吃俭用，用于资本积累；如吃光用尽，将无法裕财增赢，扩大经营规模，增强经营实力。"无财作力，少有斗智，既饶争时"，这是商人发家致富的三部曲，从"少有"到"既饶"，即靠勤力和俭约而成。韩非子说，"侈而惰者贫，力而俭者富"，没有"力勤而俭"以致富，怎样"斗智""争时"，活跃于市场，制胜于商界？实际的经历，再加传统思想所提倡的尚俭美德的影响，商人中的有为者白圭就恪守勤俭二字，以此作为自己立业、守业、兴业的根本。勤俭两者相互为用，于商尤宜。单以俭字来说，在商业经营中实有至关紧要的意义。"只有勤来没有俭，好比有针没有线"，虽勤而不俭，商人还是发不起家的，更不用说致富了。秦汉时期，承白圭的余风，在著名的大商人中，以俭朴自守者还比较多见。洛阳大贩运商师史，"转毂以百数，贾郡国，无所不至"。家产达七千万，但富了以后也还是精打细算，不乱花一分钱。"周人既纤，而师史尤甚。"故司马迁所下的结论是"夫纤啬筋力治生之道也"。筋力是勤力劳作，纤啬是纤细计算，点滴节约之意。啬属多义词：一是吝啬；二是节约不浪费。这里的啬是节约不浪费，并无贬义，纤啬就是尚俭美德的具体表现。

　　胡雪岩也是比较注意节俭的。胡雪岩经商看似出手大方，实际上对自己的生活还是比较节制的。胡雪岩嫁胡三小姐时，虽然事业已陷入困境，但胡雪岩嫁女的钱还是有的。按道理说，以胡雪岩的身份和财富，嫁一个千金小姐再怎么也要花百万两银子。但胡雪岩说不能多花，只花三十万两就够了，多一分也不行。胡雪岩说花钱要留有余地，不能穷奢极侈。

　　胡雪岩经商注意节俭，嗜欲能忍。曾国藩也是虽身处高位，也颇为节俭。曾国藩生长在一个勤俭孝友的家庭。人说"三年清知府，十万雪花银"，但曾国藩一直到死，他的家庭生活仍像过去一样俭朴。曾国藩不仅自己生活俭朴，还不与骄奢家庭联姻。难怪清末流行一句话"做官要学曾国藩，经商要学胡雪岩"。

　　商人从长期的实践中加固了对尚俭戒奢的认识，留下了许多足以警世醒迷的商谚。例如《商贾醒迷》中说"俭约可培，浪侈难植""和能处世，俭能治家""不俭不怜，徒负披星步竣，能生能守，岂妨沐雨航洋"

"不以布衣而曰贫,天然质朴;若以丝罗而曰富,多是虚头"。这些话对节俭的重要性,对奢侈的耗散钱财以至重新导致贫贱,都深有体会,以此勉励经商者不要始俭终奢,而要善始善终,"老亦不变"。

对比胡雪岩等"富而能俭"的卓越的商业成功人士,近来我们有些商人的所作所为就不能不说是很不正常的"异象"了。这些人在汹涌的商潮中逐浪沉浮,发了大财,成了大款。但他们不是把钱用于正当的投资,去发展生产兴办实业,而是花钱如流水,摆阔排场,搞高消费,沉湎于纸醉金迷的生活,败坏了社会风气,扩大了贫富矛盾,民众对之反感极大。其实俭能成事,奢可败业,由俭入奢易,由奢入俭难。以前辛辛苦苦积累起来的财富,辛辛苦苦打下的一片大好河山,来之甚慢,去之甚速。"创业难,守业更难",中国历朝历代莫不是由创建者流血流汗地建立的,可是他们的子孙过惯了衣来伸手、饭来张口的奢侈生活,酒池肉林,依红偎翠,不问朝政,到头来大好河山毁于一旦,过着无处藏身的生活,"风流总被雨打风吹去"。清代盐商的斗富邀宠,四处竞造园林,一夜骤起白塔,然而舞榭歌台,雕栏玉砌,除了留下一些文化古迹可供后人观赏怀古凭吊外,还有什么呢?

  勤俭是创业与立业的根本,即所谓开源与节流并用,只有积累财富才能使事业有更大的发展,否则即使事业小有所成,也只能算小富即安的庸人而已。

察言观色，八面玲珑

有伸有缩，方圆之道

一个人若一门心思只为了出人头地，却不懂得委曲求全、韬光养晦，到头来终究只会落得想伸反而伸不成，不愿屈也得屈的下场。而胡雪岩却是一个"方圆"达人，善于屈伸并能够很好地屈伸的人。

胡雪岩本身并非饱读诗书之人，所以像孟郊那样"万俗皆走圆，一生犹学方"的心态志向，胡雪岩是肯定不会有，不能有，也不敢有。身为一个学徒，要是他还有这种闲情雅致的话，多半是会大吃几年苦头的。

胡雪岩唯一可以去做的，就是那个万俗皆走的一个"圆"字。众人说什么，我就说什么；众人做什么，我就做什么。察言观色把握人心的喜怒哀乐，顺遂人心满足他人的爱憎欲恶，以上两点做好了，就可以事事顺遂，尽知人心。

人人都认为方正的人值得称羡，但事实上现实社会中的人早有了定论。方正者的品德风范的确令人肃然起敬，不过他们往往就像那庙里的神仙圣人一般，只是让世俗中人恭敬而已，实际上人们往往在"敬"的行为发生之后，就是"远之"了。

就像那嵇鹤龄，原本一个能言善道、足智多谋的人才，却落得个"恃才傲物"，方正不屈，不肯哭穷，不愿谈钱，的的确确也算得上是个既德才兼备又傲骨铮铮的人。

幸好他遇上的是胡雪岩。经不住胡雪岩的上门吊丧，收还典当，安排妻室这接连不断的抚慰，于是他大为感动，并知恩图报、投桃报李，出面相助王有龄解了地方农民聚众闹事之围。然而事成之后论功行赏时，却遭遇到了意想不到的麻烦。

地方上每当发生了大案子，要么是出兵剿灭叛乱、骚乱，或者是进行河道工程建设，或者是把漕运从河运变更为海运这一类大费周折的案子，事情办好了出奏，依照以往惯例可以给出力人员请功予以奖赏，被称为"保案"，其中详细划分为"明保""密保"，最有价值的当然是密保。黄抚台给嵇鹤龄的是一个明保，而胡雪岩给的则是一个密保。

胡雪岩听到了这件事情后，心里也感到很不公平。他觉得这里面一定有鬼，于是经过一番调查，终于搞明白了其中的原因。原来，黄抚台手下有个文案员，向嵇鹤龄索取2000两银子，嵇鹤龄没有答应，说自己没有钱，而且就算有也不去塞这个狗洞。

在官场上，这样耿介的人的确是不多见。按照嵇鹤龄的说法，他看厌了官场中的世态炎凉，反正世界上绝没有饿死人的，此处不留爷，自有留爷处。在浙江他混不下去了，那么他就回湖北办他的团练去。

同样事情在胡雪岩手中，却有着另一番看法。水往低处流，人往高处走。人性原本就与其他万物差别很大。水可以往低处流，但人总不能也往低处走吧？事在人为，有阻塞就要想方设法让它通畅才是。生疮找良医，化脓就得挤。胡雪岩决定来帮嵇鹤龄处理好这件事。

胡雪岩怎么帮的嵇鹤龄呢？依旧是"圆了你的意，开通我生路"。

他开了两张本号的银票，一张面额2000两，另一张面额200两，并用封套封好，封皮上写着"菲仪"两个字，署名是"教愚弟嵇鹤龄"。请人送给了文案上的陈老爷。没过一个时辰，就有人送来抚署文案委员陈老爷的一张名片，上写四个字："拜领谢谢！"

于是胡雪岩就连夜通知王有龄去见抚台商量这件事。

最终结局异常地顺利和圆满，以至于胡雪岩也感到喜出望外。次日就有了准信儿，嵇鹤龄受命接管海运局。

胡雪岩的圆通之"圆"于此可见一斑。

圆世的态度，其实就是个不吃眼前亏的处世态度。但是由于整个文化气氛对方世予以褒奖，对圆世予以贬抑，所以通常人们总是在言谈中以处世行方为荣，而以圆滑透熟为耻。

方世是好口碑的准则，圆世则是为人处世的准则。能圆者自然不会方，不过有了舆论压力的时候，就不得不随波逐流地弃方求圆了。这种毫无主见的常人生活，正是芸芸众生多是庸碌无为之辈的唯一原因。

胡雪岩的特立独行恰好就在此处。他并无生来的优越条件，而且和上流人物相去甚远，对于出身于钱庄学徒的他来讲，对高论是否遵从，并没有什么利害关系，也没有什么压力，既然如此，那就确定了一条路坚持走下去，反倒是比较容易的事了。

圆可以将关节打通，可以让事情柳暗花明。

胡雪岩将一批洋枪从上海押运去浙江，期间遭遇了事关旧朋、新知将来的出路和相互之间以后关系的事。

依照惯例，这批在上海购买的洋枪，需要由松江漕帮协助运到浙江地面。然而人到松江后，却发现了一件很大的麻烦事。麻烦来自松江魏老头子的旧好俞武成，俞武成已经与太平军方面的赖汉英暗中勾通好了，万事俱备只欠东风——等到这批军火从海上起运后，只要进入内河，就立刻动手截留。魏老头子也允诺届时将有所照应。

胡雪岩前来拜访两面朋友，这才知道大水冲了龙王庙，情势万分尴尬。胡雪岩看到这种情况，非常不安，心里也在考虑：要是俞武成并非他的"同参弟兄"，事情就好说了。如果这批军火不是被太平军拿到手里的话，事情就不难办了。这时候既是投鼠忌器，又无法轻易松手，弄成了左右为难的局面，连他都觉得顷刻之间难有善策。

松江的魏老头子于是决定断绝了和俞武成之间的交情，帮助胡雪岩渡过这一难关，阻止俞武成动手截取军火。

到了这种毁约反目的时刻，尽管事出无奈，然而也是无可挽回了。胡雪岩却忽的"灵光一闪"，打算把这一切下去就会拦腰截断的老交情摆平了，抚圆了，继续维系下去，相互之间也不伤和气。

胡雪岩的神机妙计，就是请出俞武成90岁的老娘俞三婆婆，借她之势硬压俞武成罢手让步。这其实是无奈之举，假如可以说动俞三婆婆出面干涉，那么俞武成就只能依命。而且如此做来，也不至于让魏师爷太过为难。

不过，这个俞三婆婆却也非是等闲之辈。她在胡雪岩面前装糊涂，不愿意帮胡雪岩这个忙。

由于这样，胡雪岩就更加不敢大意了，简明扼要地说明来意，一则表示不想让松江漕帮为难，开脱了老太爷的窘境；二则又表示想请兵护运，担心和俞武成发生冲突，有伤江湖道义。

这番话确实就像俗语说的"绵里藏针"，面似柔弱，骨里刚强。俞三婆婆毕竟老于江湖，熟知人情世故，当胡雪岩提到"不愿请兵护运"这句话时，心中着实暗暗吃惊。因为这话里的意思就是指责俞武成抢劫军械，这可是重于强盗的罪名啊，真要追究起来，实在是灭门有余。

在此利害攸关之际，俞三婆婆故意做出一副异常气愤的样子，回头顿一顿拐杖，厉声呵斥俞少武赶快加派人手把他那糊涂老子找回来！

无论她是真的生气，还是故作姿态，来客均大感不安，胡雪岩忙加劝阻，说此事怪不得俞大哥！他们也是听到了一些风声，是真是假还不能确定，俞大哥还不会做出敌友不分的事情。他们此番前来，不过是想恳请三婆婆做主，并借助俞大哥的威名，保得一路平安。

听得这一番话，俞三婆婆的神情平和了下来，说这件事俞武成理当效劳。

可是，事情却并不是如此简单。俞武成客居他乡异地，手下信得过的兄弟都不在身边，尽管由他出头来主持，也不过是因人成事。上山容易下山难，事情并不是凭着一句话就可以搞定的。

事情异常麻烦，俞武成为本帮兄弟的生计打算，迫切需要谋个出路，因此身不由己，受到他人挟制势若骑虎。吃萝卜向来就是吃一节剥一节的，幸好最难的一节——与俞武成拉近关系——已经顺利走过，已经用不着考虑骑虎的人赶着老虎来追赶了。胡雪岩随后要做的就是怎样让骑虎的人顺顺当当地下虎背。

以胡雪岩的脑筋、实力和关系，做到这点其实不算非常困难：只要降伏了老虎，使恶虎俯首听命了，事情也就迎刃而解了。

伏虎说白了就是收降。计策好像也不算十分高明，不过细细加以推敲，也确实可以从中看出胡雪岩的眼光实在是深远。他以商人的视角统观大局，认为太平军不过一时肆虐而已，在情势方面，在力量上面，想要得到长久是非常渺茫的。因此，在商业上，胡雪岩总的原则是帮助官军消灭太平军，天下早得到一日的安宁，商业就会早一日繁荣昌盛。这批军火原本也正是在这个原则指导下进行的，遭遇到了坎坷，也正好借机依照这个思路去想出解决的办法。

这确实是一窍通而百窍通。很快，胡雪岩就和俞武成以及其他谋划劫持军械的江湖首领达成了协议。由胡雪岩报请官府，给这批人发放三个月粮饷，保证不诱降（不先降后杀），事成之后编队移地驻防。胡雪岩还自掏腰包先拿出10000两银子来补润。

既然已经有了生路，谁又会不要命地非要往死路上走呢？

从这件事也能够看出胡雪岩务求事圆的决心、手段与恒心来。若非已经山穷水尽，决不放弃和平解决，只要能够达到平和圆满，也决不过分地姑息迁就。原则必须坚持，灵活行事也不能放弃。

这就表现了胡雪岩的另一种"圆"。

如果只是魏师爷给了面子人情，而与俞武成反目成仇，固然运枪之事可以办成，然而之后的局面却会就此乱成一团，变得处处掣肘，事事纠结。因此可以接受魏师爷的人情，但是却不能那么简单地做一锤子买卖。对于俞武成则稍有不同，因此与俞武成原本并无人情但却必须做成人情，做成人情的方法不过就是同生死、共患难而已。替对方打算好了，难题也就迎刃而解了，自己的事情也就功德圆满了。

如此将"方"与"圆"完美地结合，实在可以说是天衣无缝了。

圆世同时表现在"使活"和"灵活"两方面。治损不致残的这个处世原则，就非常典型地阐明了、表现了胡雪岩的这一原则。胡雪岩总是严格恪守着一条原则，即始终给人留台阶，别断人后路。最后的印象往往是大体相同的：治我损我，拆我的台，绝对行不通，甚至该当让你不得好下场，不过只要你还有可用之处，饭总是大伙儿一起吃的。

还有胡雪岩的朋友郁四由于听信家人叨扰，将水晶阿七赶了出去，被赶出后的阿七旧情萌发，竟然前去纠缠青梅竹马的旧好陈世龙。陈世龙此时已经有了阿珠，并且心思坚定，立志要成就一番事业，以报答师父、妻子与岳丈、岳母的期望，怎么可能会对阿七旧情复燃呢？

如此情状实在令陈世龙烦心，令阿七酸心，令郁四灰心。

而胡雪岩的应对之道则是简单之极："船并老码头。"

阿七与郁四毕竟已有数年感情在，想要断开其实不是那么容易的。唯有阿七重新回去了，才可以平抚郁四颓丧懊恼的心情。只要这件事能做成，阿七带给陈世龙的麻烦自然也烟消云散了。

但是这事成功与否，关键还要看是否可以说合郁四与阿七二人。这就看出胡雪岩对人心人情的体悟透彻来了。

来到聚成钱庄，胡雪岩一开口就问阿七究竟是怎么回事？

面对胡雪岩的询问，郁四只是不住地摇头叹息。通过一番察言观色，迂回试探,胡雪岩发现郁四心中对阿七依然眷恋不已,并期盼她能够回来,但是他又担心阿七心中有气,故意和自己较劲儿、摆架子。胡雪岩摸透了郁四的心理后,心中也就有了主意。他就对郁四打了保票,说保准将阿七劝说回来!

胡雪岩言出必行,他转回身找到阿七,做出一副为她打抱不平的样子,严词斥责了郁四的无情无义,身在福中不知福,顿时赢得了阿七的信任。阿七于是也向胡雪岩哭诉了自己的委屈。胡雪岩默不作声地听完她的满腹幽怨,也弄清楚了她的心中所想。尽管她口口声声埋怨郁四,实际上却始终对郁四念念不忘,弄清楚了这点,胡雪岩就对说合二人重归于好这件事信心十足了。最终的结果当然是皆大欢喜了。这便是胡雪岩圆融的"融",各个方面都照顾得滴水不漏。胡雪岩的处世之道,其实也就是外圆内方,伸屈自如,总在千方百计令事情完美无憾,令自己后路无忧。

胡雪岩是个事业型的人,能够一路顺遂地发展出这种圆世态度来。这种圆世态度,其实也不是什么高深的地方,开门见山说的就是首先要生存,其次要过好,最后是培养出一点人与人之间的感情和温暖来。由于并无什么固定原则,所以表现为通、活、融、满,可屈可伸。

胡雪岩对方与圆、屈与伸的掌握与运用,可以说是达到了出神入化的地步。

胡雪岩商道箴言

伸屈自如,谨持方圆处世之道,是所有做大事者的性格特征之一,因为一个人要是过于耿直方正的话,必然处处受阻,头破血流。反之,要是为人八面玲珑,圆滑得过分,那么肯定会招致众叛亲离的可悲下场。

八面玲珑,寻好"人梯"好办事

在经商中,人际关系的学问很深,要是不会处理人际,必将处处碰壁,寸步难行。胡雪岩的一个显著特点就是能眼观六路,左右逢源,到处都能找到人梯。

　　胡雪岩在加紧筹备钱庄的时候，出了件意想不到的事。当时钱庄还没有正式挂牌亮相，却有人找上门来。这一日，阜康门前来了一位老者，指名道姓要见胡老板。胡雪岩看到他头戴瓜皮小帽，身穿青色缎袍，一副师爷的模样，于是就请老者进到内堂叙话。老者自称高师爷，在江宁府公干，胡雪岩察言观色，见老者两颊如削，双眼深塌，前额微突，就明白这是个惯弄刀笔的老吏。两人寒暄过后，一时无话。师爷就从夹袋里取出了一张官报，请胡雪岩过目。胡雪岩客气地推辞："胡某只是一介商贾，不敢与闻政事。""看有何妨，"师爷微妙地对他笑笑，"生意人应该眼观六路，耳听八方，尤其是战乱时期更应如此。"

　　官报上有一段消息，是关于地方官更迭的，有一段内容是"江宁知府俞大寿迁升河南藩司"的消息，胡雪岩寻思这或许是师爷来这里的原因。师爷双眼锐利如鹰，扫视着胡雪岩问道："胡老板可看出了其中的门道吗？""没有，"胡雪岩故作愚昧，回答道，"恕胡某愚钝，敬聆老前辈指教。"

　　师爷于是跷起二郎腿，不客气地说道："我家主子升任河南藩司，实为喜事，胡老板莫非不高兴？"

　　胡雪岩回道："这自然是值得庆贺的，不过与找我有什么关系？""倘若胡老板愿意交朋友，肯鼎力相助于我家主子，那么关系可就非同寻常了。"随即，高师爷将嗓门压低，悄悄说道："千里做官只为钱，我家老爷慷慨大方，乐善好施，任职江宁三年，亏空银两2万，如今新任江宁知府已经到了江宁，等着交接，但要是亏空的2万两银子不设法补上，恐怕会遭人诟病，危及前途。"

　　顷刻，胡雪岩就明白了，向来官员升迁交接，前任亏空公款屡见不鲜，只要及时弥补，神不知鬼不觉，将账面做得干净漂亮，就可以安然无恙，依旧可以落个"廉洁清正，操守可嘉"的评语。高师爷这次来是伸手告贷，意思已经不言自明了。不过这种借钱方式，早不来晚不来，凑巧赶在钱庄开业的关键时刻，实在是耐人寻味。通常来说，弥补这亏空的款子，就像填无底洞一样，前任把账目交割清楚了，随即溜之大吉，后任也就不认可这种借贷了，苦的只是钱庄，平白借出了一笔钱，却无法收回。如此情形，胡雪岩当了多年的伙计，见过的实在是太多了。

有些本小利微的钱庄，在威逼下帮着官吏弥补了亏空，最终却落得个倒闭的下场。胡雪岩要开钱庄这件事，当时四下皆知，各方无赖之辈，都是红着眼睛想要来捞上一把、吃口白食。不过胡雪岩做得很漂亮，跟各个衙门关系良好，再加上有知府王有龄给他撑腰，所以，"吃白食"的还不敢随便开口讹诈。现在这个江宁知府，难道是吃了熊心豹子胆，晕头转向了，竟敢向胡雪岩伸手？

　　胡雪岩于是婉言推辞："高师爷，敝号是新张甫始，本小利薄，不敢高攀，恐难如愿，让您老失望了。"高师爷于是摇头道："我要找个弥补亏空的钱庄，江宁有的是，老朽还以为胡老板久居钱业，精明过人，因此才不远千里前来结缘交友，没想到胡老板拒人于外，蒙昧难教，实在是可惜啊。"一边说，一边就要起身走人。胡雪岩听他话中有话，于是赶紧做出十分恭谦的样子，诚恳挽救，并说："晚辈无知，冲撞老前辈，实在不应该，还请您老不吝赐教，给小子指点迷津。"

　　高师爷这才回嗔作喜道："生意人当八面玲珑，一点就透，送上门的财，倘若放过了，财神爷生了气，终生都不照看你。"随即说明了来意。原来河南藩司身为一省粮饷最高官吏，执掌着河南全省的银钱度支，由于遭逢战乱年代，朝廷于是命令河南地方每年筹措饷银70万两，直接输送军前粮台以供使用。这种方式称为"协饷"。协饷通常存放于信誉良好的钱庄备用，而且不算利息，以便随时供军队取用。钱庄都非常期盼能得到协饷存银，一方面用来充实钱庄的本钱，另一方面可以款来获得优厚的利润。

　　果然，胡雪岩是一点就透，藩司打算用河南协饷作为好处，请求阜康弥补自己的亏空，回报就是以后河南省的协饷必定存入阜康。胡雪岩用不着细算，直觉告诉自己，70万两对2万两，其中的好处是不言自明，假如长期来往，那就更是非常划算的交易了。当下胡雪岩立刻做出一副大梦方觉的样子，感激地对高师爷一揖到底，连声道歉说："小的有眼无珠，几乎误解了高老前辈，实在多有得罪，实在惭愧！"

　　高师爷很是得意，并倚老卖老地说："年轻人经验不足，在所难免。吃得亏，人上人，日后就懂得了。"胡雪岩立刻命人摆设上等鱼翅席，不断给高师爷斟酒，大灌迷魂汤，让高师爷乐不可支，兴致空前。宴毕，胡雪岩把封好的2万两银票交给了高师爷，让其转交给知府，同时又私下里送了1000两的银票给高师爷。

这一番忙碌过后，胡雪岩又颇为担忧，害怕2万两银子有去无回，白白打了水漂儿。幸好不到半月，河南协饷的70万两银子，果真就给划到阜康钱庄。胡雪岩于是幡然觉悟，对此感慨丛生。

不管是商场还是官场，如果要想办成一件事情，就必须要找对人。只有找对了人才能办对了事。因此，找对"人梯"是办好事情最关键的一步，归根结底，仍然是要处理好自己的人际关系。胡雪岩之所以成功，相当大程度上是人际关系的成功，换句话说，生意场上的成败由人际关系的好坏来决定。胡雪岩获得了成功，也就说明了他在人际关系上获得了成功。

也许通过胡雪岩的诸多事例，能够看出：不少好事全是自己找上门来的。就拿上述案例中的高师爷来说，他也是自己找上门来的，那么为何胡雪岩的运气会如此之好呢？是否除了运气以外，还有别的什么因素在影响着胡雪岩呢？对此疑问，我们必须进行如下分析：

一、胡雪岩的名气为何这么大？信誉为何这么好？

在此处，我们必须关注一个细节。高师爷前来寻找胡雪岩的时候是在阜康钱庄挂牌之前，这就意味着高师爷是冲着胡雪岩而来，绝非冲着阜康钱庄而来。于是就有了一个疑问，胡雪岩从哪里来的这么大的名气，其信誉怎么会这么好呢？对于这个问题，我们可以认真推敲一下，在这里面，是否王有龄起了一定作用呢？高师爷是否由王有龄介绍过来的呢？毕竟这时候的王有龄也是官场之上的红人了。再说，胡雪岩和王有龄二人之间的故事是否已经众所周知了呢？

那么在胡雪岩的身上，我们又可以获得什么启示呢？做生意应当充分利用自己的名声。名声即招牌，也是别人信任你的一个凭据。往往在现实生活中，我们也会碰到类似情况，一说什么某某项目是我做的，别人立刻就会对你刮目相看，对你的信任度也会提高。原因是你的名声在那里了，成绩也摆在那里了，别人可以看到、可以摸到你的成功。那么，对方还有什么不能信任你的呢？

二、胡雪岩为何能找对这次"人梯"呢？

当高师爷取出官报的时候，胡雪岩并没有意识到这是一个做生意的良机，也就是说胡雪岩对"河南协饷"之事所知不多，但是为何他最后仍然同意了高师爷的要求,而且成功地达成了这笔交易呢?其中最为关键的一点就是胡雪岩一点就透。那么这只是因为胡雪岩聪明吗?事实上不是这样的,除了这点以外还得加上胡雪岩的见识与胆量。

不管是在古代还是在现代,见识与胆量均为赢取利润的重要因素。归根结底一个人、一个企业,能够精通的也只是某个行业的某个部分而已。例如像超市、餐饮、图书等,然而要想挣钱,最好的法子就是如同胡雪岩那样,横跨钱庄、药店、生丝、典当、房产等多个行业,支撑起一个涵盖较广的商业大厦。也正是认识到了这一点,现代企业都认同这样一个说法:千万别将所有的鸡蛋都放在一个篮子里。然而怎样寻找更多的篮子来放这些鸡蛋呢?这就要求企业主必须具备相当的见识与胆量了。

高师爷的到来对于胡雪岩而言,确属一个良机,胡雪岩伸手抓住了这个良机,因此他这一次的投资获得了成功,凭空就为自己的钱庄拿到了70万两的银根。然而纵观现代的不少企业,却在始终埋怨找不到机会,然而事实果真如此吗?是确实没有机会,还是他们不善于抓住机会呢?其中缘由,发人深省!

胡雪岩商道箴言

> 胡雪岩不但是一位经营大师,同时还是个人际关系大师。在生意场上,他不但奇招迭出,解决了一个个营销难题;同时还左右逢源,找到一个个可以帮助自己的人,并通过这些人的鼎力相助,使自己的事业蒸蒸日上。

处理好物我关系

胡雪岩为解运漕米之事往返于沪杭之间,将王有龄送至湖州赴任,全是租用阿珠家的船。多次相处,胡雪岩和阿珠一家,特别是和阿珠姑娘逐渐建立了很好的感情。阿珠姑娘喜欢胡雪岩的洒脱倜傥,胡雪岩也对阿珠姑娘的清纯朴实非常喜欢。一来为了答谢阿珠家热心照顾自己,二来也是为了讨阿珠姑娘的欢心,胡雪岩就送了一个首饰盒给阿珠姑娘,尽管盒内装的只是简简单单的一瓶香水、一个八音盒、一把象牙篦子和一只女表，可是对阿珠姑娘这样一个船家女来说，不下于一个百宝箱了，惊喜之下也很为怎样收藏这只首饰盒费了一番心思。胡雪岩十分担心自己送给她礼物使她丢不开，反而害了她，因此他告诉阿珠：人可以役物，却不可为物所役。心爱的物事固然要小心被偷窃，然而因为怕被偷窃，而不敢取出来使用，以至于时时忧虑，处处小心，这就是典型的为物所役了，反而不如没有这一物的好。

胡雪岩这番议论非常富于哲理，实际上也可以当成他自己对于物我关系认识的一种总结。胡雪岩说自己很清楚"铜钱眼里翻跟斗"，不过他自己却似乎从未被钱眼"卡"住过，也确实是不为物所役。于他而言，从商赚钱之乐，事实上并不在钱上，而是在获取钱财的过程中。而对于钱财本身来说，大多时候他反而似乎是一文不当二文的。他自己曾说，他手中有钱绝非是糊在墙上看看过瘾的，而是要花出去的。他的最大乐趣就是发现某人被钱难倒了，自己伸手从口袋中掏出一把钱来递过去："拿去花，够用不？"

给人启发的是，恰是如此一个未被钱眼"卡"住过的人，却恰恰在赚钱上获取了巨大的成功。

从某种意义上说，人类与物品之间的关系，确实是千百年来最令人类困扰的问题之一。一方面，人类确实离不开外物，就拿被人当作身外之物的钱财来说，对于现代人而言基本上是不可或缺的，不信你可以出趟门试试，别说你没钱会受寒冻，会饿肚皮，至少你会寸步难行，比如你要打算乘车就需要买票，如果遇上一个非常有"原则"的售票员，即便是少了一分钱，你也休想乘车出行。所以，外物绝非我们能够随意地要或不要的，人必须借助外物才能生存。然而另一方面，人又确实不能为物所役，如钱是人制造的，钱是人赚取的，钱是人使用的，生不带来，死不带去，从正道获取，所获取的钱财就可喜，用在正道上，钱财就能助人成就好事。如果做了守财奴，些微小钱也看得比命还重，甚至见财忘义，为少许的得失不惜毁容丢命，那也就是为物所役了，人也就不成其为人了，也就确确实实"倒不如无此一物"了。所以，我们的先贤圣哲都谆谆告诫我们可以留意于物，却不能流连于物，更加不可以为物所役。

这一条处理物我关系的原则，应该也是适用于一个优秀的商人。

自然，在商言商乃是商界通行的一条准则。言商就是言利，也就是谈钱。因此，谈利益谈钱财，或许可以作为所有商人的一个共性特征了。从这个层次来看，商人有着自己固有的价值标准，出色的商人最能体会钱财的作用，最善于"在钱眼里翻跟斗"。商人的日常工作，就是去考虑怎样赚钱，而且是怎样大笔地赚钱，因此，商人也应该比普通人更喜欢钱。胡雪岩就很明白地告诉别人，"我喜欢钱多"，并且是"越多越好"。

当然，正是商人这种与钱财天然的难以分离的关系，也要求了一个优秀的商人必须是一个可以正确处理好自身与外物之间关系，真正可以将钱财看为身外之物的人。归根结底，大量赚取钱财绝非终极目的，做一个成功商人的乐趣，自然经常直接体现在可以赚钱、赚大钱所带来的快乐上，不过从深层来看，能够使一个成功商人体验到一种深刻并持久的人生乐趣，又的确并非占有大量钱财本身，而是在于凭借着自己的眼光与见识获取钱财于正道，由能赚钱、赚大钱获得对于自我能力、素质、智慧、才干的确切证明；在于人能自由地将外物来驱使，在正道上使用钱财，用凭借自己的才能智慧赚取的钱财，去享受助人成就好事所带来的快乐。

胡雪岩从中获得的乐趣，当然不只是赚取钱财带给他的乐趣了。

胡雪岩商道箴言

人可以役物，却不可为物所役。心爱的物事固然要小心被偷窃，然而因为怕被偷窃，而不敢取出来使用，以至于时时忧虑，处处小心，这就是典型的为物所役了，反而不如没有这一物的好。

思路灵活，左右逢源

处事灵活，擅长变通

常言说得好，在这个世界上并无那种"只注重过程，不注重结果"的人。既然结果是最重要的，那行事过程中依然还要变通为妙，司马光砸缸这个故事，实际上就不是从正常角度出发的，而是换一种角度的具体应用。由于正常的无法达到目的，再接着走下去只会错失良机，故而只能想想还有没有别的办法了。

这就是"做事要做活络的事，做人要做活络的人"，其中阐释的就是这个道理。

胡雪岩依靠王有龄，生活开始有了根基。这时候胡雪岩假如仅仅满足于有碗饭吃，把自己当作一位恩人，或者凭借着这一点发财，而根本不管别人死活，如此一来，他的进步空间也就有限了。这种结果当然不是胡雪岩所满意的，他想的是成就一番大事业，为此他需要把自己的靠山经营大，然后他才能借此成就大事。因此，只要王有龄碰到困难，他就会千方百计出谋划策，全力以赴帮助王有龄渡过难关。

千里做官只为钱，不过，为官者为保住手中的权杖，除非是自家兄弟，要不然，他们绝不会公然摆明了向你直截了当地要钱的。因此，机灵的下属必须要学会揣摩上司的所思、所想，经常让上司"心里想的事情"可以顺利实施，在这方面，胡雪岩毫无疑问是个行家里手。按照胡雪岩的指点，王有龄依计而行，果然取得了良好效果。巡抚黄宗汉对王有龄提携有加，王有龄到海运局后没多久，就将催运漕粮的任务交给他去办。

清政府的开支和粮饷大多依靠江浙支撑，而江浙每年征收的粮食主要靠漕帮通过运河运到北京。运送漕粮原本是一项肥差，不过当时浙江的情况有些特殊。浙江前一年闹旱灾，钱粮征收不足，加上河道水浅，不利行船,一直到了九月漕粮还没有起运。而且,浙江负责运送漕粮的前任藩司因为和巡抚黄宗汉闹矛盾,被黄宗汉抓住漕粮问题狠狠地整了一把,以致前任藩司自杀身亡。等到王有龄被任命为海运局坐办的时候,漕粮已经由河运改成了海运,就是从浙江运到上海,再从上海改换为沙船运往京城。现任藩司由于有前任的前车之鉴,不愿意管漕运这块"烫手山芋",就用漕运已经由河运改成海运的理由,把这一摊子事统统推给了王有龄。

成功捐官,刚回到浙江就被任命为海运局坐办的王有龄为这事急得团团转,刚刚因为顺利获得一个实缺而感到时来运转的踌躇满志,被这突如其来的千斤重担压得喘不过气了。由于漕粮是上交朝廷的"公粮",每年都必须按时足额输送到京城,什么地方有阻梗什么地方的官员就要倒霉,因此,能否完成这桩公事,不但与王有龄的官场前途紧密相连,还与他的身家性命和上司的前途息息相关。可要是按照常规来办,眼下的这桩公事几乎毫无希望完成,原因首先是浙江漕粮欠账太多,多达十五万石之巨;其次是运力不足,原本漕粮可以托付给漕帮运到上海,但是因为河运改成了海运,根本就是夺了漕帮的饭碗,漕帮恨不能漕粮运不出去,怎么还肯出力帮忙呢?

不过这桩在王有龄看来几乎毫无希望解决的麻烦事,对胡雪岩来说却是小事一桩,被他用一个"就地买米"的法子轻巧化解。胡雪岩认为,只要是米,无论何处的都是一样。朝廷要米,只看米送到没送到这个结果,并不看你米的来源是哪里。只要可以按时在上海把漕粮交兑足额,这个任务也就算完成了。既然这样,那么浙江完全可以在上海买米交兑,少多少就买多少,如此就省去了漕运的麻烦,问题也就迎刃而解了。因此,他揉揉自己的太阳穴告诉王有龄:"雪公(王有龄号雪轩),切勿着忙,世上绝无解决不了的事,只要肯动脑筋。我这里现在就有一个法子,包管你省心省力,但是需要多花些银子,不过要是保住了抚台的红顶子,这些银子算不得什么。""确实吗?"王有龄好像不大相信,"你有什么好法子?"

"米总归是米,无论何处都是一样。缺多少就地补充。我的法子是咱们来它一个'移花接木'之计,在上海买了米,交兑足额,不就齐全了吗?"

胡雪岩话音未落,王有龄就已经开心得蹦了起来:"妙!妙!此计大妙!就依这个办。"

"但是有一层,风声万万不可传出去。漕米并非小数,风声只要泄露出去,米商绝对会就地起价,差额过大,事情也难办。"

"没错儿。"

胡雪岩又叮嘱王有龄,这件事情成功的关键有三点:第一,必须获得巡抚黄宗汉的认可,原因是买米抵漕粮是违反朝廷规制的。但是,这一点问题不大,浙江漕粮延误,巡抚也会受到牵连。第二,必须说动浙江藩司愿意垫出一笔现银,作为买米的费用,这属于挪用公款,拆东墙补西墙,藩司要负责任,但是只要抚台同意,身为下属的藩司也只能同意。第三,必须在上海找到一个大粮商,肯垫出一批漕粮,交付给江苏藩司,之后待到浙江的漕粮运到上海后再归还。也就是说,要那粮商先卖出,后买进,尽管买进卖出价钱上肯定存在差额,不过通常商家都不肯这样做。原因是漕粮历来成色非常差,这样做明摆着既费力又亏本。

但是,胡雪岩分析,生意人的目的就是做生意赚钱,只要补贴他们差价,不但不使他们吃亏,还能让他们有利可图,一般来说米商不会不答应。不过贴补差价,另外再加上运输的损耗,这笔额外的款项要从哪里出,也需要事先商量好。看来自己需要破费些银子了。如此一来,原本的"肥差"极可能就变成了亏本买卖。不过胡雪岩琢磨,倘若能够按时足额交兑漕粮,帮助浙江抚台、藩司分忧解困,给王有龄在官场上铺平了路,自己破费些银两也是划算的。

明朝初期的谋略家刘伯温在他所著的《百战奇略·变战》中阐释道:"兵家之法,要在应变,好在知兵。举动必先料敌,乱无变动,则待之;乘其有变,随而应之。"战场上的敌我态势,就好像行云流水一般,通常是变化无穷的。而在生意场上,往往也是这样,必须要学会临机处置,以变应变。

胡雪岩说过一句名言:"天变了,人应变。"意思是说时势、时局发生了变化,人也就应做出相应的变化与调整来顺应时局。

简言之,就是说经商者如果想为自己开拓财源就必须眼界开阔、头脑灵活。切勿死守住某个自己熟悉的行业,而要善于在别的领域发现能够开发的财源,也就是要不断开拓新的领域、不断扩展自己的投资范围。反之,假如一个经商者看到的仅仅是自己时下在经营的熟悉的方面,那么结果只能是抱残守缺,往往连自己目前正在经营的领域都未必能经营好,更不要说给自己开拓财源了。

所以,经商必须要事事灵活,擅长变通。

《孙子兵法》中说道:"践墨随敌,以决战事。"大意就是:在对敌作战的时候,敌情发生了变化我军也应该做出相应的变化,灵活地改变自己的作战计划,决不能墨守成规而一成不变。兵家没有万古不变的取胜之道,商家也同样如此,不存在通用不变的经营之道,必须根据具体的问题进行具体的分析,具体的问题予以具体的对待,根据时机采取相应的行动,依照时机进行变化。

利用洋人,纵横捭阖

胡雪岩和洋人相往来,他感受最深的一点就是洋人的政府与清朝的政府大不相同。清朝的政府,商人一有赢利,它就想来分你的钱财,恨不能一口将你吞下肚去。要是好处得不到,它就会到处给商人穿小鞋,使你无法安宁,最终将你整到破产为止。

而洋人的政府,则是竭尽全力帮洋人做生意。你要是没钱,它可以放款给你,你要是出洋做生意,它会派出军舰保护你。只要中国人欠了钱,它就将枪炮对准中国的城市,甚至就算它们的商人并不占理,他也还是处处袒护。

由于有了这种对比,胡雪岩对封建官僚体制压制商业活动,就有了非常切身的看法。不比不知道,一比就看得清清楚楚,自己的商人费尽千难万险,好不容易才创造出一个良好的经营氛围。但是由于整个社会体制所限,商人还只能独自地给自己一个人开拓商业地域。一不小心,这种经营特权就可能被收回,一夜之间钱财丧尽。

而对于洋人本身,胡雪岩认为,洋人也有他们的优点。洋人的优点就是讲道理,讲信用。你踏实认真地和他们做生意,他们也就踏实认真和你谈，不会转着生意之外的歪点子。而中国商人则相反，如果他在商业上无法赢你，一旦遇到了机会，他就会在别的方面坑你。例如收买地方流氓势力、贿赂利用官府。因此胡雪岩认为，很多时候，与中国商人相往来非常吃力；而与洋人相往来，就非常省劲儿。因为洋人的社会运行体制，已经将商人从商的活动成本大大减少了。如此对比着一看，胡雪岩的成功就更加来之不易。因为中国商人，往往和洋人做相同的一件事，所要付出的心血要多出很多。

上面谈到的这些，就是胡雪岩所处的时世还有他特殊的应对之道。在此处并不是要强调，胡雪岩一开始就有着超过常人的眼光。而是点明，胡雪岩在他的商业活动过程中，逐渐锻炼出了一颗敏感的心。他对自己的商业经验非常善于利用，持续不断地用心去参悟各方发生的巨大变动，及时找到自己觉得合适的应对方法。事实上在商业活动过程中，并不存在什么绝对的先见之明。一涉及绝对这个话题，任何一个商人都属于宿命论者，他们被一双（胡雪岩时代还有其他几双）无形的手所操纵，好像属于人力，又好像属于天意，在这种无法道明的情况下不断成功或者失利。然而一个有经验的商场中人，他总可以从自己的经历中找到蛛丝马迹，选择自己认为合适的方法。一个人经验积累得越多，遇事时的信心就越足。这一点用不着多说，因为任何一个商场中人都深有体会。

关于洋人与洋务，胡雪岩在其中可是获益良多。胡雪岩由于身处沿海地区，最先感受到洋人的坚船利炮，最先和洋人来往，因此一开始就主张利用洋人、使用洋枪打太平军。自然，这其中也有关于利益的考虑。并且自始至终，胡雪岩商业利润中的相当大一部分，都和他从事购买军火、购买外国机器、筹借洋款等活动密切相关。他对洋人的态度还成为了他依附官府，稳定社会大秩序，最终开拓出一个良好经营环境的资本。

◎无论头上是怎样的天空，我准备承受任何风暴。
——拜伦

◎只有爱你所做的，你才能成就伟大的事情。如果你没找到自己所爱的，继续找，别停下来。就像所有与你内心有关的事情，当你找到时你会知道的。
——乔布斯

◎当你征服一座山峰时，它已经在你脚下了，你必须再找一座山峰去征服，否则，你只有下山，走下坡路了。

——俞敏洪

◎要想成功，必须具备的条件就是，用你的欲望提升自己的热忱，用你的毅力磨平高山，同时还要相信自己一定会成功。

——戴尔·卡内基